KiW

1761

Das Buch

Als im Sommer 2013 der Nachbarschaftswachmann George Zimmerman, der den 17-jährigen Schwarzen Schüler Trayvon Martin erschossen hat, freigesprochen wird, entsteht in den USA eine neue Bürgerrechtsbewegung unter dem Hashtag #BlackLivesMatter. In diesem Buch erzählt die Mitbegründerin ihre Geschichte.
Patrisse Khan-Cullors wird in einem der ärmsten Viertel von Los Angeles geboren. Schon als kleines Mädchen erlebt sie den grundlegenden Unterschied, den ihre Hautfarbe bedeutet: in der Schule, in Freundschaften, in der Nachbarschaft. Der Zusammenhalt in ihrer Familie wird immer wieder auf die Probe gestellt – ihre Eltern, Verwandten und Geschwister kämpfen verzweifelt gegen die Folgen von Polizeigewalt, Ausbeutung in McJobs, Drogensucht, Rassismus und staatlicher Willkür. Auf dem Weg in ein selbstbestimmtes und freies Leben helfen ihr Kunst, Bildung und große Offenheit für andere Menschen. Ein Netzwerk entsteht, dessen Engagement über den Kampf gegen Rassismus hinausgeht.
In eindringlicher Sprache erzählt Patrisse Khan-Cullors aus dem Alltag eines unbekannten Amerikas. Ihre zutiefst bewegende Geschichte hat eine einfache Botschaft: #BlackLivesMatter.

Der Autor

Patrisse Khan-Cullors ist Künstlerin, Vortragsrednerin und Mitbegründerin von #BlackLivesMatter. Für ihre Arbeit hat sie zahlreiche Auszeichnungen erhalten.

Die Übersetzerin

Henriette Zeltner übersetzt Sachbücher und Romane für Erwachsene und Jugendliche aus dem Englischen, zuletzt »The Hate U Give«.

patrisse khan-cullors | asha bandele

#BLACK LIVES MATTER

Eine Geschichte vom Überleben

Aus dem amerikanischen Englisch
von Henriette Zeltner

Kiepenheuer & Witsch

Für meine Vorfahren und für meine Mutter Cherice Simpson; für meine Väter Gabriel Brignac und Alton Cullors; für alle meine Geschwister; und für meine neue Familie, Janaya Khan und Shine Khan-Cullors. Dieses Buch handelt von euch und ist für euch. Danke, dass ihr mir Halt gebt und mich daran erinnert, warum ich heilen kann.

PATRISSE

Für Nisa und Aundre und alle unsere Kinder. Für diejenigen, die überleben werden, und jene, die das nicht tun.

Und für Victoria, die die Sonne, den Mond, die Sterne und Coney Island verdient hat. Für Victoria, die als Erste und schon immer überzeugt war.

asha

Und für die Bewegung, die uns Hoffnung gibt. Für die Familien, in deren Namen wir kämpfen. Wir werden nicht aufhören, uns für eine Welt einzusetzen, in der wir all unsere Kinder in Frieden und Würde großziehen können.

PATRISSE UND asha

Es ist unsere Pflicht, für unsere Freiheit zu kämpfen.
Es ist unsere Pflicht zu siegen.
Wir müssen einander lieben und unterstützen.
Wir haben nichts zu verlieren. Nur unsere Ketten.

ASSATA SHAKUR

Vorwort

VON ANGELA DAVIS

Als ich Patrisse Khan-Cullors das erste Mal begegnete, ahnte ich nicht, dass sie innerhalb kurzer Zeit zusammen mit Alicia Garza und Opal Tometi zum Gesicht einer Bewegung werden würde, die unter dem Namen #BlackLivesMatter rasch in aller Welt von sich reden machen sollte. Ich konnte damals aber schon klar erkennen, dass Patrisse und ihre Mitstreiterinnen die Schwarze und die linke Bewegung, inklusive der feministischen und queeren, auf eine neue, spannendere Ebene hoben. Denn sie setzten sich ernsthaft mit den Widersprüchen auseinander, die diese Bewegungen seit Generationen plagen.

In diesem Buch teilt Patrisse freimütig die privaten Details ihres Lebens und des Lebens derer, die ihr am Herzen liegen. Sie bezeugt ihre ungebrochene Hingabe für die Sache der Freiheit. Die Geschichten, die sie mit asha bandele erzählt, lassen verstehen, warum sie mit ihrer Art bei Organisation und Aufbau einer Menschenrechtsbewegung bereits so viele Unterstützer gewinnen konnte. Sie schildert, was passieren kann, wenn persönliche Erlebnisse und politischer Widerstand zusammenkommen. Die sie prägenden wiederholten Konfrontationen ihres Bruders mit gewaltbereiten Polizisten ermöglichen uns unter anderem, besser zu verstehen, wie staatliche Gewalt entsteht, wenn man beispielsweise Schwarz und psychisch krank ist. Dass Patrisses Bruder Monte erst von Gummigeschossen getroffen und dann nach einer manischen Episode von der Polizei routinemäßig des Terrorismus bezichtigt wird, zeigt, wie leichtfertig Terrorverdacht von den Institutionen der weißen Vorherrschaft ausgesprochen wird. Wir lernen nicht nur die alltägliche staatliche Gewalt kennen, sondern erfahren auch, dass Kunst und Aktivismus solche tragischen Konfrontationen verwandeln können. In Katalysatoren für ein wachsendes kollektives Bewusstsein und in effektiveren Widerstand.

#BlackLivesMatter beleuchtet ein Leben, das zutiefst geprägt ist von *race*, Gesellschaftsklasse, Gender, Sexualität, Behinderung und religiöser Anschauung. Und gleichzeitig unterstreicht das Buch die Kunst, die Poesie und auch die Kämpfe, die solch ein Leben hervorbringen kann. Denn nicht nur Patrisses Bruder wird als Terrorist bezeichnet. Auch sie selbst, ihre Mitstreiter und Gefährten – darunter Alicia, Opal und die anderen Organisatoren und Aktivisten des Netzwerks und der Bewegung Black Lives Matter – werden für ihr Engagement und ihre Erfolge als Terroristen verunglimpft. Meines Wissens wurde noch nie ein rechtsextremer Gewalttäter von staatlicher Seite als Terrorist bezeichnet. Weder die Schlächter, die Emmett Till auf dem Gewissen haben, noch die Bombenleger des Ku-Klux-Klan, die die Leben der jungen Mädchen Carole Robertson, Cynthia Wesley, Denise McNair und Addie Mae Collins auslöschten, wurden jemals als Terroristen angeklagt oder offiziell des Terrorismus bezichtigt. Stattdessen beschimpfte in den Siebzigerjahren Präsident Richard Nixon mich spontan als Terroristin und Assata Shakur wurde noch 2013 vom FBI zu den zehn gefährlichsten Terroristen weltweit gezählt.

Es gibt viele Lektionen, die man aus Patrisses Buch lernen kann, nicht zuletzt über politische Rhetorik. Schon der amerikanische Originaltitel, *When They Call You a Terrorist*, fordert die Leserschaft zur kritischen Auseinandersetzung mit dem Begriff Terrorismus auf. Und dabei geht es nicht nur darum, wie diese Rhetorik zum Beispiel eine weltweite Welle der Islamophobie hervorgerufen und gerechtfertigt hat oder dass eine ausgewogene Betrachtung der anhaltenden Besatzung Palästinas verhindert wurde. Es geht auch darum, wie man versucht, die Anti-Rassismus-Bewegung in den USA zu diskreditieren. Gleichzeitig tut man rassistische, frauenfeindliche und transphobische Gewaltausbrüche als normal ab. Der scheinbar schlichte Satz »Black lives matter« hat die vermeintlich unumstrittene Grundhaltung zum logischen Zusammenhang von Gleichheit, Gerechtigkeit und Freiheit infrage gestellt – in den Vereinigten Staaten und überall auf der Welt. Black Lives Matter ermutigt uns, die Qualität dieser vor allem westlich geprägten Logik zu hinterfragen, um historische Zwänge, im Rückblick auf Kolonialismus und Sklaverei, zu beseitigen. Diese Logik schlägt sich nieder in unseren philosophischen Gewissheiten und ideologischen Voraussetzungen wie auch in unserem gesamten Rechtssystem. So erlaubt Letzteres beispielsweise die Inhaftierung unverhältnismäßig vieler Schwarzer, Migranten von der Südhalbkugel und Menschen, deren Vorfahren erst vor relativ kurzer Zeit ins Land gekommen sind. Gerechtfertigt wird der strukturelle Rassismus solcher Praktiken mit Verweisen auf faire Gerichtsverfahren und andere vermeintlich gesetzlich festgeschriebene und garantierte Gleichheit.

Patrisse Khan-Cullors und ihre Mitstreiter bei Movement for Black Lives, einer Bewegung, die noch viele weitere Organisationen umfasst – darunter das Black Youth Project

100 und die Dream Defenders in Florida –, helfen dabei, Ziele zum Besten unseres Planeten zu entwickeln. Sie rufen zu einer Inklusion auf, die individuelle Eigenarten nicht übergeht. Sie wissen, dass universelle Freiheit ein Ideal ist, das nicht ausgerechnet jene am besten vertreten, die bereits an der Spitze der rassischen, geschlechterspezifischen und gesellschaftlichen Hierarchien stehen, sondern jene, deren Leben am schärfsten von Unfreiheit und dem Kampf für die Befreiung aus diesem Zustand gezeichnet ist. Diese Er-kenntnis und die gewaltige Kraft der Liebe bilden den Kern von Patrisses machtvollem Memoir.

ERSTER TEIL

ALLE GEBEINE, DIE WIR FINDEN KONNTEN

Einleitung
WIR SIND STERNENSTAUB

Ich schreibe, um Verbindung zu unseren Vorfahren zu halten und um unter den Menschen Wahrheit zu verbreiten.

SONIA SANCHEZ

Wenige Tage nach den US-Wahlen von 2016 schickt mir asha den Link zu einem Vortrag des Astrophysikers Neil deGrasse Tyson. Wir müssen uns die Hoffnung bewahren, schreibt sie 3.000 Meilen von mir entfernt – sie lebt in Brooklyn, ich in Los Angeles. Wir hören uns beide an, wie Dr. deGrasse Tyson erklärt, dass die Atome und Moleküle in unseren Körpern tatsächlich auf Verschmelzung im Kern von Sternen zurückzuführen sind, die einst zu Gaswolken explodierten. Diese Wolken bildeten dann neue Sterne, die wiederum Gottseidank die nötige Mischung aus Stoffen besaßen, um nicht nur Planeten wie den unseren, sondern auch Menschen, wie uns, sie und mich, entstehen zu lassen. Der Physiker sagt, dass demnach nicht nur wir im Universum leben, sondern das Universum auch in uns ist. Er behauptet, dass wir Menschen im wahrsten Sinne des Wortes Sternenstaub sind.

Als ich Dr. deGrasse Tyson das sagen höre, weiß ich, dass er die Wahrheit spricht, denn ich habe das schon seit meiner Kindheit gewusst. Diese Magie. Dass wir Sternenstaub sind, habe ich am Leben der Menschen, von denen ich abstamme, erkannt.

Ich habe es an meiner hart arbeitenden Mutter gesehen. Eine Zeugin Jehovas, die zwei und manchmal sogar drei Jobs gleichzeitig hatte, die auf die Kinder anderer Leute aufpasste, an der Rezeption von Fitnessstudios saß oder im Telefonmarketing arbeitete. Die alles machte, was möglich war, 16 Stunden täglich, meine ganze Kindheit hindurch, als wir im Latino-Viertel Van Nuys lebten. Meine Mutter, kakaobraun und sanft, von ihrer Familie verstoßen wegen uns Kindern, die sie als sehr junge, unverheiratete Frau bekommen hatte. Meine Mutter, die niemals aufgab, obwohl sie nie so viel verdiente, dass es wirklich zum Leben reichte.

Ich sah es auch in dem schmalen braunen Gesicht meines Vaters, eines Jungen aus dem Cajun Country in Louisiana. Er war ein Heiler, der seine eigenen Verwundungen, seine Süchte einer Welt verdankte, die ihn nicht liebte und ihn das nicht nur einmal, sondern unablässig spüren ließ. Mein Vater, der sich stets zurückkämpfte und nie den Versuch aufgab, ein besserer Mensch zu werden. Auch wenn dafür kein Vorbild existierte.

Und ich wusste es, weil ich in 13. Generation von einem Volk abstamme, das im Rumpf von Sklavenschiffen überlebt, das Ketten, Peitschen und Monate in seiner eigenen Scheiße und Pisse überstanden hat. Von Menschen, denen man damals per Gesetz das Menschsein absprach, die mitansehen mussten, wie man ihnen ihre Namen, ihre Sprachen, ihre Göttinnen und Götter, ihre Tänze und die Rhythmen ihrer Lieder, die Würde ihrer Träume, ja ihre eigenen

Familien entriss und stahl, sie auseinandernahm und wegwarf. Menschen, die trotz alledem eine Sprache entwickelten, Gott ehrten, eine eigene Bewegung hervorbrachten und an der Liebe festhielten. Was sollten sie sonst sein, wenn nicht Sternenstaub? Diese Menschen, die sich weigerten, einfach zu sterben. Die sich weigerten, die Vorstellung zu akzeptieren, ihre Leben und die ihrer Kinder würden nicht zählen, würden nichts bedeuten?

Unsere Ahnen mussten sich Familien frei erfinden. Sie stellten sich jeden Einzelnen von uns vor. Sie stellten sich mich vor. Das mussten sie tun. Nur so war es möglich, dass ich heute hier bin. Eine Mutter und Ehefrau, Organisatorin in der Community und queer, eine Künstlerin und Träumerin, die gerade lernt, Hoffnung zu schöpfen, während sie einen Weg durch die Schatten der Hölle sucht, auch wenn sie weiß, es hätte ganz anders kommen können.

Niemand hat erwartet, dass ich überlebe, und man hat mich auch nicht dazu ermutigt. Von meinen Brüdern und meiner kleinen Schwester, meiner Familie – der, in die ich geboren wurde, und der, die ich gegründet habe – erwartete niemand, dass sie überlebte. Wir führten ein riskantes Leben auf dem Drahtseil der Armut. An dessen Enden jeweils die Politik der persönlichen Verantwortung herrschte, die Schwarze* Pastoren und der erste Schwarze Präsident predigten. Diesen Grundsatz predigten sie viel lauter als die Verpflichtung zu kollektiver Verantwortung.

Sie predigten ihn lauter als den Widerspruch, die reichste

---

* Die Übersetzung übernimmt bei den Bezeichnungen der Hautfarbe Wortwahl und Schreibweise der Autorin, die Black und Brown mit großen Anfangsbuchstaben schreibt. Es geht darum, die Menschen nicht als »Farbige«, sondern als von einem spezifischen Rassismus Betroffene zu beschreiben.

Nation der Welt zu sein und gleichzeitig ein Ort mit extremer Arbeitslosigkeit, extremem Mangel an Löhnen, von denen man leben kann, und extremer Ungleichheit bei den grundlegenden Lebenschancen.

Sie predigten auch lauter darüber als über die Tatsache, dass Amerika nur 5 Prozent der Weltbevölkerung stellt, aber 25 Prozent der Gefängnisinsassen weltweit. Dazu zählten lange Zeit auch mein psychisch kranker Bruder und mein sanftmütiger Vater, die beide nie die Hand gegen irgendwen erhoben haben. Doch bis heute gehört zu diesen Gefangenen explizit nicht der Mann, der auf einen 17-Jährigen schoss und ihn tötete, obwohl der Junge nur Süßigkeiten und Eistee in der Hand hatte.

Jemand verfasste eine Petition, die es den ganzen weiten Weg bis ins Weiße Haus schaffte. Darin hieß es, wir seien Terroristen. Wir, die wir als Reaktion auf die Ermordung dieses Kindes gesagt hatten: Black Lives Matter. Das Dokument gewann in der ersten Juliwoche des Jahres 2016 an Zustimmung, nachdem eine Woche lang gegen die kurz aufeinander folgenden Erschießungen von Alton Sterlin in Baton Rouge und Philando Castile in Minneapolis demonstriert worden war. Am Ende jener Woche, nämlich am 7. Juli, eröffnete ein Scharfschütze in Dallas, Texas, das Feuer während eines Protestmarschs unserer Bewegung. Zu der Kundgebung hatten Mütter und Väter ihre Kinder mitgebracht, um gemeinsam zu fordern: Wir haben das Recht zu leben.

Als Schütze wurde der 25 Jahre alte Micah Johnson identifiziert, Afghanistan-Veteran und Reservist bei der Army. Er verschanzte sich in einem Gebäude auf dem Campus des El Centro College, nachdem er fünf Polizisten erschossen und elf weitere Menschen verletzt hatte, darunter auch zwei Demonstranten. In den frühen Morgenstunden des 8. Juli

2016 war er die erste Einzelperson, die jemals von der Polizei in die Luft gesprengt wurde. Dazu verwendete man eine Bombe des Militärs und programmierte einen Roboter, der sie zu Micah Johnson transportierte. Keine Geschworenen, kein Prozess. Keine Geduld, wie man sie den Killern gegenüber hatte walten lassen, die in Charleston neun Gottesdienstbesucher oder in Aurora, Colorado, Kinobesucher ermordet hatten.

So werden wir nie erfahren, was seine wahren Motive waren und ob er psychisch labil war. Mit Sicherheit wissen wir nur, dass die einzige Organisation, der er jemals angehörte, die U.S. Army war. Und wir merken uns, dass die weißen Massenmörder in Aurora und Charleston lebend gefasst wurden. Einer von ihnen bekam auf dem Weg ins Gefängnis sogar noch Fast Food besorgt. Wir merken uns außerdem, dass die meisten Cops, die in diesem Land getötet werden, von Weißen getötet werden, die man anschließend lebend fasst.

Und wir sind Zeugen der vielfältigen Arten, auf die der Geist von Micah Johnson als Waffe gegen Black Lives Matter gerichtet wird. Gegen mich gerichtet wird. Das ist eine alte Taktik, die man schon immer gegen Menschen angewandt hat, die die weiße Vorherrschaft infrage stellen. Und genauso merken wir uns, dass Nelson Mandela bis 2008 auf der Terroristenliste des FBI stand.

Trotzdem ist der Vorwurf, eine Terroristin zu sein, verstörend. Ich erlaube mir daher, leise zu weinen, als ich an einem Sonntagmorgen im Bett liege und drei Tage nach Dallas ein hysterischer Rudolph Giuliani mit hochrotem Gesicht Lügen über uns verbreitet.

Wie so viele Leute, aus denen unsere Bewegung besteht, habe auch ich mein Leben zwischen den Schreckenszwillingen Armut und Polizei verbracht. Ich wuchs im Klima des

Drogenkriegs auf, das erst Ronald Reagan und danach Bill Clinton angeheizt haben. Das Viertel, in dem ich gelebt und geliebt habe, und die Straßen, in denen viele Mitglieder von Black Lives Matter gelebt und geliebt haben, waren explizite Kriegsschauplätze. Und der Feind, das waren wir.

Es ist eine Tatsache, dass schon immer mehr Weiße als Schwarze oder Braune Drogen genommen und verkauft haben. Und doch sehen die meisten von uns, wenn sie die Augen schließen und sich einen Drogendealer oder -konsumenten vorstellen, ein schwarzes oder braunes Gesicht. Mehr braucht man eigentlich nicht zu wissen, falls man sich nicht auf Anhieb vorstellen kann, dass jemand, der nichts getan hat, trotzdem von der Polizei schikaniert wird. Es genügte tatsächlich schon, nur zu atmen, wenn man Schwarz war, um eingesperrt zu werden – oder sogar Schlimmeres zu erleben.

Ich trage die Erinnerung an ein Leben mit dieser Furcht in mir. Die Furcht davor, dass ich oder jeder Angehörige meiner Familie ungestraft getötet werden könnte. Sie steckt in meinem Blut, meinen Knochen und jedem meiner Schritte.

Und dennoch nannte man ausgerechnet mich eine Terroristin. Nannte man die Angehörigen unserer Bewegung Terroristen.

Uns – mich, Alicia Garza und Opal Tometi – die drei Frauen, die Black Lives Matter gegründet haben, nennt man Terroristinnen.

Uns, das Volk.

Wir sind keine Terroristen.

Ich bin keine Terroristin.

Ich bin Patrisse Marie Khan-Cullors Brignac.

Ich bin eine Überlebende.

Ich bin Sternenstaub.

1. Zerstörte Community

Wir wussten, wir konnten es nicht zu einem Gesetzes-
verstoß machen … Schwarz zu sein. Aber indem
wir die Öffentlichkeit dazu brachten, die Schwarzen
mit Heroin zu assoziieren … und diese dann heftig
kriminalisierten, gelang es uns, ihre Communitys
zu zerstören … Ob wir wussten, dass wir Lügen
verbreiteten? Klar wussten wir das.

JOHN EHRLICHMAN, Richard M. Nixons Chefberater
für Innere Angelegenheiten zur Haltung der
Regierung gegenüber der Schwarzen Bevölkerung

Meine Mutter Cherice zieht uns – meine älteren Brüder
Paul und Monte, meine kleine Schwester Jasmine und
mich – in einem Wohnblock an der Hauptstraße groß, die
durch mein hauptsächlich mexikanisch geprägtes Viertel
Van Nuys, Kalifornien, verläuft. Wir leben in einer von zehn
Sozialwohnungen in einem zweistöckigen beigefarbenen
Gebäude, von dem der Putz abblättert, dessen Tor nicht
richtig schließt und dessen Sprechanlage nie funktioniert.

Meine Mutter und ich gelten als die Kleinen in der Familie. Sie ist 1,62 Meter und ich bin nie über 1,57 Meter hinaus-

gekommen. Jasmine, Paul und Monte sind dagegen groß. Meine kleine Schwester wird irgendwann 1,80 Meter groß sein. Meine Brüder werden beide noch größer. Das haben sie von unserem Vater Alton Cullors, einem Automechaniker mit großen dunkelbraunen Händen, mit denen er in der Fabrik von General Motors in Van Nuys am Fließband arbeitet. Es sind die Hände, mit denen er mich gehalten und umarmt, mit denen er mir das Gefühl von Geborgenheit gegeben hat. Er riecht nach Benzin und Autos. Gerüche, die mich noch heute, fast dreißig Jahre später, an Liebe, Geborgenheit und Sicherheit erinnern. Alton kommt und geht – je nachdem wie Mommy und er sich gerade verstehen. Als ich sechs Jahre alt bin, wird er uns verlassen und danach nie mehr bei uns wohnen. Doch er verschwindet nie ganz aus unserem Leben und seine Liebe erst recht nicht. Sie bleibt bis heute, diese gute Alton-Cullors-Liebe, in mir, an meiner Seite.

Wir leben in einem gemischten Viertel, auch wenn Mexikaner die Mehrheit bilden. Aber es gibt auch Koreaner, Schwarze wie uns und sogar eine krankhaft übergewichtige weiße Frau, die nicht in die genormte Badewanne der Apartments in unserem Gebäude passt. Ich beobachte, wie sie sich nach unten zu dem baufälligen Swimmingpool schleicht, der zu unserem Wohnblock gehört und in dem ich später schwimmen lernen werde. Jeden Abend, wenn sie glaubt, keiner sieht sie, badet sie in dem Wasser. Mit Seife, Waschlappen, Shampoo und allem. Sie merkt nie, dass ich sie sehe, und ich sage nichts. Nicht nur weil sie eine Erwachsene ist und ich nur ein Kind bin. Eher weil sie ein Teil dessen ist, was uns zu dem macht, was wir sind.

Sie ist arm und zieht ihre Tochter allein groß. Sie hat eine große Klappe, die mich an die scharfzüngigen Schwarzen

Frauen in meiner eigenen Familie erinnert. Sie trägt Muu-
muus. Ich vermisse sie, als sie auszieht, wie am Ende die
meisten unserer Nachbarn. Unser Viertel ist eher als Durch-
gangsstation gedacht, nicht als ein Ort, wo man Wurzeln
schlägt und zu einem Baum wird, der wächst und wächst.
Der einzige Ort in meinem Viertel, wo wir Lebensmittel
kaufen können, ist ein kleiner 7-Eleven. Ohne den sowie
Georges Laden für alkoholische Getränke, die kleinen mexikanischen und chinesischen Fast-Food-Lokale und Taco
Bell kämen wir in unserer Gegend an nichts zu essen oder
zu trinken.

Nur gut einen Kilometer entfernt liegt Sherman Oaks.
Ein reiches weißes Viertel mit großen alten Häusern, zu
denen Doppelgaragen, gepflegte Rasenflächen und Swim-
mingpools gehören, die nichts gemein haben mit dem un-
gepflegten, briefmarkengroßen Becken hinter unserem
Wohnblock. In Sherman Oaks gibt es nichts, das nicht sauber und adrett wäre. Und keinen einzigen Wohnblock.

Dort stehen nur geräumige Einfamilienhäuser mit schicken Autos davor. Und die Eltern kommen jeden Morgen
heraus, um ihre Kinder zur Schule zu fahren. Ein Phäno-
men, das mir sofort auffällt. In meiner Wohngegend nehmen wir von der ersten Klasse an den Bus oder gehen zu
Fuß. Unsere Eltern sind schon längst bei der Arbeit, wenn
wir auftauchen wie kleine bunte Frösche im Frühling und
mit unseren frisch gewaschenen Gesichtern versuchen, eine
Welt zu begreifen, die wir uns nicht ausgesucht haben und
von der wir nicht wissen, dass wir eigentlich die Macht haben, sie aufzumischen.

Meine Mutter hat nie Karriere gemacht, sie hat immer
nur gearbeitet, manchmal in zwei oder drei Jobs, um genug
zu verdienen, damit es irgendwie zum Leben reichte. Vor
allem nachdem die Fabrik von General Motors in Van Nuys

schloss und es gleichzeitig auch mit der Stabilität unserer Familie vorbei war.

Alton nahm eine Reihe von Niedriglohn-Jobs an. Ohne Versicherung, ohne Beschäftigungssicherheit, mit denen er nicht für uns, seine Familie, sorgen konnte. Rückblickend denke ich, das war der Grund, warum er ging. Zwar besuchte er uns und war immer irgendwie da, doch es war nie mehr dasselbe. In den Achtzigerjahren, als alles den Bach runterging, war die Arbeitslosigkeit unter Schwarzen nicht nur fast dreimal so hoch wie die unter den Weißen, sondern in vielen Regionen der USA, unter anderem in unserer Gegend, schlimmer als später während der großen Rezession von 2008 und 2009.

Manchmal waren wir hungrig und es gab nichts außer Honig-Nuss-Cheerios. Die aßen wir dann mit Wasser, weil keine Milch da war und unser Kühlschrank ein Jahr lang nicht funktionierte. Meine Mutter schloss sich im Badezimmer ein und verfluchte unseren Vater ohne Ende: Hilf mir, verdammt noch mal, unsere Kinder zu ernähren, Alton. Unsere. Kinder. Was für ein verdammter Mann bist du eigentlich?

Ich sollte diese Gespräche nicht mitbekommen, aber ich saß vor der Tür auf dem Fußboden und lauschte, hörte, wie sie schrie. Und dazu das Knurren meines sechs Jahre alten Magens. Hunger ist das Schlimmste, und bis heute danke ich den Black Panthers, weil sie das kostenlose Frühstück für Kinder an Schulen durchgesetzt haben. Wir hatten Anrecht auf ein Gratis-Frühstück und -Mittagessen und ohne hätten wir es trotz unserer hart arbeitenden Eltern vermutlich nicht geschafft.

Wir lieben einander wie verrückt, meine Brüder, meine Schwester und ich, und von Anfang an werden wir dazu erzogen, aufeinander aufzupassen. Jasmine ist das Baby, unser Baby, und wir lieben sie schon allein deshalb. Paul ist der Älteste und übernimmt erzieherische Verantwortung, als Alton auszieht. Es ist seine Stimme, die mich jeden Morgen weckt, wenn es Zeit für die Schule ist und meine Mutter schon zu einem ihrer Jobs aufgebrochen ist. Es ist Paul, der uns fertig macht, zum Zähneputzen schickt und antreibt, Los, lasst uns gehen. Es ist Paul, der uns – wenn wir die Zutaten dafür im Haus haben – Käse-Toast zum Abendessen macht, so wie Mommy es ihm gezeigt hat. Und es ist auch Paul, der sagt, Zeit ins Bett zu gehen, während Mommy bei ihrem zweiten Job ist, was auch immer das gerade ist.

Aber Monte ist derjenige, der mit mir spielt und mir Sachen durchgehen lässt. Er ist der mit dem riesigen Herzen. Er bringt es nicht über sich, die streunenden Katzen und Hunde, die sich in unseren Straßen rumtreiben, nicht zu füttern, selbst wenn unsere eigenen Vorräte knapp sind. Es ist Monte, der Vögelchen aufsammelt, die aus dem Nest gefallen sind, und sie wieder zurücksetzt. Wenn ich die Augen schließe, bin ich wieder dort und sehe, wie er einen winzigen Vogel – keine Ahnung, was für eine Art das damals in unserem Viertel war – so behutsam aufhebt und ins Nest zurücksetzt, das manchmal auch mit runtergefallen war.

Monte ist der zweitälteste und damit nicht ganz so verantwortlich wie Paul. Abends kuscheln wir uns zusammen und sehen fern, obwohl ich schon schlafen sollte. *Beverly Hills, 90210* ist unsere Lieblingsserie, die Welt der reichen weißen Kids und ihrer Probleme. Eine Welt, in der wir und unsere Probleme nicht existieren. In *90210* umkreisen Streifenwagen weder Wohnblocks noch wahllos Leute. Nicht so wie in Van Nuys, wo das den ganzen Tag so geht, jeden Tag. Sie sind wie hungrige Hyänen draußen in der Prärie. Lange Zeit sehe ich sie, die Polizisten in ihren Autos, aber ich verstehe weder sie noch die Rolle, die sie im Viertel spielen. Sie reden nie mit uns oder helfen uns Kindern sicher über die Straße. Sie sind niemals freundlich. Offensichtlich sind sie nicht nur keine Freunde und Helfer, sondern mögen uns auch nicht besonders. Ich versuche, ihnen aus dem Weg zu gehen, aber das ist natürlich unmöglich. Sie sind allgegenwärtig. Und dann kommt der Tag, als sie in der Nähe unseres Wohnblocks halten. Sie blockieren die kleine Straße an einer Seite des Gebäudes.

Ich meine die kleine Gasse, wo meine Brüder mit ihren Freunden abhängen und dummes Zeug reden, wahrscheinlich über Mädchen und all die Sachen, die sie vermutlich nie gemacht haben. Monte und Paul sind da 11 und 13. Es gibt keine Grünflächen, keine Jugendzentren, keine Spielplätze, wo man Basketball spielen, keine Parks, wo man sich Hütten bauen könnte, also machen sie die kleine Straße zu ihrem Geheimversteck und treffen sich dort, um Sachen zu besprechen, die ich nicht wissen soll. Ich bin das Mädchen. Neun Jahre alt. Ich bin die kleine Schwester hinter dem kaputten Tor. Das schwarze Gitter aus Schmiedeeisen sollte uns ursprünglich wohl vor der Außenwelt schützen, aber das tut es nicht.

Hinter diesem Tor beobachte ich, wie die Polizei anrückt und sich meine Brüder und deren Freunde vorknöpft, von denen keiner älter als 14 ist und die absolut nichts tun, außer sich zu unterhalten. Die Polizisten stoßen sie gegen die Hauswand, zwingen sie dazu, die Hemden hochzuziehen und die Taschen auszuleeren, dabei fassen sie meine Brüder grob an, selbst an intimsten Stellen, während ich hinter dem Tor wie erstarrt alles beobachte. Ich kann nicht weinen, kann nicht schreien, kann nicht atmen. Und ich kann auch nichts hören. Nicht die Sirene zu den kreisenden roten Lichtern, nicht wie sie die Jungs anherrschen: Stellt euch an die verdammte Wand! Später ärgere ich mich über mich selbst: Warum habe ich ihnen nicht geholfen?

Danach verlieren weder Paul noch Monte ein Wort darüber, was ihnen passiert ist. Sie weinen nicht und sie fluchen nicht. Sie stoßen keine lauten, wenn auch leeren Drohungen aus. Sie sprechen nicht mit mir darüber, obwohl ich es doch gesehen habe, und reden nicht mit meiner Mutter, die nichts gesehen hat. Sie sind nicht mal aufgebracht. Sie schimpfen nicht, dass sie so was nicht verdient haben. Weil mit Beginn der Pubertät keiner meiner Brüder mehr erwartet, dass die Dinge irgendwie anders sein könnten.

Sie werden auf eine Weise schweigen, wie man das von Vergewaltigungsopfern kennt. Wahrscheinlich fürchten sie, dass ihnen sowieso keiner glaubt. Fürchten, dass man nichts tun kann, um die Sache in Ordnung zu bringen oder wiedergutzumachen. Was immer ihnen durch den Kopf geht, nachdem sie sich auf offener Straße halb nackt ausziehen mussten und ihre Kindheit auf den Boden geworfen und in den Beton getreten wurde – wir werden nie über diesen Vorfall sprechen oder über jene, die noch folgen, als Van Nuys sich im Laufe der Jahre zum Ground Zero im Drogenkrieg und im Krieg gegen die Gangs entwickelt. Dadurch hat die Polizei erst recht einen Freibrief, mit uns zu machen, was sie will. Von da an gibt es noch mehr Gelegenheiten, uns zum Feind zu erklären, noch mehr Möglichkeiten, uns zum Verschwinden zu zwingen.

Mir wird dieser Vorfall erst viele Jahre später wieder einfallen, als immer mehr Medien über Mike Brown aus Ferguson, Missouri, berichten. Polizei und Presse machen aus dem liebenswürdigen 18-Jährigen, der aufs College wollte und unbewaffnet war, so eine Art King Kong, ein Monster, das man nur mit Kopfschüssen töten konnte. Denn genau das hat dieser Cop mit ihm gemacht. Er hat dem Jungen in den Kopf geschossen, während er mit erhobenen Händen auf dem Boden kniete.

Ich werde auch wieder daran denken, als ich sehe, wie der 25-jährige Freddie Gray, der einfach Fahrrad fährt, angehalten und hinten in einen Polizeitransporter geworfen wird, als wäre er Abfall. Der dann mit auf einen »rough ride« genommen wird, eine Fahrt durch Baltimore, die so verheerend endet, dass die Cops danach wegen fahrlässiger Tötung oder, wie es wörtlich hieß, »Mord aus Herzlosigkeit« angeklagt wurden. Doch auch diese Cops wurden, wie die meisten Vollzugsbeamten, denen vorgeworfen wurde, Schwarze grundlos erschossen zu haben, freigesprochen. Und das, obwohl ein entsprechendes Beweisvideo vorlag.

Bald nach dem Tag, als Polizisten meine Brüder in der kleinen Straße drangsalieren, beginnt etwas Neues: Sie werden immer wieder verhaftet. Das passiert so häufig, dass meine Mutter sich schließlich gezwungen sieht, mit uns in eine andere Ecke von Van Nuys zu ziehen. Doch in Sicherheit können meine Brüder nirgends sein oder sich auch nur so fühlen. Es gibt keine Jobs. Keine Stadt, keinen Wohnblock, wo ihr Leben zählt und sie willkommen sind. Wir versuchen zwar, uns so eine Welt zu erschaffen und ihnen zu vermitteln, dass sie wichtig sind. Uns selbst sagen wir das auch. Aber die Realität kann ein beharrlicher und gnadenloser Eindringling in die Seele sein.

Als man mich später an die Millikan schickt, eine weiße Middle School außerhalb meines Viertel, im reichen, wunderschönen Sherman Oaks, werde ich mich mit einem weißen Mädchen anfreunden. Wie sich herausstellt, ist ihr Bruder der lokale Drogendealer. Er besitzt Müllsäcke voller Gras. *Müllsäcke.*

Aber das wundert mich weniger als der Umstand, dass er nicht nur niemals festgenommen wird, sondern offenbar auch nie eine Verhaftung fürchtet. Als er mir das erzählt, versuche ich zu verstehen. Ein Leben ohne Angst vor der Polizei. Aber ich kann es mir einfach nicht vorstellen.

2. Zwölf

Das Schlimmste am Rassismus ist,
was er aus jungen Menschen macht.

ALVIN AILEY

Als ich zum ersten Mal von der Polizei abgeführt werde, bin ich zwölf Jahre alt.

Nur dieser eine Satz und alles ist wieder da. Die Angst des kleinen Mädchens und die Demütigung. Für immer gespeichert in jeder einzelnen Zelle.

Es sind die Sommerferien zwischen der siebten und achten Klasse. Zum ersten Mal muss ich die sogenannte Sommerschule besuchen. Wegen meiner Noten in Mathe und Naturwissenschaften. Und das ärgert mich. Niemand anders von der Millikan geht zum Förderunterricht auf diese Schule in Van Nuys, meinem Viertel. Nur ich. Die Sommerschule ist für die Kids gedacht, die in meinem Viertel wohnen. Es gibt hier keinen Campus, dafür Metalldetektoren und Polizei. An der Millikan gibt es weder Polizei noch Metalldetektoren.

Es gelingt mir irgendwie nicht, mich auf die Unterschiede einzulassen. Ich halte mich nach wie vor für eine Schülerin der Millikan, was ich ja auch bin, nur eben während dieser Sommermonate nicht. Eines Tages mache ich, was man an der Millikan macht, um klarzukommen: Ich rauche ein bisschen Gras. Dort ist es ganz normal, dass Kids high zum Unterricht erscheinen, sich auf der Toilette einen Joint reinziehen oder auf dem Campusrasen rauchen. Keiner kriegt deshalb Ärger. Da ist nirgendwo Polizei. Schließlich ist die Millikan die Schule für die Begabten.

Aber in meinem Viertel laufen die Dinge vollkommen anders. Jemand muss was über mich und mein Gras verraten haben – zwei Mädchen kamen auf die Toilette, während ich dort war –, denn zwei Tage später taucht ein Polizist im Unterricht auf. Ich erinnere mich, dass mein Magen absackt wie auf einer dieser Monster-Achterbahnen in Freizeitparks. Ich spüre einfach, dass er meinetwegen da ist, und ich täusche mich nicht. Der Cop fordert mich auf, vor die Klasse zu treten, wo er mir vor allen Mitschülern Handschellen anlegt, um mich ins Büro des Direktors zu führen. Dort wird meine Tasche durchsucht, werde ich durchsucht, werden meine Hosentaschen nach außen gedreht, meine Schuhe kontrolliert. Genau wie bei meinen Brüdern damals in dieser schmalen Straße, als ich neun war. Ich habe kein Gras bei mir, trotzdem zwingt man mich, meine Mutter bei der Arbeit anzurufen und ihr zu sagen, was passiert ist. Das tue ich unter Tränen. »Ich habe nichts gemacht, Mommy«, lüge ich und weine echte Tränen der Angst. Meine Mutter glaubt mir. Ich bin ein braves Mädchen und sie hält zu mir.

Später, als wir zu Hause sind, wird sie mich weder fragen, wie es mir geht, noch sich aufregen. Sie wird mir nicht mitfühlend die Handgelenke streicheln, da, wo die Handschellen sie aufgerieben haben, sie wird mich auch nicht in den Arm nehmen oder mir versichern, dass sie mich lieb hat. So ist sie nicht. Meine Mutter ist eine Managerin, die tagtäglich zusehen muss, wie sie sich und ihre vier Kinder durchbringt. Dass sie und ihre Kids alle zu Hause sind, in relativer Sicherheit, bedeutet für meine Mutter schon einen Erfolg. Das reicht ihr. Und so bleibt es meine gesamte Kindheit über.

Was die Middle School, abgesehen von den unterschiedlichen Hautfarben und Gesellschaftsklassen, für mich zu einem derartigen Kulturschock machte, war, dass ich die ganze Grundschulzeit hindurch als klug, ja sogar begabt galt. Ich war die Vorzeigeschülerin, die Ms Goldberg, meine Lehrerin in der vierten Klasse, bereitwillig gewähren ließ, als ich fragte, ob ich der Klasse etwas von der Bürgerrechtsbewegung erzählen dürfe. Eine Woche vorher hatte sie mir *The Gold Cadillac* von Mildred Taylor gegeben. In dem Buch geht es um ein Mädchen, das mit seinem Vater eine furchterregende Fahrt von Ohio durch den von Segregation geprägten Süden bis nach Mississippi unternimmt, wo Verwandte leben.

Die schreckliche Angst, von der da erzählt wird, war für mich deutlich spürbar, ihr von Seite zu Seite wachsendes Bewusstsein dafür, man könnte sie umbringen. Damals war ich neun und die Polizei hatte schon einmal unsere kleine Wohnung gestürmt. Auf der Suche nach einem meiner Lieblingsonkel, dem Bruder meines Vaters Alton. Der nahm und verkaufte Drogen, hatte eine laute Lache und hob mich immer hoch, wenn er mich begrüßte. Dabei erklärte er mir jedes Mal, wie schlau ich sei. Aber er wohnte nicht bei uns und deshalb wussten wir auch nicht, wo er steckte, als die Polizei in voller Kampfausrüstung reinpolterte.

Sogar die kleine Jasmine, die damals ungefähr fünf gewesen sein muss, wurde angeschrien, sie solle sich zu mir auf die Couch setzen. Dann nahm die Polizei unser Zuhause auseinander, wie ich das später in *Law and Order: Special Victims Unit* nie gesehen habe. Da ist Olivia Benson zu Kindern immer so sanft. Im wirklichen Leben wurde ich als kleines Kind, wurden meine Brüder und meine Schwester, wie Verdächtige behandelt. Jasmine und ich, wir mussten uns selbst beruhigen und einander im Arm halten. Ich war genauso erstarrt wie bei dem Vorfall in der Gasse neben unserem Haus. Nur dass die Cops diesmal unsere Zimmer auseinandernahmen und nicht meine Brüder.

Sie durchwühlten sogar unsere Schubladen. Dachten die, mein Onkel verstecke sich in der Wäschekommode?

Aber wie bei der Sache mit meinen Brüdern sprachen wir danach kein Wort mehr darüber.

Auch wenn die Geschichte in einer anderen Zeit und an einem anderen Ort spielt, bin ich mir ganz sicher, dass dieses Ereignis zumindest ein Grund war, warum *The Gold Cadillac* mich so tief beeindruckt hat. Warum ich mich selbst jetzt, nach Jahrzehnten, noch daran erinnere. Auch wenn die Details des Buchs ein anderes Bild zeichnen: Die auf jenen Seiten geschilderte Furcht ist die gleiche, ist meine eigene. Nachdem ich das Buch gelesen hatte, wollte ich mehr. Ich wollte Bestätigung dafür, dass das, worüber wir nicht gesprochen hatten, wirklich passiert war. Deshalb sagte ich, Bitte, Ms Goldberg, dürfte ich vielleicht noch mehr Bücher bekommen?

Selbstverständlich, sagte sie und gab mir Geschichten, die ich geradezu verschlang. Kindgerechte Bissen über den Kampf um Frieden und Gerechtigkeit.

Bitte, ging ich wieder zu Ms Goldberg, kann ich der Klasse von den Büchern erzählen?

Ja, sagte sie, warum nicht? Denn so war sie. Ms Goldberg, mit ihrer fedrig geschnittenen Achtzigerjahre-Frisur und ihren Sportklamotten im Flashdance-Look, die sie in der Schule immer trug.

Als Belohnung für meine Mitschüler, wenn sie während der fünfzehnminütigen Referate, die ich halten durfte, meine Fragen richtig beantworteten, hatte ich Süßigkeiten dabei. Ich wollte, dass sie über unsere Geschichte in diesem Land Bescheid wussten. Dass sie wussten, woher wir kommen. Ich wollte, dass sie die schreckliche Angst kennenlernten, wie ich sie kennengelernt hatte. Irgendwie hatte das auch mit der Angst zu tun, die ich – die wir – in unserem Viertel, in unserem eigenen Leben empfanden, aber irgendwie nicht benennen konnten.

Doch nach Ms Goldberg und später Ms Bilal – der Lehrerin aus der Nachmittagsbetreuung und der einzigen tiefschwarzen Frau, der ich in meiner Grundschulzeit begegnen sollte und die uns mit Kwanzaa, dem Fest der Schwarzen am Jahresende, und Afrozentrismus vertraut machte – freute ich mich auf die Middle School. Und das, obwohl sie in einer Gegend lag, die ich nicht kannte, und zu einer Community gehörte, die nicht meine war. Trotzdem erwartete ich, weiterhin gemocht und gefördert zu werden. Die Mutter meiner besten Freundin Lisa hatte von der Millikan gehört – sie galt als gute Schule. Das Besondere an ihr waren der künstlerische Schwerpunkt und ein Programm für begabte Schüler. Lisas Mutter setzte ihre Tochter auf die Liste der Bewerber und erzählte eines Nachmittags, Warum eigentlich nicht?, meiner Mutter und mir davon. Wenn es Ihnen recht ist, schreibe ich Patrisses Namen auch drauf! Wäre doch toll, wenn die Mädchen zusammenbleiben, erinnere ich mich an ihre Worte.

Monate später wurde ich für das Begabten-Programm ausgewählt, Lisa nicht. Aber Lisas Mom schaffte es, ihre Adresse zu fälschen, damit Lisa regulär aufgenommen wur-

de. So waren wir am Ende beide Schülerinnen an der Millikan. Doch wir blieben nicht die Freundinnen, die wir mal
gewesen waren.

Die Millikan Middle School ist so weit weg von zu Hause,
dass ich jeden Morgen hingefahren werden muss. Vorher
konnte ich einfach mit allen Kindern aus meinem Viertel in
den Bus steigen, aber nach Sherman Oaks, das ist eine auf-
wendigere Sache. Das Problem ist, dass meine Familie kein
Auto besitzt. Deshalb hilft unsere Nachbarin Cynthia aus.
Sie leiht meiner Mutter ihr Auto, damit ich wohlbehalten
dort hinkomme. Allerdings ist das nicht so einfach, wie es
vielleicht klingt.

Cynthia ist mit ihren gerade mal 19 Jahren schon selbst
Mutter und immer mal wieder mit meinem Bruder Monte
zusammen, von dem sie später ein Kind bekommen wird,
meinen Neffen Chase. Ein Jahr zuvor wurde sie, als sie eine
Party besuchte, aus einem vorbeifahrenden Auto heraus angeschossen. Seither ist sie von der Hüfte abwärts gelähmt.
Aber sie besitzt ein Auto, das sie meiner Mutter leiht. Einen
ramponierten, champagnerfarbenen Kombi. Die hinteren
Seitenscheiben sind durch Plastikfolie ersetzt. Und drinnen
riecht es nach Urin, weil die gelähmte Cynthia manchmal
ihre Blase nicht unter Kontrolle hat.

Meine Mutter bringt mich in diesem Wagen zur Millikan,
womit ich einverstanden bin. Ich meine, ein Auto! Aber
schon nach dem ersten Tag wird mir klar, dass das anders
laufen muss. Am zweiten Tag sage ich, Lass mich hier aus-
steigen, Mommy. Und hier heißt, bereits ein paar Blocks vor
der Schule. Denn unser Auto hat keine Ähnlichkeit mit denen, die an der Millikan vorfahren und in der Morgensonne
wie neu schimmern. Aus diesen Fahrzeugen, lauter Marken
wie Mercedes und Lexus, quellen Kinder, die, ihren Eltern

noch einmal winkend, auf den saftig grünen Rasen des Campus laufen. Schlagartig wird mir ein neues Gefühl bewusst und nistet sich in meiner Seele ein: eine Scham, die tief sitzt, umfassend ist und mich fürs Leben prägt. Schlagartig wird mir bewusst: Wir sind arm.

Später, als ich schon erwachsen bin, wird eine Freundin zu mir sagen, Natürlich hast du so empfunden. Unterdrückung ist peinlich, wird sie leise sagen. Aber an der Middle School, die derart krass zwischen Schwarzen und weißen, reichen und armen Kindern unterscheidet, weiß ich nicht so recht, was ich mit diesem Gefühl oder mit der erschreckenden Frage anfangen soll, die meine zwölfjährige Seele umtreibt: Soll ich mich für die Menschen schämen, die mich großgezogen, mich in die Welt gesetzt haben und mir alles bedeuten?

Ich passe nicht zu den weißen Kids, die zwischen den Stunden auf dem Klo oder dem Rasen Haschisch rauchen. Ich passe auch nicht zu den wenigen Schwarzen Mädchen, die wie Janet Jackson oder Whitney Houston werden wollen, wenn sie mal groß sind. Ich trage MC-Hammer-Hosen mit hängendem Schritt. Mein Outfit ist mein eigenes Markenzeichen und natürlich auch beeinflusst von den vielen Mexikanern in meinem Viertel. Es heißt, ich sei seltsam, dabei fühle ich mich nicht so. Ich fühle mich nur wie ich selbst: ein Mädchen aus Van Nuys, das Gedichte liebt, gern liest und am liebsten tanzt. Ich habe Tanz belegt und mein Stil ist eine Mischung aus Afro Dance, Hip-Hop und Mariachi zu jeweils gleichen Teilen, was natürlich auch wieder seltsam ist.

Dann finde ich doch einen Freund, einen weißen Jungen, Mikie. Ihn stören meine angebliche Seltsamkeit und meine MC-Hammer-Hosen nicht. Ich nerve meine Mutter, bis sie mir erlaubt, ihn mal mit nach Hause zu bringen. Weil ich mein Zimmer mag und er sehen soll, wo ich die Person wurde, die ich bin. Die Verlegenheit meiner Mutter, die Bescheidenheit unserer Wohnung, das gefällt mir allerdings nicht. Meine Mutter stammt eigentlich aus der Mittelklasse, doch ihre frommen Eltern verstießen sie, als sie, gerade mal 15-jährig, mit meinem Bruder Paul schwanger wurde. Das ist damals knapp zwanzig Jahre her.

Die Scham, die ich an der Millikan empfinde, fällt weitgehend wieder von mir ab, wenn ich nicht dort bin. Dieses Viertel, meine Welt, ist alles, was ich kenne, was ich liebe, trotz der Mühsal, die ich als solche aber noch nicht richtig begreife, weil ja alle so leben. Alle sind manchmal hungrig. Alle wohnen in kleinen Mietwohnungen. Die meisten von uns haben weder Autos noch irgendwelche tollen Sachen oder Glitzerkram.

Jedenfalls gibt meine Mutter nach, wahrscheinlich aus Erschöpfung, und Mikie, der in all den Jahren, bevor er sich als schwul outet und ich mich als queer, mein Freund ist, wird eines Tages von seinen Eltern vor meinem Wohnblock abgesetzt.

Ich laufe die Treppe runter, um ihn reinzulassen, und im Hintergrund hört man die Sirene eines Krankenwagens. Was mir gar nicht auffällt, weil hier immer irgendwo eine Sirene kreischt. Aber für Mikie ist das neu und weil da auch noch unser Gebäude mit der abblätternden Farbe ist, sagt mein Freund sachlich, ohne irgendwie gemein zu klingen, Ich hätte nicht gedacht, dass du so wohnst. Wir gehen in mein Zimmer und versuchen uns zu verhalten, als wäre alles wie immer.

An der Middle School fühle ich mich zum ersten Mal in meinem Leben verunsichert. Keiner nennt mich mehr begabt. Außer meiner Tanzlehrerin ermutigt mich niemand und niemand scheint auch nur Geduld mit mir zu haben.

Zum ersten Mal sacken meine Noten ab und ich komme zu der Überzeugung, dass all die Zuneigung, die ich in der Grundschule erfahren habe, irgendwie aufgebraucht ist, weil ich meine Ration anscheinend aufgezehrt habe. Im Alter von zwölf Jahren bin ich auf mich selbst gestellt. Kein Kind mehr, kein kleines, unschuldiges Menschenwesen, das Unterstützung braucht. Ich habe gesehen, wie es meinen Brüdern passierte, und jetzt passiert es mir – dieser Moment, wenn wir etwas werden, das nicht mehr liebenswert ist oder gehegt und gepflegt wird. Das Jahr, in dem wir etwas werden, das man ebenso gut wegschmeißen kann.

Meine Brüder, vor allem Monte, machten die Erfahrung, dass ihr Leben nicht zählt, dass sie überflüssig waren, zunächst auf den Straßen. Wo sie sich mit Freunden trafen, einfach nur atmeten und Schwarz waren. Dafür, dass uns das allen immer bewusst war, sorgte in unseren Communitys die außergewöhnliche Polizeipräsenz. Die war wiederum eine Folge des gegen uns gerichteten Drogenkriegs, obwohl wir nie mehr Drogen konsumiert oder gedealt haben als weiße Kids, die von der Polizei unbehelligt blieben. Für uns hatte die Exekutive daher nie etwas mit dem Motto der Polizei von L. A. – Schützen und Dienen – zu tun, sondern nur damit, dass man Kinder kontrollierte und in ihrem Bewegungsradius einschränkte. Und zwar Kinder, die man als Super-Kriminelle abgestempelt hatte. Nicht weil sie tatsächlich irgendwas Kriminelles getan hatten. Sondern einfach nur wegen ihrer Herkunft und ihres Wohnorts.

Ich lernte an dem Ort, der mich vorher so aufgebaut hatte, dass ich nichts zählte. Dort, wo ich meine Mitte und meine Stimme gefunden hatte: an der Schule. Und es sollte dauern, bis ich erwachsen war und mir vorgenommen hatte, Religionswissenschaften zu studieren – als Teil eines langen und mühevollen Prozesses, den ich auf mich nahm, um ordinierte Pastorin zu werden –, bis ich wieder Freude am Lernen fand.

Vor ein paar Jahren veröffentlichte Dr. Monique W. Morris ihr bahnbrechendes Buch *Pushout: The Criminalization of Black Girls in Schools.* Darin schildert sie, dass Schwarze Mädchen in Schulen behandelt werden, als wären sie wertlos. Unerwünscht, ungeliebt. 12 Prozent von uns werden in unserer Schullaufbahn mindestens einmal vom Unterricht ausgeschlossen, bei den weißen Mädchen sind es dagegen nur 2 Prozent. In Wisconsin liegt die Zahl sogar bei 21 Prozent für Schwarze Mädchen im Gegensatz zu 2 Prozent bei den weißen.

Als ich mit Schwarzen und weißen Mädchen zur Schule ging, lernte ich eines ganz schnell: Wir können uns zwar genauso oder sehr ähnlich benehmen, aber wir werden fast nie genauso bestraft. Beispielsweise erlebte ich an vorwiegend weißen Schulen einen außerordentlich hohen Drogenkonsum im Vergleich zu dem, was meine Freunde an den Schulen in unserer Nachbarschaft mitbekamen. Dennoch waren es meine Freunde, denen die Polizei zusetzte. Meine Freunde aus dem Viertel besuchten Schulen, wo es zu keinem Massaker und keinen Schießereien kam. Trotzdem patrouillierten dort auf den Fluren Polizisten in kugelsicherer Montur, oft begleitet von Drogen-Spürhunden. Solche ließ man auch auf Kinder im Süden los, die ein Ende der Segregation forderten.

Als Black Lives Matter entsteht, wissen wir nicht nur aus eigener Erfahrung – von der allerdings nur wenige hören wollten –, dass man aus uns etwas Austauschbares, etwas, das man wegwerfen kann, gemacht hat. Wir wissen es auch aus Umfragen und nicht zuletzt durch die fürchterlichen, viral verbreiteten Bilder Schwarzer Mädchen, die von Leuten, die sich Schul-Sicherheitsbeamte nennen, brutal von den Stühlen im Klassenzimmer gezerrt werden. Wegen des Verbrechens, ihr Handy rausgeholt zu haben.

Monique Morris weiß von einer Zwölfjährigen aus Detroit zu berichten, der sowohl mit Schulverweis als auch mit einer Strafanzeige gedroht wurde, nachdem sie das Wort »Hi« an die Tür ihres Spinds gekritzelt hatte. In Orlando wurde einem anderen Mädchen der Verweis von seiner Privatschule angedroht, wenn es nicht aufhöre, das Haar als Afro zu tragen.

Zwölf.

Bei mir fing es ebenfalls in dem Jahr an, als ich zwölf wurde. Damals lernte ich, dass mich meine Hautfarbe und Armut eher definierten als Klugheit, Neugier und Leistungsbereitschaft. Dabei war ich dermaßen gewillt zu lernen.

Zwölf. Der Moment, ab dem unsere Noten und unser Engagement als Schüler nicht mehr so wichtig sind wie die Möglichkeit, uns als Kriminelle zu überführen. Als Menschen, die man einsperren muss.

Zwölf, und die Kindheit ist vorbei.

Zwölf, und zu sein, wer wir sind, kann uns das Leben kosten.

Es kostete Tamir Rice das Leben.

Er war ein Kind von zwölf Jahren. Und der Cop, der ihn erschoss, brauchte nachweislich weniger als zwei Sekunden, um zu entscheiden, dass Tamir sterben sollte.

Tamir Rice. Zwölf.

Zwölf und seine Zeit schon abgelaufen.

3. Blutsverwandt

Sie sagte ihnen nicht, sie sollten ihr Leben in Ordnung
bringen oder hingehen und fortan nicht mehr sündigen.
Sie sagte ihnen nicht, sie seien das Salz der Erde,
deren ererbte Sanftmut oder herrliche Reinheit.
Sie sagte ihnen, die einzige Gnade, auf die sie
hoffen könnten, sei die in ihrer Fantasie.

TONI MORRISON

Bei all den Herausforderungen an der Middle School, den
Kulturschocks und meinem Kampf mit Mathematik und
Naturwissenschaften, gab es einen Vorfall, der exempla-
risch ist. Er hat alles und nichts mit der Polizei, alles und
nichts mit Armut zu tun. Er hat alles und nichts damit zu
tun, dass ich Schwarz bin.

Er ereignet sich, kurz bevor ich die Elementary School
nach der sechsten Klasse verlasse, um auf die Millikan in
Sherman Oaks zu wechseln. Als selbstbewusste Absolven-
tin, die sich kopfüber ins nächste Kapitel ihres Lebens stürzt.
Meine Mutter und ich gehen Lebensmittel einkaufen. Irgendwann zwischen den Cerealien und der Milch, die wir
in unseren Einkaufswagen packen, dreht sie sich zu mir um

und sagt, wenn wir zu Hause sind, muss ich mit dir reden. Okay, sage ich, obwohl ich mich schon frage, Warum redet sie nicht gleich hier mit mir?

Wieder zu Hause und nachdem wir die Lebensmittel weggeräumt haben, führt sie mich ins Schlafzimmer, setzt sich auf ihr Bett und klopft neben sich auf die Decke, damit ich mich zu ihr setze. Das tue ich. Sie holt tief Luft. Das wird kein Gespräch, das sie gern führen möchte. Und dann platzt es einfach aus ihr raus. Alton ist nicht dein Vater, sagt sie. Er ist Pauls, Montes und Jasmines Vater. Aber zwischen Monte und Jasmine haben wir uns getrennt, ich habe mich in Gabriel verliebt und wir haben dich gekriegt.

Gabriel?, frage ich. Meinst du diesen Mann, der in den letzten paar Monaten immer wieder hier angerufen hat?

Ja, sagt sie. Gabriel ist dein Vater. Die Aussage ergibt für mich keinen Sinn.

Möchtest du ihn kennenlernen?, fragt sie.

Ihre Worte verwirren mich. Ich weiß nicht, was ich sagen, was ich denken soll. Ich will das alles nicht. Wie aus der Ferne höre ich meine Mutter sagen, dass sie Gabriel zufällig getroffen, Telefonnummern ausgetauscht, ihm von mir erzählt hat. Aber ich nehme diese Einzelheiten kaum wahr. Ich bete nämlich: Kann nicht alles so bleiben? Bitte, Gott? Bitte?

Dann sehe ich meine Mutter an, aber nichts kommt über meine Lippen. Ich versuche, etwas zu sagen, aber es geht nicht. Ich ziehe und zerre an einer Stelle in mir, die ich nicht benennen kann, und dann sage ich kurz angebunden, Das wäre okay. Ich möchte meinen Vater kennenlernen.

Von dem Zeitpunkt an, als meine Mutter mir von Gabriel erzählt, bis ich ihn einen Monat später treffe, wird bei uns zu Hause nicht über ihn gesprochen. Es gibt keine Hintergrundgeschichte. Kein So haben wir uns kennengelernt. So haben wir uns verliebt. Daher kommst du tatsächlich. Wir sind eine Familie von Überlebenden und eine Familie von Machern, aber wir sind keine sehr gesprächige Familie. Wir verarbeiten nichts, gehen nichts auf den Grund. Über Gabriel wird nicht geredet. Er ist fast wie ein eingebildeter Freund oder jemand, dem ich in Träumen begegnet bin, die verschwommen, nicht mehr genau rekonstruierbar, aber noch präsent sind.

Allerdings gibt es dieses eine Mal, dieses eine Gespräch. Und zwar mit Alton, dem einzigen Vater, den ich bis dahin kenne. Vor sechs Jahren hat er uns verlassen. Sechs Jahre, in denen er uns nur besucht hat und wir niemals vorher wussten, wann. Ich bin zwölf und bringe sein Verschwinden nicht mit größeren sozialen oder strukturellen Umbrüchen in Zusammenhang, sondern nur mit der Vorstellung, dass wir Kinder irgendwas falsch gemacht haben müssen, woraufhin dieser starke, liebevolle Mann uns verlassen hat. Ich weiß noch nicht, dass er sich selbst verloren, dass er das einzige Leben verloren hat, das er je kannte: 20 Jahre am Fließband bei General Motors in Van Nuys, dann nichts mehr. Alton findet zwar Jobs in Werkstätten, die deutlich unter seinen Fähigkeiten liegen, aber er wird nie mehr Stabilität finden oder so viel verdienen, dass es für den Lebensunterhalt reicht. Und alles, was ich weiß, ist, dass ich ihn lieb habe und vermisse. Alton, mit seinen großen Gefühlen und seinem lauten Lachen. Deshalb bin ich auch dankbar und komme mit, als er an diesem Tag auftaucht, ungebeten und laut, und sagt, Komm, Mädchen, lass uns irgendwas essen gehen. Kleiner Schatten folgt großem Schatten.

Hand in Hand gehen wir den Häuserblock entlang. Vorbei am 7-Eleven, wo wir immer unsere Lebensmittel kaufen. Vorbei an Georges Getränkeladen, wo ich mir eines Tages Zigaretten kaufen werde. Weiter zu dem kleinen Rattenloch, dem mexikanischen Imbiss, dessen Namen sich keiner je zu merken scheint. Wir bestellen Tacos, aber bevor ich anfange zu essen, schaue ich zu Alton hoch. Sein braunes verschwitztes Gesicht glitzert in der Sonne von Van Nuys. Und da sehe ich sie, die Tränen, die einfach fließen und gar nicht zu einem Mann wie ihm passen: ein Muskelpaket, weil er mit 14 schon begann Gewichte zu stemmen und seither nie mehr damit aufgehört hat.

Alton und seine Jheri-Locken, seine 501-Jeans mit den extremen Falten in der Mitte und seine Schuhe von Stacy Adams. Seine 18-Pack-Bauchmuskeln, die unter dem Seidenhemd zu sehen sind, das er in der Freizeit meist aufgeknöpft trägt. Alton, dessen Männlichkeit so klischeehaft ist. Seine Tränen sind echt.

Bin ich immer noch dein Vater?, fragt er.

Natürlich, sage ich.

Dann schweigen wir beide.

Bis er über meine Mutter sagt: Ich wollte nicht, dass sie es dir erzählt. Ich wollte nie, dass du dich halb nichts, halb Stief-irgendwas fühlst. Als wärst du nicht mein Kind. Du warst immer meine Tochter. Ich wollte nicht, dass du dich anders als die anderen fühlst.

Ich weiß nicht, wie ich reagieren soll. Ich war auf nichts vorbereitet. Ich weiß nur, dass ich ihn nicht verletzen will, meinen Alton, meinen Vater. Ich will, dass er einfach fühlt, was in meinem zwölf Jahre alten Herzen, meinem zwölf Jahre alten Kopf vor sich geht, finde aber keine Worte dafür. Ich wünsche mir einfach, wir würden uns eine Million Mal versichern, dass wir einander lieb haben, doch das tun wir nicht. So sind wir nicht. Wir sagen nichts, essen nur und schweigen. Aber die Tränen sind ein Zeichen. Alles verändert sich und ich habe ein schlechtes Gewissen. Es fühlt sich an, als wäre das alles meine Schuld.

Aber ich muss Gabriel kennenlernen.

Einen Monat nach der Unterhaltung im Schlafzimmer meiner Mutter und drei Wochen nach den Tacos und Tränen mit Alton treffe ich Gabriel zum ersten Mal. Wir überlegen, was wir unternehmen sollen, verabreden uns, und ich schaue aus dem Fenster, bis ich ihn durch unser kaputtes Eisentor kommen sehe. Er klingelt und ich lasse ihn rein. Als ich ihm gegenüberstehe, verschlägt es mir den Atem; wir sehen vollkommen gleich aus.

In der Wohnung bleiben wir nicht lange. Meine Mutter und er umarmen einander nicht. Umarmen ist nicht ihre Art. Sie sind beide freundlich. Nach fünf Minuten verschwinden er und ich. Wir nehmen den Bus und fahren zum Kino, obwohl ich mir nichts von dem, was wir dort sehen, merken werde.

Er hat damals noch kein Auto und musste mit dem Bus zu uns kommen. Während der ganzen Zeit mit Gabriel bin ich verlegen, unsicher, was ich sagen, wie ich mich benehmen soll. Ihm macht es nichts aus. Er umarmt und küsst mich immer wieder. So, wie man das vielleicht mit einem Neugeborenen machen würde, was ich für ihn in gewisser Weise ja auch bin. Ich akzeptiere seine Zuneigung, erwidere sie aber nicht. Dieser neue Vater in meinem Leben ist mir noch fremd.

Gabriel erzählt mir, dass er in einem Heim für Erwachsene auf Entzug lebt. Er erklärt sofort, dass er dabei ist, seine Crack-Sucht zu heilen. Ich weiß, was Crack ist. Alle nehmen es, denkt man. Zumindest in meinem Viertel, wo es keine Spielplätze, keine Parks, keine Kinderbetreuung nach der Schule, keine Jugendtreffs, keine Kinos, keine Jobs, kein Behandlungszentrum oder medizinische Hilfe für psychisch Kranke wie meinen Bruder Monte gibt. Der hat angefangen, Crack zu rauchen, Sachen meiner Mom zu verkaufen, und schon früh Anzeichen von etwas gezeigt, wovon wir erst sehr viel später erfahren würden, dass es eine schizoaffektive Störung ist.

Aber weil es außer dem USC-Bezirkskrankenhaus keine Gesundheitsversorgung gibt, wissen wir nicht, was mit meinem Bruder los ist. Wir wissen nur, dass Crack bei vielen Leuten, denen das eigene Leben sinnlos erscheint, Lücken füllt. Wir sind die Generation nach Reagan, nach der Zeit sozialer Sicherheit. Die Generation der Wohlfahrtsreform. Die Schwimm-oder-geh-verdammt-noch-mal-unter-Generation. Und im Unterschied zu den Bankern an der Wall Street, wo noch mehr Crack genommen und verkauft wird, verfügen wir über keine Hilfsangebote.

Als ich später wieder zu Hause bin, fragt mich keins meiner Geschwister, wie war's? Mochtest du ihn? Was habt ihr gemacht? Dabei habe ich bisher alles mit diesen drei Menschen geteilt: Monte, Paul und Jasmine. Geheimnisse, Zimmer, Triumphe, Enttäuschungen. Alles platzte irgendwann aus uns heraus, nur diese eine Geschichte nicht. Die steckt in einer Welt fest, in der nur ich lebe.

Doch dann geraten meine Mom und ich nur einen Tag nachdem ich Gabriel getroffen habe, in einen fürchterlichen Streit. Ich erinnere mich nicht mehr daran, was ich gesagt oder getan habe, nur daran, dass ich auf alles und alle wütend bin, ihr Widerworte gebe und sie mir ins Gesicht schlägt. Mein Bruder Paul geht sofort dazwischen. Er nimmt mich in den Arm. Es kommt mir vor wie Stunden. Er hält und wiegt mich. Mein 1,88 Meter großer, neunzig Kilo schwerer, muskelbepackter Bruder.

Du wirst immer meine Schwester sein, flüstert Paul mir ins Ohr.

Du wirst immer zu uns gehören, sagt er.

Eine Woche nach unserem Kinobesuch findet Gabriels Zeugnisverleihung statt. Die Zeugnisverleihung meines Vaters. Er hat ein Entzugsprogramm der Heilsarmee für Drogen- und Alkoholabhängige absolviert. Meine Mutter fährt mich zu der Feier. Auf der Fahrt schweigen wir, aber sie hat darauf geachtet, dass mein Gesicht gewaschen ist und ich ordentlich angezogen bin. *Ihre* Tochter ist vorzeigbar. Dann treffen wir bei der Heilsarmee ein. Es ist gleichzeitig eine Kirche und das Heim, in dem mein Vater lebt. Meine Mutter und ich gehen gemeinsam zu der Verleihung. Ich sehe meinen Vater zum zweiten Mal. Er ist einer von knapp zwanzig Männern, die dort gefeiert werden.

Seine riesige, fast schon unübersichtlich große Familie – die jetzt auch meine ist – hat sich eingefunden. Kaum eilt er herbei, um mich zu begrüßen und trotz meiner Verlegenheit schwungvoll hochzuheben, tun es ihm die anderen gleich. Ich werde von ihren Küssen und Umarmungen schier überwältigt. Es gibt Onkel, an diesem Tag nur zwei, und drei Tanten. Mein Vater ist eins von zehn Geschwistern. Das hier ist deine Großmutter, erklärt Gabriel. Sie ist klein, so wie ich, etwa 1,57 Meter, und sie heißt Vina, was man aber Wei-NIE ausspricht. Keine Ahnung, warum.

Grandma Vina stammt aus Eunice, Louisiana, ihr Vater war weiß, ihre Mutter Kreolin. Sie – meine neue Grandma – hat langes graues Haar bis zum Po, das sie aber zu einem Knoten aufgesteckt trägt. Bekleidet ist sie mit Jogginghose, Turnschuhen und T-Shirt. Ich erfahre, dass sie im Sternzeichen Skorpion geboren ist und die Familie ihr alles bedeutet; sie ist ihr Lebensinhalt und -zweck. Und ich werde erfahren, dass sie viel flucht, nur bis zur vierten Klasse in die Schule gegangen ist und dass mein Vater ihr erster Sohn und das erste Kind war, das sie aus freien Stücken bekam. Vor ihm hatte sie schon zwei Töchter, die aber nicht bei ihr aufgewachsen sind. Ich werde erfahren, dass sowohl meine Tante Lisa als auch meine Tante Barbara die Folgen von Vergewaltigungen waren.

Ein weißer Mann hat ihr das angetan, erzählt mein Vater mir irgendwann, als ich ihn frage, warum Auntie Lisa und Auntie Barbara immer so wütend wirken.

Ein weißer Mann hat Grandma Vina Gewalt angetan und sie war noch sehr jung, sagt er. Sie konnte die Mädchen nicht selbst großziehen. Das ist alles, was ich weiß, sagt er, und dann sprechen wir nie wieder darüber. Niemand tut das.

Solche Ereignisse in der Familiengeschichte und Wunden, die niemals heilen, werden von einer Generation zur nächsten weitergegeben.

Aber ich liebe meine neue Grandma sofort. Sobald sie mich mit ihrem Lächeln, so breit wie das Meer, anstrahlt, und *Well, well* sagt. Sieh sich einer Miss Brignac an, nachdem sie mich mit der längsten und heftigsten Umarmung von allen versehen hat. Sie war vor Darius dran, dem einzigen anderen Kind meines Vaters. Er ist zwanzig. Ich bin seine verlorene und wiedergefundene Schwester. Wir sehen einander an, halten einen Moment lang inne. Dann umarmen wir uns.

Die Familie meines Vaters ist, anders als die meiner Mutter, arm. Meine Mutter stammt aus der Mittelklasse. Wir sind nur arm, weil meine Mutter so jung schwanger wurde, was gegen die Gebote der Zeugen Jehovas verstieß. Sex außerhalb der Ehe usw. Man hat sie verstoßen und sie wird noch lange arbeiten müssen, um im Königreichssaal wie-

der in den Kreis ihrer Lieben gelassen zu werden. Irgendwie gelingt ihr das schließlich, nach Jahren, aber es reicht
nicht, um es zurück in die Sicherheit der Mittelklasse zu
schaffen.

Die Familie oder die eigentliche Welt meiner Mutter findet man hier bei der Heilsarmee nirgends. Nicht in dieser
Kirche, in keiner der vielen Bankreihen. Es braucht nur diese neue Welt, und schon fühle ich mich wie ein Astronom,
der plötzlich einen neuen Planeten entdeckt hat. Allerdings
einen Planeten ohne Paul, ohne Monte, ohne Jasmine, ohne
Mom, ohne Alton. Einen Planeten ohne mich, der neben
den Menschen existiert, mit denen ich lebe, streite und die
ich liebe.

Ich weiß nicht, wie ich meine Gefühle ordnen soll. Und
weil mir auch gar keine andere Wahl bleibt, klammere ich
sie erst mal aus. Schon bald denke ich, sobald ich mit
Grandma Vina, meinem Vater, meinen Onkeln, Tanten und
Darius zusammen bin, gar nicht mehr über mein Befinden
nach. Ich bin offiziell zwei Patrisses. Die Tochter meiner
Mutter und die Tochter meines Vaters, was in Summe nicht
exakt ein ganzes Kind ergibt.

Aber an jenem Tag kümmert mich das nicht. Stattdessen
höre ich aufmerksam zu, als mein Vater eine Rede darüber
hält, dass er seine Familie zurückbekommen hat. Er spricht
von Heilung und unserem Recht darauf. Mit zunehmendem Alter werde ich solche 12-Schritte-Programme infrage
stellen. Ich werde sehen, wo sie versagen und das Leid der
Sucht nicht mindern, indem sie alle Verantwortung dem
Einzelnen anlasten. Sie vernachlässigen all die äußeren Fak-
toren, die chaotischen Drogenmissbrauch verschärfen und
Leute in die Hölle führen. Ein Mensch, dem nur Drogen
oder Crack bleiben, schlägt sich fast nie so gut wie derjenige, der sie genauso konsumiert, aber gleichzeitig auf ande-

res zurückgreifen kann, etwa das grundsätzliche Gefühl, dass sein Leben zählt.

Was diesen Moment jedoch prägt – genau wie die Momente, die ich noch in 12-Schritte-Räumen erleben werde –, ist, dass ich lerne, wie radikal, wunderschön und zutiefst verändernd es ist, öffentlich Rechenschaft abzulegen vor einer Gemeinschaft, die sich dafür versammelt hat.

Und an diesem Tag, zu dieser Stunde, ist mein Vater demütig.

Er entschuldigt sich.

Habe ich jemals einen Erwachsenen sich entschuldigen gehört?

Hat Alton jemals gesagt, es tue ihm leid, dass er uns verlassen hat? Dass wir hungrig waren? Hat General Motors sich bei ihm oder den Hunderten anderen entschuldigt, deren Leben durch die Fabrikschließung völlig aus den Fugen geriet? Ohne Plan, was sie als Nächstes tun sollten, um sich und ihre Familien durchzubringen. Ohne Plan für ein Weiterleben in Würde. Aber Gabriel entschuldigt sich hier und öffentlich und ich kann das gar nicht einordnen. Meine Mutter ist verschlossen. Bei uns zu Hause sind Angelegenheiten von Erwachsenen eben nur die Angelegenheiten von Erwachsenen. Gabriel tritt in die Öffentlichkeit, selbst im Augenblick seiner Scham. Er kehrt immer wieder zu Wahrheit und Aufrichtigkeit zurück. Er spricht zu den Leuten, die seinetwegen zusammengekommen sind, aber ich weiß, dass er in Wirklichkeit zu mir, zu seiner Familie spricht. Er lobt uns. Er dankt uns dafür, ihn nicht verstoßen zu haben, dafür, dass wir zu ihm gehalten haben, als er ins Gefängnis gesteckt wurde, weil unsere Gesellschaft damit auf seinen Drogenmissbrauch reagiert hat.

Als ich später nach Hause komme, fragt mich niemand, Wie ist es gelaufen? Wie war's? Wer war sonst noch da? Ich erinnere mich an überhaupt kein Gespräch, als wäre da nicht direkt vor unserer Tür dieses ganze Universum gewachsen. Ich erinnere mich nur noch, in mein Zimmer und zu Bett gegangen, am nächsten Tag aufgestanden und in die Schule gegangen zu sein. Und alles war alles.

Von diesem Zeitpunkt an ist Gabriel auf einmal und dauerhaft präsent. Nach der Zeugnisverleihung bei der Heilsarmee holt er mich jeden Freitag ab und wir fahren zu Grandma Vinas Haus, wo sich immer jede Menge Verwandter treffen. Die Familie meines Vaters ist sportbegeistert. Daher sind Footballspiele, die der Collegemannschaften und die der Profis, geradezu heilig. Aber eigentlich ist es gleich, was gespielt wird: Football, Baseball, Basketball, Golf oder in Gottes Namen auch Tennis und Eishockey. Zu egal welcher Sportart hatten meine Onkel die Spielerstatistiken parat. Unvergleichlich waren die Wochenenden mit Football und dem Arme-Leute-Gumbo meiner Grandma – Gumbo ohne Meeresfrüchte, nur mit Hühnchen.

Hin und wieder denke ich in diesen Situationen an Paul, Monte und Jasmine – und auch an Alton, dessen Anwesenheit viel weniger vorhersehbar ist als die von Gabriel. Ich frage mich, wenn auch nur kurz, wie es sich anfühlen mag, mich jedes Wochenende mit meinem wiedergefundenen Vater verschwinden zu sehen. Aber ohne Antworten, ohne jemand, der mir sagt, wo es langgeht, schwelge ich hauptsächlich in der Gesellschaft dieser lauten Menschen aus dem Süden, die aussehen wie ich und tanzen wie ich. Und ganz, ganz langsam, beginne ich, mich wie eine von ihnen zu fühlen. Wie eine Brignac.

Ich gewöhne mir an, mich auf Dinge zu freuen, die mir früher gar nicht in den Sinn gekommen wären, wie Weihnachten, Thanksgiving und Geburtstage. Dass wir regelmäßig den Königreichssaal besuchten, bedeutete, dass wir so etwas nie feierten. Davon stand nichts in der Bibel, und die nahmen wir eben verdammt wörtlich. Als Viertklässlerin pflegte ich mit meiner Bibel und meinem *Wachturm* zur Schule zu gehen. Ich las meinen Mitschülern laut vor und hatte nie, nie das Gefühl, irgendwas zu verpassen, weil ich nicht Weihnachten feierte. Im Königreichssaal zu sein, vermittelte mir, besonders und gesalbt zu sein. Doch nun gehöre ich zu einer anderen Gruppe von Christen, die Gott lieben, feiern, essen, lachen und fluchen. Nur Geschenke gibt es keine, denn wer hat schon Geld für Geschenke? Aber wir sind randvoll mit Liebe.

Schließlich schafft sich Gabriel, der immer irgendwelche Hilfsarbeiter-Jobs auftut, ein Auto an – ein goldfarbenes Lincoln Town Car. Damit gibt es kein Halten mehr. Wir sind dauernd auf Achse. Er macht Dinge, die meine Mutter nie könnte, mit ihren Jobs über Jobs, ihren Schichten auf Schichten. Aber Gabriel hat die Zeit und vor allem ein Herz für mich und meine frühen Teenie-Freunde. Wir packen sein Auto mit uns und unseren Geschichten voll. Dann fährt er uns ins Kino, zum Pizzaessen oder wohin auch immer unsere 13-jährigen Herzen es sich wünschen. Nie sagt er, wir sollen nicht so laut sein, dabei sind wir das ganz bestimmt.

Aber es gibt nicht nur Kinobesuche, Freunde, Familie und Football. Gabriel nimmt seinen Entzug sehr ernst. Und so sagt er eines Tages, Komm mit, und wir steigen ins Auto und fahren ins San Fernando Valley, nach Pacoima, also ins echte Getto. Dort parken wir bei einer Kirche und steigen aus. Komm, sagt mein Vater, und ich folge ihm, hinunter in einen Raum, wo sich eine Gruppe von Männern versammelt hat.

Ich kann mich nicht erinnern, dass es in meiner Kindheit je eine Zeit gegeben hätte, in der man mich nicht reif für mein Alter nannte. Vielleicht dachte mein Vater daher, ich könne sein 12-Schritte-Treffen verkraften. Oder vielleicht lag es daran, dass er, genau wie ich, immer gern einen Kumpel bei sich hatte. Ich erinnere mich noch daran, wie überwältigend ich es fand, dass hier Männer darüber sprachen, was sie ihren Familien im Kampf mit ihrer Sucht angetan hatten. Ein häufiges Thema war ihre Abwesenheit vom Familienleben. Mein Vater sprach davon, dass er sich versteckt hatte, damit seine Familie ihn nicht high sah. Am stärksten hat sich mir allerdings ihre Ehrlichkeit eingeprägt. Doch frage ich mich auch, nachdem ich im Laufe der Jahre viele solcher Treffen besucht und später auch selbst als Therapeutin gearbeitet habe: Warum macht man nur den Einzelnen verantwortlich? Wo war die Unterstützung, die diese Männer gebraucht hätten? Sie sprachen von geplatzten Träumen, Arbeitslosigkeit, dem Gefühl, von aller Welt gehasst zu werden, und davon, dass die Polizei sie misshandelt hat.

In diesen ersten Jahren bringen mich diese Treffen Gabriel, meinem Vater, näher als alles andere. Wir bleiben eine Stunde dort, in der ich mir die Geschichten anderer Männer anhöre, weine, sie beobachte, wie sie sich umarmen und unterstützen. Danach geht mein Vater in irgendein kleines Lokal, wo es etwas zu essen gibt. Einen philippinischen Imbiss mochte er am liebsten. Dort besprechen wir sein Leben, unser Leben, was es bedeutet, eine Beziehung zu entwickeln und aufrechtzuerhalten.

Ich bin nicht hier, um dich irgendwem wegzunehmen, sagt er mir mehr als einmal. Ich bin nur hier, weil ich dein Leben um etwas Gutes und Nützliches bereichern will. Das glaube ich ihm. Ich lehne mich an ihn, auch seelisch. Kinder erleben so selten, dass Erwachsene dermaßen ehrlich und offen und verantwortungsbewusst sind, und zwar auf vernünftige, nicht rückschrittliche Weise. Damals konnte ich nicht ausdrücken, was diese Gespräche mit mir machten, aber sie fangen an, mich zu verändern, mich zu verpflichten, auch so zu sein.

Trotzdem gibt es nicht nur diese anstrengenden Treffen und Gespräche über Scheitern und Abstinenz. Es finden auch viele Wochenend-Barbecues im Park statt, wo mein Dad und seine Brüder Baseball spielen. Sie haben eine Erwachsenen-Liga gegründet, mit Trikots und allem, und während der Saison kommen wir alle, feuern sie an und essen zusammen. Das sind mir die liebsten Augenblicke, wenn die Animositäten zwischen den Geschwistern keine Rolle spielen. Man sagt mir, das passiere nur, wenn mein Vater dabei ist und es ihm gut geht. Ist er nicht da, wird nicht gespielt.

Aber wenn er da ist, verbringen wir Zeit im Park und die Geschwister, die nicht alle denselben Vater haben, treffen sich. Sogar die ersten beiden Kinder, die Grandma Vina nicht selbst großgezogen hat, kommen dazu. Meine Grandma war eine Geliebte und mein Vater das einzige Kind, das aus dieser Verbindung hervorging. Die nächsten Kinder bekam sie nach ihrer Hochzeit mit einem Mann, von dem niemand mehr spricht. Ein Mann, der andere körperlich und emotional missbrauchte. Meine Grandma verhätschelt diese Kinder immer noch, vielleicht um deren Wunden zu heilen. Der Zorn von Barbara und Lisa war dabei immer spürbar. Ihr Vater war der weiße Mann, der Vergewaltiger.

Wenn die Wut überkocht, was oft passiert, wenden sich alle an Gabriel. Gabriel ist die Schweiz oder vielleicht die UNO in ihrer ursprünglichen Bedeutung. Er verarbeitet alles mit ihnen, drängt sie zu verzeihen, sich für die Liebe zu entscheiden. Er benutzt seinen schmalen braunen Körper und sein großes gutes Herz als Heilmittel und Medizin. Bei

Gabriel kann jeder von ihnen, jeder von uns, sich unverstellt geben und furchtlos, und er drückt uns an sich. Er sagt uns, dass er uns schätzt. Gibt uns das Gefühl, alles wird sich finden und gut werden. Sieh mich an, sagt er. Er erinnert uns daran, dass am Ende die Liebe siegt. Und ich, ein Mädchen aus einem Zuhause, wo wenig explizit ausgesprochen und noch weniger durch körperliche Nähe ausgedrückt wird, ich fange an, eine Freiheit kennenzulernen, von der ich nicht einmal gewusst habe, dass ich sie brauche. Ich fange an, mich in meiner eigenen Haut, mit meinen Sehnen, Knochen und meinem Blut wohlzufühlen. Ich möchte, dass das nie endet. Dass es so weitergeht. Damit es für immer die Normalität ist, die ich kenne. Doch nichts ist für immer.

Und wie schon drei Jahre zuvor ist es wieder meine Mutter, die es mir sagt. Eine Woche oder mehr ist vergangen, und ich kann meinen Vater nicht erreichen. Dieser Mann, der mich täglich angerufen, der nie ein Wochenende versäumt hat, ist plötzlich ein Geist. Ich telefoniere, meine Mutter auch, und dann soll ich mich eines Abends wieder zu ihr aufs Bett setzen.

Es geht um deinen Vater, sagt sie. Er muss zurück ins Gefängnis.

Und in diesem Zimmer, wo meine Mutter mir einst erzählte, dass ich einen neuen Vater habe, wo sie mir jetzt sagt, dass ich meinen neuen Vater wieder verloren habe, da breche ich zusammen. Ich weiß, das Gefängnis war ein Teil von Gabriels Leben, aber nicht Teil unseres gemeinsamen Lebens. Unser gemeinsames Leben handelte von Heilung. Ich habe keine Vorstellung von meinem Vater in dieser Verfassung, gefangen, in Ketten.

Und mein Vater, der jetzt fort, aber immer noch präsent ist, nimmt nach wie vor einen Platz in meinem Herzen ein. Ich verstehe das nicht, schluchze ich vor meiner Mutter. Sie erklärt mir, das sei die Wahrheit. Grandma Vina habe es bestätigt.

Mom hatte in dieser Zeit vor den Mobiltelefonen immer wieder angerufen und nach drei, vielleicht auch vier Wochen endlich Grandma Vina erreicht. Und damals, lange bevor einflussreiche Leute befanden, unser Strafrecht brauche Reformen, da bleibt uns nur die Schande, uns, den Familien. Es gibt keine Selbsthilfegruppen, keinen Ort, wo man besprechen könnte, was passiert. Ich erfahre nicht mal, sondern vermute nur, dass er wieder wegen Drogen eingesperrt wurde. Aber ich frage nicht. Ich weiß nicht, wie.

Es wird noch mehr als ein Jahrzehnt vergehen, bis ich die Juristin und Wissenschaftlerin Deborah Small kennenlerne. Sie wird mir erklären, diese Nation sei auf Sucht gegründet – auf die Herstellung von Rum und anderen Alkoholika, Tabak und Zucker. Und jetzt, meint sie, sperrt man die Leute dafür ein. Das Gefängnis war nicht immer die Antwort auf Drogenkonsum, erklärt sie mir, nachdem ich erwachsen bin und begreifen kann, was aus dem Menschen, den ich liebte, geworden ist.

Aber als Mädchen, als Teenager kurz vor der elften Klasse an der Highschool, weine ich im Schlafzimmer meiner Mutter und weiß nur eins: Wenn Gefängnisse unsere Gesellschaft sicherer machen sollen, warum spüre ich dann solche Angst und solchen Schmerz?

1986, als ich drei Jahre alt bin, reaktiviert Ronald Reagan den 1971 von Richard Nixon begonnenen *War on Drugs*, indem er die Polizei in unseren Städten noch stärker militarisiert. Die Zahl der Schwarzen und Latinos, die daraufhin eingesperrt werden, steigt. Zwischen 1982 und 2000 wächst die Zahl der Menschen, die allein in Kalifornien weggesperrt sind, um 500 Prozent. Und es wird fast ein Vierteljahrhundert dauern, bis mein Heimatstaat durch ein Anerkenntnisurteil gezwungen wird, die Anzahl der Gefangenen zu reduzieren. Das signalisiert hoffentlich das Ende dessen, was man die Bürgerrechtskrise unserer Zeit nennt. Einer ganzen Generation Schwarzer Frauen, Schwarzer Kinder, Schwarzer Männer – darunter auch mein Vater und später mein Bruder – wird in unserem Land keine andere bedeutsame Rolle zugestanden außer der von Gefängnisinsassen.

Gefangene sind wertvoll. Sie arbeiten nicht nur für einen Hungerlohn für die großen Marken, die meine Mitbürger so lieben, sondern sie liefern auch Jobs für die meist arme weiße Bevölkerung, indem sie die in ländlichen Gegenden verlorenen Jobs ersetzen. Arme Weiße, die als Wachpersonal arbeiten. Sie betreiben auch die Motels an den Gefängnisstandorten, wo Familien übernachten müssen, nachdem sie elfstündige Fahrten in die letzten Winkel des Bundesstaats hinter sich gebracht haben. Sie liefern die Mikrowellengerichte, die wir an den Automaten im Gefängnis kaufen müssen.

Und Unternehmen zahlen für den Vorteil, Gefangene zu bekommen, die ihnen verfassungsgemäß legal als Sklaven zugewiesen werden und ausgeliefert sind. Dagegen kann man amerikanische Fabrikarbeiter vergessen. Gefangene sind sogar billiger als achtjährige Kinder in irgendwelchen fernen Ländern. Nummernschilder werden ebenso in Gefängnissen hergestellt wie 50 Prozent aller US-Flaggen. Das richtig große Geld in der Phase der Gefängnisexpansion der Achtziger-, Neunziger- und frühen Zweitausenderjahre machten allerdings Victoria's Secret, Whole Foods, AT&T und Starbucks. Um nur einige zu nennen. Anteile an Privatgefängnissen und den an Gefängnisse angegliederten Firmen sind die am stärksten wachsende Industrie des amerikanischen Markts, während das Jahrtausend auf sein mit Stacheldraht bewehrtes Ende zusteuert.

Es gibt kein Regelwerk, an dem man sich bei der Inhaftierung eines Elternteils orientieren könnte, obwohl in dem Jahr, als mein Vater wieder in den Knast kommt, ganze zehn Millionen Kinder in den USA leben, die diesen Verlust mit mir teilen.

Aber es gibt dafür keine Ratgeber und keine Gebete.

Michelle Alexander hat ihr Buch über Masseninhaftierung und Rassismus in den USA, *The New Jim Crow*, noch nicht geschrieben.

Barack Obama ist noch nicht gewählt und hat sein Amt nach der größten Reduzierung von Insassen in bundesstaatlichen Gefängnissen noch nicht wieder abgegeben.

Das rassistische Ungleichgewicht zwischen den Strafen für Crack und Kokain in Pulverform wurde noch nicht thematisiert.

Es sind noch keine Hunderte Millionen Dollar an gemeinnützige Organisationen geflossen, um gegen massenhafte Inhaftierung zu kämpfen.

Bill Keller hat seinen hohen Posten bei der *New York Times* noch nicht aufgegeben, um das Marshall Project zu leiten. Und Justice Strategies hat den Blog für die Kinder von Inhaftierten noch nicht gestartet.

Angela Davis hat uns die Frage »Sind Gefängnisse obsolet?« noch nicht gestellt. Und Ruthie Gilmore hat ihre atemberaubende Forschungsarbeit an Gefängnissen in Kalifornien und darüber hinaus noch nicht begonnen.

Doch in der kleinen Welt, die du in El Barrio in Van Nuys bewohnst, weißt du nicht, dass Millionen Teenager und Kinder genau das Gleiche fühlen und erleben wie du. Diese Orientierungslosigkeit, diesen Verlust von Stabilität und Sicherheit sowie die Gewissheit, dass du eines Morgens aufwachen kannst und jemand, vielleicht sogar jeder, einfach weg ist.

Du weißt nur, was du dir ausrechnen kannst:

Er wird deine Aufführungen an der Highschool verpassen.

Er wird die Verleihung deines Abschlusszeugnisses verpassen.

Er wird vier Geburtstagsfeiern verpassen – deinen 18.!

Es wird kein Thanksgiving und kein Weihnachten bei Grandma mehr geben.

Die Küsse und Umarmungen, die dir zunächst peinlich waren und dann Kraft gaben, fallen genauso weg.

Du hast keine Worte, um irgendwas davon, das ganze Ausmaß des Verlusts, auszudrücken. Gibt es überhaupt Worte, um manche Formen der Zerstörung zu erklären, gibt es Metaphern, um mit Begriffen aus der realen Welt zu schildern, wie das gebrochene Herz eines Schwarzen Mädchens aussieht?

Deshalb verbirgst du es still in geheimen Taschen.

Deshalb benimmst du dich, als ginge es dir gut.

Deshalb gehst du zur Schule und tust so, als hätten die algebraischen Gleichungen irgendeinen Sinn, auch wenn die Summe am Ende nie ergibt, dass dein Vater zurückkommt.

Deshalb denkst du manchmal, ich kriege keine Luft.

I can't breathe.

I can't breathe.

4. Größe und Verpflichtung

Wir sind einander Ernte;
Wir gehen einander an;
Wir sind einander Größe und Verpflichtung.

GWENDOLYN BROOKS

Gerade als ich beginne, mich an all die Veränderungen zu gewöhnen, die es mit sich bringt, eine Brignac zu sein, muss ich mich auch schon wieder daran gewöhnen, was es bedeutet, sie abzulegen. Die Familie meines Vaters liebt mich, aber nach nur vier gemeinsamen Jahren bin ich noch nicht ganz Teil ihres Alltags. Nachdem mein Vater von der Bildfläche verschwunden ist, verschwinde auch ich. Und so wird es in all den Jahren bleiben, die er fort ist.

Ich sehe sie nicht.

Wir telefonieren nicht.

Wir sind jeweils Teil der Vergangenheit der anderen. Während ich einer ungewissen Zukunft entgegensehe, dämmert mir das ganze Ausmaß der Rolle, die mein Vater in der Familie gespielt hat. Er war im wahrsten Sinne des Wortes ihr Fixstern.

Gabriel schweißte uns zusammen. Er war der Grund,

weshalb unsere ganze Familie sozusagen aus dem Regen kam. Zusammenkam. Jetzt, wo er weg ist, spielen die Onkel nicht mehr jedes Wochenende Baseball, erzählt mir meine Cousine Naomi. Eine Zeit lang besuchen wir dieselbe Highschool und sie hält mich auf dem Laufenden.

Es gibt keine gemeinsamen Football-Samstage mehr.

Es gibt kein Arme-Leute-Gumbo mit Gelächter und lautstarken Gesprächen mehr.

Es gibt zwar Feiertage, aber ohne Gabriels heilende Ausstrahlung, die für lockere Stimmung sorgt, kann ich mir nicht mal vorstellen, wie die aussehen. Ich werde jedenfalls nicht dazu eingeladen.

Trotzdem liebe ich Gabriel und er liebt mich und wir versuchen, in Verbindung zu bleiben.

Ich kann meinen Vater nicht ohne die Begleitung eines Erwachsenen besuchen, und selbst wenn ich es könnte, würde ich da nicht allein hinwollen. Gabriel und ich halten brieflich Kontakt. Unsere Briefe sind kurz. Mein Vater beginnt seine jedes Mal genau gleich:

Liebste Patrisse,
ich hoffe, es geht dir gut, wenn dich dieser Brief er-
reicht …

In jedem Brief entschuldigt er sich. Er sagt, dass er mich vermisst. In jedem Brief verspricht er uns bessere, hellere Zeiten.

In meinen Antworten schreibe ich, dass ich ihn auch vermisse. Dass ich es kaum erwarten kann, ihn wiederzusehen. In den Briefen erwähnen wir nicht das Gefängnis, seine Erfahrungen dort, das Ein- und Weggesperrt-Sein. Wir sprechen nicht davon, wofür er verurteilt wurde, obwohl ich vermute, dass es Drogen sind. Schließlich scheinen, soweit ich weiß, die meisten Leute deshalb eingesperrt zu werden. Doch in diesen Briefen, diesen wöchentlichen Nachrichten, klingt es fast, als würde er aus einem sehr fernen Land schreiben. Darum berichte ich ihm auch nichts aus meinem Leben, keine Details, insbesondere nicht von Monte, der gleich nach meinem Vater ebenfalls ins Gefängnis gesteckt wird.

Es kommt der Tag, als ich beim Tanzunterricht bin, von wo Monte mich sonst immer abholt. Er taucht nicht auf, aber ich gerate nicht in Panik. Er hat damals schon begonnen, sich merkwürdig zu benehmen. Zum Beispiel als er aufgeregt und voller Zuneigung für mich in mein Zimmer stürmte. Das ist für dich, Trisse, sagte er und gab mir einen nagelneuen Zehndollarschein. Aber der Abend war noch nicht zu Ende, als er mit verzweifeltem Blick zurückkam und flehte, Trisse, kann ich die zehn Dollar zurückhaben. Er bat mich sanft, aber beharrlich. Natürlich gab ich sie ihm zurück. Und dazu ein Stück meiner Seele.

Meine Mutter, die ich anrufe, als Monte mich nicht abholt, sagt, ich solle mit dem Bus nach Hause kommen. Das tue ich und habe dadurch Zeit, über meinen Bruder nachzudenken. Als Grund für seine heftigen Stimmungsschwankungen und die Stunden, die er im Bad eingesperrt verbrachte, während ich ihn schluchzen hörte, vermutete ich, dass er high war.

Monte, sagte ich durch die geschlossene Tür. Monte, lass mich rein! Ich hab dich lieb!

Geh weg, Trisse, schluchzte er und weigerte sich danach, überhaupt noch irgendwas zu sagen.

Bis auf die Male, wenn er doch redete. Denn das war die andere Seite. Es gab Tage und Nächte, wenn mein Bruder nicht schlief, sondern ununterbrochen quasselte. Dann war er sich sicher, wie sich noch nie jemand einer Sache sicher war, dass er diese Sache, dieses Leben, bei den Hörnern packen würde und dann ginge es los! Ich wusste nicht und wir wussten nicht, welcher Monte uns an irgendeinem guten Morgen oder irgendeinem langen Abend erwartete. Und häufig passten wir uns einfach an, passte ich mich an. Wir wussten ohnehin nicht, was wir sonst tun sollten. Und abgesehen davon: Hat Monte nicht auch ein Recht auf seine Unbeständigkeit? Schließlich weiß auch er nicht, wie die Welt ihm begegnen wird.

Ich verbrachte meine Kindheit damit, zuzusehen, wie mein Bruder verhaftet wurde. Einmal, da war ich zwölf, spazierten wir nur die Straße entlang, Monte und ich. Dann kam ein Cop, den wir regelmäßig sahen, auf uns zu.

Bist du Monte Cullors?, schnauzte er.

Ja, erwiderte mein Bruder.

Und das war's. Vor meinen Augen legte er Monte Handschellen an und nahm ihn mit. Ich hatte keine Ahnung, warum. Bis heute habe ich keine Ahnung, warum. Ich weiß nur, dass so was häufig passierte. Und nicht nur Monte. Es fällt mir kaum ein Junge aus meiner Nachbarschaft ein, der nicht mal im Jugendgefängnis gesessen hat oder mindestens einmal verhaftet wurde.

Es kommt mir jetzt eigenartig vor, dass damals, als all das passierte, als meine Mutter mit mehreren Jobs gleichzeitig kaum genug für den Lebensunterhalt verdiente, als Alton ohne Ersatz aus der Firma geflogen war, der er sein Leben geopfert hatte, als Gabriel statt einer Behandlung eine Gefängnisstrafe erhielt, Amerikaner – Schwarze wie weiße – sich stark engagierten, um endlich die Apartheid in Südafrika abzuschaffen. Bei seinem Prozess in Rivonia hat Nelson Mandela in seiner berühmten Rede »I Am Prepared to Die« (Ich bin bereit zu sterben) Folgendes gesagt:

Unser Kampf richtet sich gegen reale, nicht gegen imagi-
näre Nöte … Armut und fehlende Menschenwürde … Der
Mangel an Menschenwürde, den Afrikaner erfahren, ist
die direkte Folge der Politik weißer Vorherrschaft. Weiße
Überlegenheit impliziert Schwarze Unterlegenheit. Die
Gesetze, die dazu gedacht sind, weiße Überlegenheit zu
erhalten, zementieren diese Ansicht …
Sie betrachten sie nicht als Menschen mit eigenen Famili-
en; ihnen ist nicht bewusst, dass sie Gefühle haben – dass
sie sich verlieben wie weiße Menschen; dass sie mit ihren
Frauen und Kindern zusammen sein wollen, wie weiße
Menschen auch; dass sie genügend Geld verdienen wollen,
um ihre Familien angemessen zu unterstützen, um sie zu
ernähren, zu kleiden und zur Schule zu schicken.

Mandela fuhr fort:

Armut und die Zerstörung des Familienlebens haben
Nebenwirkungen. Kinder streunen durch die Straßen der
Townships, weil sie keine Schule haben, die sie besuchen
können, oder kein Geld, um zur Schule zu gehen, oder
keine Eltern zu Hause, die darauf achten, dass sie zur
Schule gehen, weil beide Eltern (wenn es überhaupt zwei
sind) arbeiten müssen, um den Lebensunterhalt zu ver-
dienen. Das führt zu … wachsender Gewalt, die sich nicht
nur politisch Bahn bricht, sondern überall. Das Leben in
den Townships ist gefährlich.
…
Afrikaner wollen einen Lohn, der ihre Lebenshaltungskos-
ten deckt. Afrikaner wollen Arbeit verrichten, zu der sie
in der Lage sind … Afrikaner wollen an den Orten, wo
sie arbeiten, Land besitzen dürfen und nicht gezwungen
sein, in gemieteten Häusern zu leben, die sie nie ihr eigen

nennen können. Afrikaner wollen Teil der Normalbevöl-
kerung sein und nicht gezwungen, in eigenen Gettos zu
leben. Afrikaner wollen einen gerechten Anteil an ganz
Südafrika; sie wollen Sicherheit und gesellschaftliche
Teilhabe ...
Vor allem aber wollen wir politische Gleichberechtigung,
weil ohne sie unsere Benachteiligung ewig sein wird.

In fast allen Aspekten hätte Mandelas Rivonia-Rede 1964
von einem unserer Anführer in Los Angeles 1992, im Jahr
unseres Aufstands, stammen können. Gelder für Schulen
wurden ungerecht verteilt, unsere Programme gekürzt. Unsere Eltern bekamen nur die erbärmlichsten Jobs. Unsere
Familien wurden auseinandergerissen. Das beginne ich erst
zu begreifen, als ich die Möglichkeit zum Vergleich habe.
Beispielsweise damals, als ich noch die Millikan Middle
School besuche.

Dort bin ich gut mit Tiffany befreundet, einer weißen
Mitschülerin. Sie lebt wie die anderen Kinder in Sherman
Oaks, und irgendwann lädt sie mich zum Abendessen zu
sich nach Hause ein. Ich gehe hin. Als die Sonne untergeht,
versammeln wir uns, die ganze Familie und ich, in einem
eigens dafür vorgesehenen Esszimmer. Ihr Vater, ein netter,
rundlicher Mann, fragt, wie unser Tag war, was wir gelernt
haben, was uns wichtig ist und was wir uns für uns erträu-
men. Hast du dir schon mal überlegt, was du werden möchtest, wenn du groß bist, Patrisse?

Es ist unglaublich. Wer fragt denn Kinder solche Sachen?
Noch dazu an einem schön gedeckten Tisch, um den sich
die ganze Familie zum Essen und Plaudern versammelt
hat? Das kenne ich nur aus dem Kino oder aus Fernseh-
serien, die ich mag, wie *90210*. Aber das hier ist echt und
ich bin dabei.

Habe ich jemals so einen Moment bei mir zu Hause erlebt? Meine Mutter verlässt jeden Tag vor 6 Uhr morgens das Haus und kommt abends nach 22 Uhr zurück. So sieht unser Leben aus. So war es schon immer. Und während wir so leben, lieben und lachen, gibt es da diesen bohrenden Schmerz, der nicht vergehen will und der dicht unter der Oberfläche schon immer da war. Wir vermuten zwar, dass es eigentlich so nicht sein sollte, aber wir wissen nicht genau, wie sonst.

Jedenfalls esse ich bei meiner Freundin zu Hause zu Abend, an ihrem Tisch, mit ihren Eltern. Und jetzt kann ich erzählen, dass ich diesen netten, rundlichen Mann, den Vater, der seine Tochter – und mich! – nach unserem Tag und unseren Träumen gefragt hat, kenne. Nach ein paar Besuchen und Unterhaltungen über den Alltag und wo ich wohne, wird ihm und mir klar, dass wir einander kennen, der Vater und ich. Oder zumindest kennt er meine Mutter.

Er, dieser Vater, dieser sanftmütige Inquisitor meiner Tage und Träume, um es mal so auszudrücken, ist der Slumlord unserer Familie. Das heißt, er besitzt viele Gebäude in unserer Gegend von Van Nuys, unserem Armenviertel. Unserem von Schwarzen und Latinos bewohnten Viertel. Unser Wohnblock ist einer von seinen. Er ist ein und derselbe Mann, der zuließ, dass meine Familie den Großteil eines Jahres in einer Wohnung ohne funktionierenden Kühlschrank lebte. Dieser Zufall schockiert mich. Ich weiß nicht, was ich sagen soll, also sage ich nichts. Ich fürchte, wenn ich etwas sage, würde man glauben, ich denke mir das aus. Eine üppige Mahlzeit mit einer Freundin, deren nettem Vater egal ist, dass meine Familie keine Chance hat, es ihnen gleichzutun. Ich könnte sogar verstehen, wenn jemand denken würde, dass ich lüge oder die Geschichte wegen des dramatischen Effekts zumindest ausschmücke.

Aber so war es nicht, weder damals noch heute.

Es stimmt genauso wie die Tatsache, dass Van Nuys an der Grenze zum reichen weißen Sherman Oaks, Ground Zero des Kriegs gegen Drogen und gegen Gangs war. Wir, die anderen, die *Dunklen*, konnten nicht dorthin überschwappen. Wir, unsere Armut, unsere Musik, unser anderes Essen und unsere Erinnerungen daran, dass sie, die Bewohner unseres hübschen angrenzenden Viertels, nur auf unsere Kosten reich waren, konnten nicht in die adrette weiße Welt von Sherman Oaks sickern. Natürlich drückten sie es so nicht aus. Dass sie nicht daran erinnert werden wollten, was vonnöten war, damit sie reich blieben.

So waren die Neunzigerjahre, und meistens sagte man – in sorgsam gewählten Worten – dass die Schwarze oder mexikanische Herkunft genügte, um einen als Gangmitglied abzustempeln, als gefährlichen Kriminellen, der mit Drogen zu tun hatte. Es gab nur wenige führende Köpfe, wie vielleicht Maxine Waters, die laut aussprachen, was für ein Bullshit das war. Eine Gruppe von Jugendlichen auf der Straße – die dort rumhingen, weil es keine Parks oder Jugendzentren, keine Freizeitprogramme, nichts außer Gehwegen und Straßen gab – wurde gleich zu einer Gang. In jenen Jahren wurden hauptsächlich Jungs verhaftet. Sie waren der erste Kollateralschaden im Krieg gegen Gangs und Drogen. Beide Bezeichnungen – *War on Gangs* und *War on Drugs* – waren Codes für *Treibt alle Nigger zusammen, die ihr kriegen könnt.*

Es gab keine Bildungspolitik für uns – die Schulbudgets waren gekürzt worden, und schon ein Jahrzehnt zuvor hatte Reagan erklärt, Ketchup sei sehr wohl Gemüse. Deshalb wurden wir damit ernährt. Wir, die auf Frühstück und Mittagessen in der Schule angewiesen waren, um es überhaupt durch den Tag zu schaffen. Es gab keine Bildungspolitik für uns oder auch nur einen Gedanken daran, dass wir unser Schicksal selbst in die Hand nehmen oder selbstbestimmt etwas zu einer Wirtschaft beitragen könnten, die sich nur für wenige lohnte. Der einzige Lebensplan, der uns blieb, war Gefängnis oder Sterben.

Wenn wir nicht starben, konnten wir ja ins Gefängnis gehen. Um für den Bundesstaat Kalifornien oder namhafte Marken, die wir uns nicht leisten konnten, zu arbeiten. Und die Lehre für diese Sorte Arbeit, die man im Knast leistet, fing früh an. Sie fing an, als Monte und seine Freunde noch viel zu jung waren. Kleine Jungs wurden immer wieder in Jugendstrafanstalten gesteckt, wo man sie trainierte und vorbereitete für längere Aufenthalte in weit abgelegenen Gefängnissen. Dort wurden sie geschlagen und misshandelt, regelmäßig gedemütigt, indem sie sich vor anderen nackt ausziehen, pissen und kacken mussten. Sie entdeckten ihre Sexualität in der Anwesenheit von Menschen, die nur Hass für sie übrighatten, und wurden dann zurückgeschickt, um den anderen zu sagen, wie hart und stark sie geworden waren. Sie dienten anderen kleinen Jungs als lebender Beweis: Das ist eure Zukunft. Macht euch darauf gefasst. Steht verdammt noch mal euren Mann.

Obwohl ich dieser Methode für mehr öffentliche Sicherheit nicht zustimme, vermute ich, dass sich so gut argumentieren ließ: Entferne eine schwierige Person, den bekanntesten Dieb oder Schläger einer Gegend, um so vielleicht eine Community zu befrieden.

Nur raubte uns, den Schwarzen, die massenhafte Verhaftung erst unserer Väter und später unserer Mütter jede Sicherheit. Es gab dann nämlich kaum noch Erwachsene, die da gewesen wären, um uns zu lieben, zu versorgen, zu verteidigen und zu beschützen. Es gab fast niemand mehr, der uns gesagt hätte, dass unsere Träume, unsere Leben und unsere Hoffnungen zählten. Also taten wir es selbst, so gut wir eben konnten.

Im Grunde genommen entwickelten sich auf diese Weise Gangs in Van Nuys. Die Gruppen Jugendlicher, die sie dann Gangs nannten, waren in Wirklichkeit befreundete Jugendliche und es waren auch meine Freunde. Sie nahmen eine defensive Haltung gegen das ein, was aussah und sich anfühlte wie eine zu Fuß und in Polizeiautos vorrückende Armee, für deren Patrouillen der Bezirk auch immer mehr Dollars genehmigte. Am fürchterlichsten waren die Hubschrauber. Zu jeder Tages- und Nachtzeit schwebten sie über uns, erhellten den Nachthimmel, kreisten dröhnend und lauerten wie Geier auf die nächstbeste Beute.

Und dann war da Monte. Mein Monte. Mein Bruder.

Er und seine Freunde – wirklich alle von uns – versuchten, sich gegen diesen Angriff der Erwachsenen zu schützen, die wie damals in Vietnam in jedem Schwarzen oder Braunen, der sich bewegte, einen Feind sahen. Monte und seine Freunde wurden nicht nur festgenommen, sondern weggesperrt wegen:

1. Taggen ihrer Namen
2. Alkoholkonsums als Minderjährige
3. Mitführen kleiner Taschenmesser
4. Schule schwänzen
5. Kind sein
6. Blödsinn reden
7. Widerworte geben
8. Tragen der gleichen T-Shirts. – Im Ernst.

Die Kriterien für Gangs waren so weit gefasst, dass man nach dieser Definition selbst Kongressabgeordnete hätte verhaften können. Die Bürgerrechtsvereinigung ACLU (American Civil Liberties Union) dokumentierte:

> Gerichtliche Verfügungen über Gangs machen legale, alltägliche Aktivitäten – etwa Busfahren mit einem Freund oder das spätabendliche Abholen einer Freundin von der Arbeit – für die Leute, die man im Visier hat, zu etwas Illegalem.

Weiter argumentierte die ACLU zu Recht:

> Einer der beunruhigendsten Aspekte ist, dass man der Polizei oft einen übermäßig großen Ermessensspielraum lässt, Menschen als Gangmitglieder abzustempeln, ohne dafür irgendwelche Beweise oder auch nur die Anschuldigung eines Verbrechens vorzulegen. Die Polizei kann sich allein darauf stützen, wie jemand aussieht, wo derjenige wohnt und wen er kennt. Folglich besteht viel Spielraum für *racial profiling* mit besonderem Fokus auf junge People of color. Trotz der nachgewiesenen Existenz weißer Gangs hat sich keine gerichtliche Verfügung Kaliforniens je gegen eine weiße Gang gerichtet.

Kinder wurden einfach weggesperrt, nur weil sie an einem Ort lebten, wo man uns den Krieg erklärt hatte. Und die Propaganda, die rationale Begründung dafür, wie dringend man uns zerstören müsse, uns, die Generation, die man *super-predators*, also Super-Raubtiere, nannte, wurde von Republikanern und Demokraten und – bis auf wenige Ausnahmen – von Schwarzen wie Weißen unterstützt. Die Argumentation war ja dermaßen bequem: Packt die Verantwortung auf die schmalen Schultern von Noch-nicht-Wahlberechtigten, von 13-, 14-, 15- und 16-Jährigen, aus denen nach mehreren Verhaftungen Niemals-Wahlberechtigte werden. Und entbindet dadurch die Erwachsenen von jeglicher Verantwortung. Sobald man Drogen sagte, sobald man Gangs sagte, musste man nicht mehr darüber reden, was es bedeutete, einen Haufen Heranwachsender in einer Community zusammenzuwerfen, wo es keine finanziellen Mittel, keine Läden, keine Malkurse, kein Mentoring, keine Zuneigung außer von ihren eigenen Familien gab, die wiederum selbst täglich verletzt oder zerrissen wurden.

Und es spielte keine Rolle, wie wenig durchdacht und schlecht umgesetzt die Gang-Gesetze waren. Ebenso wenig wie die Millionen und Abermillionen Dollar, die man in Polizeistationen steckte, anstatt in irgendwas, das jeder vernünftige Vater, jede Mutter oder jeder Erwachsene für einen Jugendlichen notwendig erachten würde, damit dieser es zu etwas bringt: gute Schulen, Kreativkurse, Kunst- und Sport-Förderprogramme und schlicht Raum, wo man Ruhe findet. Zudem waren diese Gesetze dermaßen ineffizient, dass zwischen 1990 und 2010 allein in meiner Heimatstadt Los Angeles, der Stadt mit den meisten Verfügungen zur Eindämmung von Gangaktivitäten, 10.000 junge Menschen getötet wurden. Denn weil sich sonst niemand auf unsere Seite stellte, taten wir es selbst. Auf Gedeih und Verderb, verdammt noch mal.

Ein Freund hat mich einmal gefragt, Und was war eigentlich mit Paul? Wie kommt es, dass er nie aufgegriffen und eingesperrt wurde? Paul, erkläre ich, Mein Bruder, der war nie ein Kind, sage ich. Nachdem Alton ausgezogen war, kümmerte sich Paul um Frühstück und Abendessen und schickte uns ins Bett. Paul war der Mann im Haus, noch bevor er selbst überhaupt ein Teenager war. Paul war nie ein Kind, das kindertypische Sachen machte: abhängen, auf der Straße laut sein, sich in dumme, riskante Abenteuer stürzen, die doch so typisch fürs Erwachsenwerden sind. Paul war vierzig, bevor er vierzehn wurde. Das war mit Paul, sage ich.

Trotzdem, als Monte festgenommen wird und droht, wegen versuchten Raubs angeklagt zu werden, was echten Knast bedeutet, macht sich neue Angst breit. Wir kennen die Jugendhaftanstalt und wissen damit umzugehen. Aber das ist etwas ganz anderes. Mit gerade mal 19 Jahren verschwindet Monte für zwei lange Monate im Gefängnis, bevor wir auch nur rauskriegen, wo genau er sich befindet. Meine Mutter telefoniert und telefoniert, lässt nichts unversucht, doch die Gitterstäbe sind draußen genauso dick und real wie drinnen. Schließlich ein Durchbruch – nach mehrmaligem Vorsprechen erlaubt jemand meiner Mutter, meinen Bruder zu sehen. Warum erst so spät? Das weiß keiner. Die Regeln in Gefängnissen sind unberechenbar, egal was auf dem Papier steht. Und so fährt meine Mutter allein ihr Kind im Twin Towers Detention Center besuchen, einem der vielen Gefängnisse im Bezirk Los Angeles.

Es wird Jahre dauern und ich werde schon erwachsen sein, bis sie mir erzählt, was sie dort sah. Das Kind, das sie geboren hat, das Tiere liebte und immer zum Lachen aufgelegt war, ihr großer Sohn mit seinen 1,88 Metern ist ausgemergelt. Er muss an die 20 Kilo verloren haben und ist übersät von blauen Flecken und Wunden. Wer war das?, verlangt meine Mutter zu wissen, aber Monte will nichts sagen. Er hat zu große Angst. Erst Jahre später erfahre ich, dass er damals einen heftigen psychotischen Schub erlitten haben muss, als man ihn in den Knast steckte. Monte hörte Stimmen. Sein Verstand hatte ausgesetzt und er war durch den Wind. Ausgerechnet der Gefängnispsychiater stellt als Erster eine Diagnose, die Montes jahrelangen Stimmungsschwankungen, sein erratisches Verhalten erklärt: Er leidet unter einer schizoaffektiven Störung. Doch seiner Familie sagt man das nicht.

Wir erfahren es erst sehr viel später. Nachdem er im Gefängnis war. Lange danach. So wie wir auch erst danach erfahren, dass es die Sheriffs im Bezirksgefängnis von L. A. waren, die ihn wegen seiner Krankheit geschlagen haben. Sie schlugen ihn, gaben ihm nichts zu trinken, fixierten ihn an vier Punkten am Bett und setzten ihn so schwer unter Drogen, dass er fast draufging. Es gibt Medikamente, die man bei einem psychotischen Schub nimmt. Die können den Betroffenen wieder in eine annähernd gute Verfassung bringen. Doch solche haben sie meinem Bruder nicht gegeben. Sie gaben ihm Zeug, um ihn außer Gefecht zu setzen, ihn zu entmündigen. Um ihm seine Würde zu nehmen.

An dem Tag, als meine Mutter Monte endlich findet und im L. A.-Bezirksgefängnis hinter einer Glasscheibe sehen darf, kann er sich kaum auf den Beinen halten.

Er sabbert.

Er ist nicht in der Lage, auch nur einen einzigen zusammenhängenden Satz zu sprechen.

Aber er kann seine Hand an das Glas legen, genau dort, wo meine Mutter ihre zitternd dagegenpresst.

Ich habe dich lieb, mein Kind, mein Baby, mein Sohn. Ich hab dich so lieb.

Monte wird versuchter Raub vorgeworfen, weil man ihn fasste, als er versuchte, durch ein Fenster in ein fremdes Haus einzudringen. Ihm stehen sechs Jahre Gefängnis bevor. In einem ihrer Telefonate erklärt er meiner Mutter, dass er keine Kontrolle darüber gehabt habe, was passiert sei.

Sie haben mir befohlen, es zu tun, gesteht er ihr. Sie haben mich gezwungen, flüstert er in den Hörer. Wobei *sie* Wesen sind, die nur er sehen oder hören kann.

In dem Gefängnis, in das man ihn steckt, verbüßt Monte seine Strafe im Trakt für psychisch Kranke. Gleich nach seiner Ankunft sticht ein Mitglied einer mexikanischen Gang auf ihn ein. Mein Schwarzer Bruder, der unter Mexikanern aufwuchs und sich hinter den Gefängnismauern mit ihnen identifizieren wollte, stellt fest, dass dort andere Regeln gelten. Schwarze dürfen sich nur zu Schwarzen gesellen, Mexikaner nur zu Mexikanern, Weiße nur zu Weißen. Selbst Weiße in jugendlichem Alter, die in den Knast kommen, werden gezwungen, sich arischen Gangs anzuschließen, egal, welche Werte sie haben. Nur so bleibt man dort am Leben.

Oder man kommt in die psychiatrische Abteilung. Wie Monte. Hier bin ich sicher, erklärt er meiner Mutter, die es wiederum mir erzählt. Obwohl die Psychiatrie in einer Haftanstalt kaum das ist, was mir einfallen würde, wenn ich jemand in Sicherheit wissen möchte, hat er wahrscheinlich recht. Und er wird danach wenigstens nie mehr mit einem Messer attackiert.

Übrigens befinden sich in den USA mehr Menschen mit psychiatrischen Störungen hinter Gittern als in allen psychiatrischen Kliniken zusammen. So berichtete die *Washington Post* 2015, dass in amerikanischen Gefängnissen 356.268 Insassen an schweren psychischen Krankheiten leiden. Die Zahl sei mehr als zehnmal so hoch wie die der Patienten in staatlichen psychiatrischen Kliniken, wo es 2012 (dem Jahr der letzten zuverlässigen Statistik) etwa 35.000 waren.

Monte schreibt mir fast jede Woche. Allerdings sind seine Gedanken in den Briefen immer chaotisch und düster. Er erzählt viel vom Weinen und schreibt unaufgefordert und unzusammenhängend JEHOVAH in Großbuchstaben. Sehr selten schreibt er auch: WIR WERDEN FREI SEIN!

Ich bin damals 16. Mein Bruder sitzt im Gefängnis. Mein wiedergefundener Vater sitzt im Gefängnis. Es gibt keine Selbsthilfegruppen für Teenager mit Angehörigen in Haft. Auch keine Vertrauenslehrer, mit denen ich sprechen könnte und die mir helfen würden zu verstehen, was ich empfinde. Aber es gibt Freundinnen, die ich ganz fest ins Herz schließe.

Da ist Rosa, die meine erste Freundin wird, als ich in die neunte Klasse der Cleveland High School komme. Dorthin geht niemand aus meiner Middle School und auch kein Kind aus meiner Nachbarschaft. Die Cleveland ist eine sogenannte Charterschule, die Sozialkunde und musische Fächer als Schwerpunkt hat, aber trotzdem macht es mich nervös, dort niemanden zu kennen. Mit Rosa ändert sich das. Sie ist Mexikanerin, dunkelhäutig und sie ist sanftmütig, als ich es am dringendsten brauche. Sie stellt sich mir gleich am ersten Tag vor und sagt, Mir gefällt dein Bob-Marley-T-Shirt! Von da an gehören wir zusammen. Morgens teilen wir uns das Frühstück, das sie von zu Hause mitbringt.

Nachmittags und abends schreiben wir in ein Tagebuch für beste Freundinnen, das wir ständig austauschen. So kriegen wir die neunte, zehnte und elfte Klasse hin, in der wir noch Carla in unseren Kreis aufnehmen. Ich lerne sie über ein Mädchen kennen, das mir auch nahesteht: Cheyenne. Sie und ich werden so eng, wie zwei Menschen nur sein können, auch wenn ich mich weiterhin zu Carla hingezogen fühle, die auf den Schulfluren laut und auf aufregende Weise frech ist; außerdem ist sie queer. Forsch präsentiert sie sich in all ihren Facetten und wird dadurch mein *Shero*. Was sie bis zum heutigen Tag ist.

Als ich nicht mehr für mich behalten kann, was meinem Bruder geschieht, sind sie die *Sisters*, an die ich mich wende. Zuerst auf den Seiten unseres Tagebuchs für beste Freundinnen. Eines Tages frage ich sie – Rosa und Carla, Würdet ihr ihm auch schreiben? Und sie willigen ein. Irgendwie wird Monte dadurch auch ihr Bruder.

Anders als in den Briefen an mich schreibt Monte zusammenhängend, wenn er Rosa und Carla antwortet. Damals verstehe ich das noch nicht, weil ich ja nichts über seine Diagnose weiß. Ich kann auch noch nicht erkennen, wann er die richtigen Medikamente bekommt und wann nicht. Ich bin nur dankbar für diese jungen Frauen an meiner Seite. Für diese Familie, die wir bilden.

2003, zwei Jahre nach meinem Highschool-Abschluss, wird Monte aus dem Gefängnis entlassen. Carla, die ein Auto besitzt, fährt mich, um ihn von der Greyhound-Bushaltestelle abzuholen. Die vom Gefängnis haben ihn am einen Ende des Bundesstaats in einen Bus gesetzt, und jetzt ist er endlich hier, um an unserem Ende von Kalifornien wieder auszusteigen. Ich bin unglaublich aufgeregt, und dann sehe ich ihn, zum ersten Mal seit er 1999 verhaftet wurde. Es verschlägt mir den Atem.

Mein Bruder hält sich gebückt. Von all den Medikamenten ist er aufgequollen. Er steigt in den Klamotten aus dem Bus, die man ihm im Gefängnis gegeben hat: ein fadenscheiniges Muscle-Shirt und Boxershorts. Unterwäsche, aber keine lange Hose. Wie ein letztes Du-kannst-uns-mal, Du-bist-kein-Mensch. Und das widerfährt jemandem, den ich schon mein ganzes Leben lang lieb habe. Wären wir nicht dort gewesen, um ihn sofort an Ort und Stelle mitzunehmen, wäre Monte sicher aufgegriffen und sofort wieder in irgendeinen Knast gesteckt worden. ›

In seinen Badeschlappen und mit einer Sportsonnenbrille im Gesicht sieht Monte aus wie das Klischee eines *Gangstas*. Bei sich hat er nur einen hellbraunen Briefumschlag, in dem seine Entlassungspapiere und die Medikamente stecken, mit denen sie ihn nach Hause geschickt haben. Er hat alle Tabletten zerdrückt. Ganz offensichtlich haben sich die Gefängnis-»Ärzte« nicht die Mühe gemacht, Monte zu stabilisieren, bevor er in den Bus stieg. Im Moment durchleidet er einen heftigen psychotischen Schub.

Nicht dass ich das schon begreife.

Ich weiß nur, dass er hier ist, bei mir, frei. Ich reiße mich zusammen und rufe, Monte! Während ich noch versuche, ihn zu umarmen, steigt er schnell auf den Beifahrersitz von Carlas Wagen und schweigt.

Wie geht's dir?, bedränge ich ihn.

Okay, antwortet er. Knapp und abweisend.

Ich hab dich so vermisst, sage ich.

Okay, sagt er.

Als wir zu Hause ankommen, erwartet uns die Familie und eine Willkommen-Monte-Party ist in vollem Gange. Paul filmt mit einer Videokamera. Unser Neffe Chase, das Kind, das Monte bekam, kurz bevor er eingesperrt wurde, versucht, seinem Vater, den es noch nicht kennenlernen konnte, auf den Arm zu springen. Monte steuert den Esstisch an und sitzt dann dort wie ein Zombie. Aus dem Augenwinkel sehe ich die Qual im Gesicht meiner sonst so starken Mutter. Sie sieht aus, als würde sie gleich zusammenbrechen, doch das tut sie nicht.

Er ist hier, Mom. Ist okay. Er ist hier, sage ich.

Daran, an dieses kleine Geschenk, klammern wir uns während der nächsten paar Tage, in denen Monte nicht schläft, nicht isst, sondern Zahnpasta an die Wände schmiert und Getränke mit Fetzchen von Papiertüchern mischt oder rausläuft und schreit: Ich befolge die Regeln! Ich befolge die Regeln! Er gewöhnt sich an, zwei Paar Schuhe übereinander zu tragen. Er zieht das erste an und zerrt dann ein weiteres darüber.

Am vierten Tag bringt Monte einen Einkaufswagen gefüllt mit Gott weiß was ins Wohnzimmer. Und aus irgendeinem Grund lässt genau das meine Mutter zusammenbrechen. Ihre Tränen fließen so wie das Wasser des Pontchartrain-Sees, als die Dämme während des Hurrikans Katrina brachen und New Orleans überflutet wurde. Meine Mutter und ich ziehen uns ins Schlafzimmer zurück, sperren uns dort ein. Wir sind irritiert, verängstigt, und meine Mutter weint. Noch nie zuvor habe ich sie weinen gesehen.

Monte wird immer unberechenbarer. Wenn er spricht, brabbelt er, und nichts, was wir sagen, dringt zu ihm durch. Wir wissen nicht, was wir tun sollen, während mein Bruder immer tiefer in sich versinkt. Jasmine hat die Wohnung verlassen und ist zu einer Freundin gezogen. Als Jüngste wird sie mit der Situation überhaupt nicht fertig.

Ich rufe Vitaly, einen Freund, an. Er ist ehemaliger Lehrer und inzwischen Therapeut. Ihm beschreibe ich, was passiert. So sieht ein Schub aus, erklärt er mir. Ich versuche, Monte gut zuzureden, aber er spricht nicht mit mir. Dann gibt es doch einen Erfolg zu verzeichnen! Er spricht mit Bernard, dem Mann, in den meine Mutter sich nach Alton verliebt hat und den sie später heiraten wird. Wir – oder eigentlich Bernard – versuchen, Monte davon zu überzeugen, dass es an der Zeit ist, ins Krankenhaus zu gehen. Monte scheint auf diesen Mann zu hören, der ihm fremd ist, und wir vermuten, dass er sich einfach so daran gewöhnt hat, nur mit Männern zu sprechen. Ich rufe einen Krankenwagen und gebe am Telefon eine Kurzfassung der Situation wieder. Doch als ich seine Vorgeschichte erwähne, weigert man sich zu helfen.

Das ist ein Schwerverbrecher, heißt es. Da müssen Sie die Polizei rufen.

Ich flehe. Bitte helfen Sie uns. Hier geht es um nichts Kriminelles.

Sie weigern sich. Und dann wird einfach aufgelegt. Meine Mutter und ich sind hin- und hergerissen und kommen dann zu dem Schluss, dass uns keine andere Wahl bleibt. Ich rufe bei der hiesigen Polizeiwache an und erkläre alles. Ich flehe darum, dass man behutsam vorgeht. Ich erkläre Montes Erfahrungen mit der Polizei, da ich inzwischen weiß, dass er von L. A. County Sheriffs geschlagen und gequält wurde.

Dann kommen zwei Rekruten, beide wahnsinnig jung. Ich fange sie unten ab. Und ich frage sie, Was werden Sie tun, wenn mein Bruder rabiat wird?

Monte war zwar nie gewalttätig, aber ich versuche einfach, sie auf alles vorzubereiten. Ich – wir – haben so etwas ja auch noch nie erlebt.

Dann benutzen wir einfach unsere Elektroschockpistolen, antwortet einer der beiden.

Nein! O mein Gott! Auf gar keinen Fall!

Ich weigere mich, sie an mir vorbeizulassen, bis sie mir versprechen, ihm keinesfalls wehzutun. Erst als sie mir das zusagen, führe ich sie in die Wohnung. Schon als wir durch die Tür kommen, erkläre ich Monte, es ist okay. Es ist okay. Sie sind nur hier, um zu helfen.

Und mein Bruder, mein großer, liebvoller, kranker, großherziger Bruder, mein Bruder, der kleine Tiere gerettet und nie, nie einer Menschenseele etwas zuleide getan hat, er fällt auf die Knie und beginnt zu weinen. Er hat die Hände erhoben und schluchzt.

Bitte bringt mich nicht zurück. Bitte bringt mich nicht zurück.

Ich erstarre. Dann sage ich den Polizisten, sie müssten gehen, was sie auch tun. Ich kauere mich auf den Boden.

Zu Monte. Ich nehme ihn in den Arm, soweit er es zulässt.

Es tut mir so leid, Monte, sage ich mit brechender Stimme und tränennassen Wangen. Es tut mir so, so leid.

Schlussendlich kann Bernard ihn mit sanftem Druck zu einem Spaziergang überreden. Sie gehen zum Supermarkt, wo Monte anscheinend alles runterschmeißt. Sie gehen ins Kino, wo Monte versucht, die Sitze herauszureißen. Und ganz zum Schluss bringt Bernard Monte tatsächlich dazu, mit ihm ins Krankenhaus zu kommen. Dort bleibt er fast drei Wochen. Es dauert allein zwei ganze Wochen, um ihn medikamentös so zu stabilisieren, dass wir, seine Familie, ihn überhaupt sehen dürfen.

Wenn Leute mich fragen, wie wir diese Erlebnisse, diese ganze Zeit durchgestanden haben, wie wir das alles hingekriegt haben, dann erzähle ich ihnen von meiner Mutter Cherice. Ich erzähle von einer Frau, die vom Morgengrauen bis spätabends arbeitete. Ich erzähle von einer Frau, die von ihrer eigenen Familie verstoßen wurde, sich aber weigerte, selbst irgendwen zu verstoßen. Meine Mutter hat uns miteinander verwoben, meine Brüder, meine Schwester und mich. Zu einer festen, starken und aufwendig gefertigten Decke, die sie *wir* nannte. Das war und das ist sie bis heute: wir.

Etwas Großes und Verbindendes.

5. Zeugin

Das Paradoxon der Bildung besteht genau darin:
Sobald man beginnt, ein Bewusstsein zu entwickeln,
beginnt man auch, die Gesellschaft infrage zu stellen,
die einem diese Bildung ermöglicht.

JAMES A. BALDWIN

Zora Neale Hurston hat einmal geschrieben, dass es Jahre gibt, die Fragen stellen, und Jahre, die diese beantworten. Für mich waren die Jahre an der Highschool beides, und zwar gleichzeitig und fortwährend. Meine neue sogenannte Magnetschule, die Cleveland High, liegt in Reseda. Das ist eine andere Gegend im San Fernando Valley, die sich gar nicht so sehr von Van Nuys unterschied, außer dass sie vielleicht ein bisschen weiter entwickelt war. Reseda besteht hauptsächlich aus Einkaufszentren und Fast-Food-Lokalen und vorwiegend leben dort Latinos und andere Leute aus der Arbeiterschicht. Keine meiner Freundinnen aus der Middle School wechselt dorthin, insofern ist es für mich Ende und Neubeginn zugleich.

Die geisteswissenschaftlichen Fächer an der Cleveland haben den Schwerpunkt Soziale Gerechtigkeit. Daher nehmen wir Apartheid und den Kommunismus in China durch, lesen Emma Goldman, bell hooks und Audre Lorde. Wir nehmen auch die drei großen Weltreligionen auseinander – und dürfen uns intensiver mit weniger bekannten und seltener praktizierten Religionen befassen, wenn es sich ergibt. Man ermutigt uns, Rassismus, Sexismus, Klassismus und Heteronormativität infrage zu stellen. Wir werden auch angeregt zu fragen, Woher weißt du, was du zu wissen glaubst?

Damals ergibt es sich unvermeidlich, dass ich die Welt der Zeugen Jehovas, in der ich aufgewachsen bin, in Zweifel ziehe. Das beginnt mit kleinen Fragen, die ich den Ältesten stelle, der Gruppe von Männern, die im Königreichssaal das Sagen haben, die unser Verständnis von der Bibel und unsere Art zu glauben bestimmen.

Es gibt da Dinge, die ich wissen muss:

Wie können wir predigen, dass die Erde erst 2000 Jahre alt ist?

Wie kann es sein, dass nur 144.000 Menschen für das Himmelreich auserwählt sind? Was passiert mit dem Rest und nach welchen Kriterien erfolgt die Auswahl? Wird es im Himmel mit nur 144.000 Leuten nicht einsam sein?

Warum werden in der Bibel die Dinosaurier nicht erwähnt? (Damals bin ich geradezu besessen von Dinosauriern.) Glauben die Zeugen Jehovas an die Existenz von Dinosauriern? (Die Antwort darauf – ja – ist eine der wenigen konkreten, die man mir gibt.)

Und dann insistiere ich im Rahmen meiner Erkundigungen: Warum sind die Ältesten in unserer Religion alle Männer?

Was ist mit den Frauen?

Und warum stiftet eine Religion Familienmitglieder an, nicht mehr miteinander zu sprechen?

Von da an höre ich immer wieder, dass der Satan von mir Besitz ergriffen habe. Doch diese Worte, diese Tadel, ändern nichts an der Realität, in der ich mein ganzes bisheriges Leben verbracht habe. Das Leben einer Familie im Exil, verbannt von der geschätzten Insel des Königreichssaals.

Als meine Mutter ein schwangerer Teenager war, wurde sie sofort von ihrer Glaubensgemeinschaft – und von ihrer Familie – verstoßen. Die Religion hatte Vorrang vor der Liebe und Unterstützung, die sie von ihrer Mutter, ihrem Vater gebraucht hätte. Aus dem Haus geworfen, durfte sie nicht einmal mehr mit ihren Eltern oder Geschwistern sprechen. Die Religion war wichtiger als ein verängstigter Teenager oder als wir, ihre Kinder, die wir oft hungrig waren und denen es am Nötigsten fehlte. Doch wir durften unsere Verwandten nicht um Hilfe bitten. Die Familie meiner Mutter war nicht reich, litt aber auch keinen Mangel. Man gewährte uns das Privileg zu kommen und zu beten, aber wir durften nicht Teil der Gemeinschaft sein oder auch nur andere Gemeindemitglieder im Königreichssaal begrüßen, egal, ob wir mit ihnen verwandt waren. Nur die Ältesten.

Und so schuftete meine Mutter und mühte sich ohne Ende, kam immer wieder, um den Ältesten zu beweisen, dass sie geläutert und eine gute, fromme Frau war. Das ging meine ganze frühe Kindheit und bis in meine ersten Jahre als Teenager so. Als ich in der neunten Klasse bin, schreibt sie einen Brief, in dem sie bittet, wieder aufgenommen zu werden. Sie erklärt darin, warum sie das wert sei. Nach einiger Überlegung und zwei Jahrzehnten als Ausgestoßene lassen sie meine Mutter wissen, ihre Argumente verdienten Anerkennung, was bedeutet, sie wird wieder aufgenommen. Das Ganze wird zu einer öffentlichen Angelegenheit.

Und ich denke, eigentlich sollte ich froh darüber sein. Doch jetzt, nach all den Jahren als ausgestoßene Zeugin, in denen ich zwar den Königreichssaal betreten, aber mit niemand, auch nicht mit der Familie meiner Mutter sprechen durfte – du kannst kommen und beten, aber du bist zu schmutzig und infolgedessen sind auch deine Kinder zu schmutzig, um mit uns zu reden, selbst wenn wir blutsverwandt sind –, jetzt, nach all den Jahren, verspüre ich so eine Art Abneigung und ganz sicher Wut.

Vier Jahre lang habe ich die glaubensbezogenen Veränderungen meines Vaters mitangesehen, wobei man ihm eigene Entscheidungen zugestand und ihn dennoch akzeptierte, dennoch liebte. Und diese Gepflogenheiten, das Zusammenkommen, die Aussprache über das eigene Leben ohne Scham, ohne dass darüber geurteilt wurde, haben nicht nur meinen Vater verändert. Sie haben uns verändert, die wir es bezeugten. Haben mich als Zeugin verändert.

Nachdem meine Mutter wieder in ihre Gemeinde aufgenommen ist, kommt mir ein Gedanke. Wurde ihr jemals solche Gnade zuteil? Konnte sie jemals auch nur im hintersten Winkel der Erde leben und frei sein, ohne verurteilt und beschämt zu werden? War dies der Ort, an dem ihr oder einem von uns diese Gnade gewährt wurde?

Ich bin erst 14 und es gibt noch vieles, was ich nicht weiß, aber einiges weiß ich schon.

Ich will ein Gotteshaus mit aufrichtiger Atmosphäre. Der Königreichssaal, wo Männer über alle bestimmen und die Bibel wörtlich genommen wird, erscheint mir nicht aufrichtig. Ich kann nicht in die Gesichter dieser urteilenden Männer blicken und glauben, dass sie wirklich diejenigen sein sollen, die meine Mutter zur Rechenschaft ziehen dürfen. Ich glaube auch nicht, dass für alle Zeiten nur 144.000 überleben und nicht in ein Meer aus Feuer geworfen werden.

Ich wünsche mir Patenschaft und Orientierung, nicht diese Verurteilung und Strafe, die ich schon mein Leben lang kenne. Die scheint sich besonders gegen Frauen, unsere Körper und unsere Sexualität zu richten. Meine Mutter wurde spirituell verbannt, weil sie als Teenager jemanden geliebt hat und als Beweis dieser Liebe wundervolle Kinder bekam. Dieser Mann war Alton, der auch mich akzeptierte. Zwanzig Jahre lang hat sie für diese Liebe schwer gebüßt. Zwanzig Jahre!

Ich weiß, dass ich auf einem spirituellen Weg sein sollte, doch der Weg der Zeugen Jehovas erscheint mir weder befreiend noch zielführend – abgesehen von dem Ziel, uns zu beschämen und einzuschüchtern. Ich fühle mich weder verbunden noch durchgeistigt, wie ich es tue, wenn ich Audre Lorde lese, deren Bücher ich ständig mit mir herumtrage. Während ich in der Bibel mit ihrer gegen Frauen gerichteten Schöpfungsgeschichte meine Mitte nicht finde, gelingt mir das, wenn ich die Essays in Audres Buch *Sister Outsider* lese. Ich verändere mich, mein ganzes Leben verändert sich, und an die Stelle der Dinge, die sich erschreckend und schlimm anfühlen, treten andere, sogar viele davon, die mir unglaublich aufregend und vielversprechend erscheinen. Vor allem bieten sie mir die Möglichkeit, ganz und gar ich selbst zu sein.

Am Tag der Wiederaufnahme in die Gemeinde wirkt meine Mutter entspannt. Wir machen uns für den Besuch im Königreichssaal fertig, wie wir es immer tun. Essen ein kleines Frühstück, unterhalten uns ein bisschen, ziehen uns ordentlich an. Am Morgen wissen wir Kinder noch nicht einmal, was uns bevorsteht. Heute wird mir klar, dass das Herunterspielen die Art meiner Mutter ist, mit Dingen fertigzuwerden, mit guten wie mit schlechten. So kommt sie mit dem Trauma zurecht. Aber an jenem Tag betreten wir den Königreichssaal wie immer, schweigend, weil das kein Ort ist, an dem man sich unterhält, nicht einmal flüsternd.

Meine Mutter holt ein Stück Papier und einen Stift hervor und kritzelt darauf eine Nachricht für uns, ihre Kinder: Ich werde heute wieder aufgenommen, schreibt sie. Als der öffentliche Teil des Gottesdiensts beginnt, wird mir schlecht. Nicht physisch, sondern emotional. Das ist so kränkend! Wie können sie es wagen! Nach allem, was wir durchgemacht haben, nach Jahren mit Hunger, Ungewissheit und ohne ihre Unterstützung. Wer zur Hölle sind sie, um über diese Frau, meine Mutter, zu Gericht zu sitzen, nach allem, was sie geleistet hat, um uns großzuziehen?

Ich stehe von meinem Platz auf und verbringe den Rest des Gottesdiensts in einer Klokabine. Ich ertrage es nicht, diese ordinäre Heuchelei mitanzusehen. Diese Truppe von Männern, die über den Körper und die Seele meiner hart arbeitenden und unterbezahlten Mutter urteilt. In jenem Moment und an jenem Ort wird die Zugehörigkeit zu den Zeugen Jehovas für mich zur Vergangenheit. Nachdem ich den Königreichssaal verlassen habe, mache ich mich auf die Suche nach Gott, nach meiner Seele, nach mir selbst.

6. In die Welt hinaus

Ich erinnere mich, wie es sich anfühlte, jung und Schwarz
und lesbisch und einsam zu sein. Vieles davon war in
Ordnung, mein Gefühl, die Wahrheit, das Licht und den
Schlüssel zu besitzen, aber vieles war die reinste Hölle.

AUDRE LORD

Ich wusste schon immer, dass ich nicht heterosexuell bin.
Was nicht heißen soll, ich hätte mich bereits als Kind damit
befasst. Damals war es kaum ein Thema und wie meine
Freundinnen benahm ich mich, als wäre ich verrückt nach
Jungs. Nur dass ich es in meiner Seele nie gespürt habe. Der
einzige Boyfriend, den ich an der Middle School hatte, outete sich später, als er älter war, als schwul.

Ich wuchs als Mädchen in einer Umgebung heran, wo
man Sexualität unterdrückte. Im Königreichssaal wurden
wir stundenlang über sündhaftes Sexualverhalten belehrt,
inklusive Warnungen vor Masturbation. Nicht zu mastur-
bieren wurde zu moralischer Überlegenheit überhöht. Folg-
lich galt die normale, gesunde Sexualität als unmoralisch.
In vielerlei Hinsicht hat die Cleveland, also meine Highschool, mir das Leben gerettet.

Zwar war diese Schule keineswegs perfekt, aber sie zeigte uns, die wir queer waren, einen Weg, uns zu behaupten. Doch auch nachdem sich Ellen DeGeneres live im Fernsehen geoutet hatte, gab es in unserem Leben weder Gay Straight Alliances noch LGBTQ-Gruppen noch Beratungslehrer, die dafür ausgebildet waren, uns bei den speziellen Auseinandersetzungen beizustehen, die oft darin gipfelten, dass man zu Hause rausflog.

Es gab allerdings eine Schülergruppe namens Impact, die eigentlich für Kids gedacht war, die an Depressionen litten. Aber viele LGBTQ-Jugendliche fanden sich dort zusammen, weil eine Depression das vorhersehbare Ergebnis ist, wenn man Menschen zwingt, sich selbst zu verleugnen. Ich hatte auf meinem Weg eine besondere und großartige Leitfigur, den reinsten Polarstern. Ihr Name war Naomi. Sie war meine Cousine und mein Prüfstein.

Es lag an Naomi, dass ich mich – obwohl allein und ohne meine Freunde von der Middle School – an der Cleveland zu Hause fühlte. Es war eine staatliche Magnetschule und eine Institution für Geisteswissenschaften. Außerdem war es die nächstgelegene Schule für viele Kinder aus der Familie meines Vaters. Die meisten waren Cousinen oder Cousins und in verschiedenen Sportteams aktiv; mit ihnen hatte ich nicht viel zu tun. Naomi war die Tochter von James, einem Cousin meines Vaters. Der war wie Gabriel im Alter von neun Jahren aus Eunice, Louisiana, nach L. A. gekommen. Gabriel und James wuchsen als beste Freunde auf: zwei Landeier, die versuchten, sich gegen die abgebrühten Kinder der Großstadt zu behaupten. Naomi und ich spiegelten die Zuneigung unserer Väter zueinander wider. Sie hielt selbst in einem der härtesten Augenblicke ihres eigenen Lebens zu mir.

Naomi und ich kamen gemeinsam in die neunte Jahrgangsstufe. Jeder schien sie zu kennen und zu mögen. Sie waren alle zusammen auf die Middle School gegangen, aber es lag nicht nur daran. Naomi war – und ist bis heute – extrovertiert und wundervoll. Sie war ein Star im Leichtathletik-Team und nahm es mit jedem auf, vom ruppigsten Möchtegern-Gangsta bis zu weißen Emo-Mädchen. Und natürlich liebten wir, die Schwarzen Mädchen, sie, und keine mehr als ich. Noch dazu traute Naomi sich etwas, wozu einigen von uns der Mut fehlte: Sie outete sich sofort, total unbekümmert, und hatte eine hinreißende Freundin, die noch dazu älter war.

Obwohl in unserer Familie, ich meine auf der väterlichen Seite, Menschen, die queer waren, eigentlich weitgehend akzeptiert wurden – wir hatten Tanten, die offen bekannten, lesbisch zu sein –, gehörte Naomis Mutter nicht dazu. James hatte eine Frau geheiratet, die zutiefst homophob war und nach Naomis Coming-out vollkommen ausrastete. Naomi war übrigens *masculine of center*, was wir damals *Stud* nannten.

Marsha, Naomis Mutter, explodiert, als sie von deren Coming-out erfährt. Früh an einem Frühlingsmorgen in der Neunten, als Naomi gerade mit anderen Läuferinnen trainiert, stürmt Marsha auf das Sportgelände. Ich bin nicht dabei, erfahre aber rasch, was dann passiert, denn es verbreitet sich wie ein kalifornischer Buschbrand in der ganzen Schule. Marsha packt ihre Tochter direkt auf der Laufbahn und geht mit Faustschlägen und Fußtritten auf sie los. Vor all ihren Freundinnen und der Trainerin verdrischt sie ihre Tochter, bis es denen gelingt, sie von ihr wegzuzerren. Da schreit sie Naomis Trainerin an, dass das alles ihre Schuld sei und sie ihre Tochter missbraucht haben müsse. Außerdem droht sie: Naomi würde sofort von der Cleveland genommen, damit alle Freundschaften und Verbindungen ein Ende hätten.

Als Freundinnen mir das berichten, renne ich auf der Suche nach meiner Cousine durchs Schulgebäude. Sie weint auf einer der Treppen. Denn Naomi weint nun mal, wenn sie wütend ist. Sie sagt mir, die Leute an der Cleveland seien ihre Familie, ihr Stamm. Sie könne nicht ertragen, uns zu verlieren.

Ich versichere ihr, dass wir sie nicht gehen lassen werden.

Ich sage ihr, dass sie das Herz der Cleveland ist.

Unter Tränen schwören wir uns zusammenzubleiben.

Und das tun wir. Bis zum Ende des Semesters und während der Sommerschule. Doch als der Herbst beginnt, macht Naomis Mutter ihre Drohung wahr. Naomi ist an einer anderen Schule, in einer anderen Stadt angemeldet. Getrennt von ihren Freundinnen verliert sie ihre Trainerin und ist aus der Gemeinschaft verbannt, die sie seit ihrem zehnten Lebensjahr liebt und unterstützt. Und wir, die wir Naomi lieben und queer sind, egal ob geoutet oder nicht, wir lernen auf die drastischste Weise, was es bedeutet, jung und queer zu sein: Man braucht gar nichts falsch zu machen, sondern einfach nur am Leben und man selbst sein; das genügt schon, damit dein ganzes Leben am Boden zerschmettert und weggewischt wird. Und es bleibt einem nichts anderes übrig, als dabei zuzusehen.

Während meiner Zeit an der Cleveland outen sich 20 nichtweiße Mädchen. Ich bin eines von ihnen. Vermutlich fühlten sich viele von uns zur Cleveland hingezogen, weil an dieser Schule soziale Gerechtigkeit großgeschrieben wird. Außerdem war das vor Columbine, sodass es noch keine Gitterstäbe und Metalldetektoren gab. Die kamen nämlich als Nachwirkungen des schrecklichen Schulmassakers in einer hauptsächlich weißen Stadt und an einer Schule, die vorwiegend von Weißen besucht wurde. Schwarze und

Braune Kinder im ganzen Land hatten danach die Polizei an ihren Schulen. Mit Drogenspürhunden und allem, mit vergitterten Fenstern und Metalldetektoren. Jahre später, als Mitglied der Organisation The Strategy Center mit Sitz in Los Angeles, werde ich an einer Kampagne mitarbeiten, um zu beenden, was man die Pipeline von der Schule ins Gefängnis nennt. Dieser reale Horror für junge Schwarze und Braune wird von der Organisation States of Incarceration so geschildert:

> Im Streben nach »sicheren Schulen« hat man Schüler demoralisiert und kriminalisiert. Die Präsenz von Metalldetektoren, Überwachungskameras, Drogenspürhunden, drakonische Strafen bei kleinen Vergehen und gefängnisartige Architektur – all das hat eine Generation von Schülern, die meisten arm und *persons of colour*, hervorgebracht, die ständig überwacht und ständig verdächtigt werden. Diese Methoden, Räume und die Jugendlichen darin zu kontrollieren, das normalisiert die Erwartung von Kriminalität, die sich oft dann erfüllt, wenn alltägliche Verletzungen der Schulvorschriften bereits zu Abmahnungen, Schulverweis oder schlimmer noch: zu Gerichtsverhandlungen und Inhaftierung führen, dann ist das der direkte Weg in die Strafjustiz. [...] Einige Schulgebäude sind schon nicht mehr von Gefängnissen zu unterscheiden; die Polizeipräsenz nimmt weiter zu, unverhältnismäßig stark an Schulen in ärmeren Gegenden mit vorwiegend Schwarzen und Latino-Schülern. Der Schulbezirk des Großraums Los Angeles ist im ganzen Land der einzige mit eigener Polizeistation und einem Jahresbudget von über 52 Millionen Dollar nur für die Schulen.

Die Schulgelände der Weißen bleiben dagegen luftig und grün. Aber damals ist die Cleveland auch noch ziemlich offen. Als ich meinen Abschluss mache, hat sich dort eine Gay Straight Alliance gebildet.

Während ich in der Zehnten bin, besuche ich eines Nachmittags Naomi zu Hause. Ich sehe meiner Cousine fest in die Augen und sage: Weißt du, Naomi, ich bin bi. So nennen wir das damals.

Sie schaut mich erst geschockt, dann verängstigt an. Ist das der gleiche Gesichtsausdruck wie an dem Morgen, als ihre Mutter verstört und hasserfüllt auf sie losging?

Dann tut Naomi, als habe sie mich nicht richtig verstanden. Was? Was?

Sie schweigt kurz. Wir können das doch nicht beide sein, erklärt sie, schreit sie beinahe. Und doch sind wir es. Ich sehe in ihrem Blick die Furcht, die man für jemand empfindet, den man lieb hat. Die Polizei hasst uns, der Schule sind wir eigentlich scheißegal. Häng dein Herz nicht an dieses Leben, in dem sogar engste Verwandte dir sagen können, du sollst dich zum Teufel scheren.

Augenblicke vergehen. Das macht mich verlegen. Ich habe keine Ahnung, was ich sagen soll, also kehre ich zu den Thema zurück, bei dem ich mich auskenne: Liebe.

Ich erzähle ihr von der 1,75 Meter großen Schönheit namens Cheyenne aus der Gegend um den Le Merk Park. Sie spielt Basketball und hat immer einen Ball bei sich. Wir unterhalten uns über Kristalle und Spiritualität, gehen zusammen zu Barnes and Noble, sage ich. Ich erzähle ihr, dass wir Bücher über *race*, Gender und Gesellschaftsklassen lesen. Ich erzähle ihr, dass wir, Cheyenne und ich, Gedichte mögen und dass Cheyenne Talent fürs Schreiben hat. Ich erzähle ihr von Cheyennes zwei kleinen Afropuffs. Ich erzähle ihr, dass ich Cheyenne liebe und dass ich für sie die Welt bedeute, so wie sie für mich.

Wir unterhalten uns lange, ich erinnere mich aber nicht

mehr an alles, was wir geredet haben. Woran ich mich erinnere ist, dass Naomi mich versteht. Ich weiß noch, dass Naomi mir nichts als Freude – und Sicherheit – wünscht. Und um Sicherheit in einer Welt zu erleben, die voller Hass ist, muss man solche geschützten Refugien der Liebe schaffen. Ich fühle mich mächtig und stark.

Ich zögere nicht, Cheyenne von Anfang an mit nach Hause zu nehmen, damit wir Zeit miteinander verbringen können. Wir tun so, als würden wir die Verlegenheit nicht bemerken, die in der kleinen Wohnung herrscht, wo meine Familie jetzt haust. Ich habe kein eigenes Zimmer mehr, denn es ist nicht unsere Wohnung. Monate zuvor hat man uns aus dem Apartment geworfen, das meine Mutter gemietet hatte. Sie war mit uns in eine andere Gegend umgezogen, damit wir es dort besser hätten, doch aus dem Nichts heraus wollten die Eigentümer es zurück, um es zu verkaufen. Deshalb mussten wir verdammt noch mal eben verschwinden. Dafür blieb uns eine Frist von 30 Tagen. Eine Mutter mit drei Kindern, rausgeworfen wie Müll. Aber wir waren kein Müll. Wir waren Menschen.

Bernard, mit dem meine Mutter sich zu diesem Zeitpunkt bereits verlobt hat, ist schließlich unsere Rettung. Er sagt, Mach dir keine Sorgen, Cherice, ich kümmere mich um dich und deine Kids. Bernard lässt uns in das Zwei-Zimmer-Apartment seiner Mutter einziehen. Diese Mutter, eine auf den Rollstuhl angewiesene Diabetikerin, schläft im einzigen Schlafzimmer.

Wir schlagen unser Lager im Wohnzimmer auf, Jasmine und ich, Mom und Bernard. Paul ist inzwischen ausgezogen und Monte im Gefängnis. Wir legen uns in Schlafsäcken auf den Boden. Keine ideale Situation, um Teenager großzuziehen, von denen einer queer ist und einen Vater hat, der ebenfalls im Gefängnis sitzt, aber so ist es nun mal. Wann immer es geht, lade ich Cheyenne zu uns ein. Ich will wenigstens eine gewisse Normalität. Sollten Teenies das nicht tun? Zu Hause mit ihren Freundinnen abhängen?

Wir, Cheyenne und ich, finden, die Welt kann uns mal. Wir lieben uns.

Aber einfach ist es nicht. Auf den Straßen wird Gift und Galle versprüht und wir haben nur unsere wenigen geschützten Räume. An der Cleveland gibt es E-10, ein Klassenzimmer, wo sich die queeren Kids treffen und sicher sind. Auch wenn es heute immer noch eine Menge Hass gibt, ist doch erstaunlich, was sich in den letzten 15 Jahren bewegt hat.

Um die Jahrtausendwende heißt es fast überall, *Fuck you, Faggot!* Aus den Blicken, die wir auf uns ziehen, sprechen Gewalt und Ekel. Aber wir bleiben zusammen. Sogar als Cheyenne die Schule schmeißt. Sie wohnt weit weg von der Cleveland und wird von ihrer Familie kaum darin unterstützt, die Highschool zu beenden. Sie hat keine Fürsprecher, niemand, der dafür sorgt, dass sie zu essen bekommt, von Hilfe bei den Hausaufgaben oder bei Problemen mit Lehrern ganz zu schweigen. Unsere Schulen sind nicht dafür gemacht, den ärmsten Kindern, wie Cheyenne und die meisten von uns es sind, irgendeinen Ersatz zu bieten.

Wir alle brauchen mehr, als man uns gibt, mehr, als wir möglicherweise erreichen können. Verdammt, auch unsere Eltern brauchen mehr, als man ihnen gibt, mehr, als sie erreichen können. Naomi zieht schließlich zu ihrem Vater, was ihr das Leben massiv erleichtert. James, der Cousin meines Vaters, ist sanftmütig und tolerant und seine Zuneigung hilft, die Depression zu bezwingen, die sich tief in ihr festgesetzt hat.

Die Depressionsrate ist hoch unter denjenigen von uns, die sich geoutet haben. Und bei jenen, die von ihren Familien abgelehnt werden, ist laut US-Statistik das Selbstmordrisiko sogar 8,4-mal höher. Damals gibt es noch keine Bewegung wie *Love is Love is Love is Love*, um uns zu retten.

Aus diesem Grund und so ähnlich wie die Jungs in meinem Viertel, die Zielscheiben von Hass und Gewalt der Polizei sind, bemühen wir uns um unseren eigenen Rettungsplan. Die Angelegenheit wird besonders dringend, als Carla in der Elften zu Hause rausfliegt.

Zu der Zeit bin ich zwar immer noch mit Cheyenne zusammen und Carla ist nach wie vor ihr *Homegirl*, es hat sich aber außerdem zwischen Carla und mir eine tiefe Freundschaft entwickelt. Wir halten zusammen wie Pech und Schwefel, sind echte beste Freundinnen, damals wie heute. Gemeinsam kommen wir zu dem Schluss, dass uns nichts anderes übrig bleibt, als das zusammen durchzustehen. Ich will sowieso nicht mehr zu fünft im Wohnzimmer einer Frau leben, die ich kaum kenne, und die Vorurteile und das Schweigen erleben, das man als queeres Mädchen bei Zeugen Jehovas erntet, wo schon Selbstbefriedigung als abartig gilt. In einem Apartment, wo ich nicht mal Platz habe, um mich mit einem »Entschuldigung« zurückzuziehen. Mein Vater und mein Bruder fehlen mir auch sehr.

Und so beginnen Carla und ich, so oft wie möglich bei Freundinnen zu übernachten, oder schlafen, wenn das nicht geht, in ihrem Auto. In der Zwölften sind wir beide schon vollkommen unabhängig. Als Couch-Surfer wechseln wir von einer Freundin zur nächsten, zu ihrem Auto und weiter zu einer anderen Freundin. Ich schleppe ständig einen Seesack voller Klamotten und anderer persönlicher Dinge mit mir herum. Nachdem wir unseren Abschluss haben, gönnt das Schicksal uns eine Atempause. Wir verdanken sie Donna Hill, unserer Lehrerin in Kunstgeschichte, mit der wir uns beide sehr gut verstehen.

Sie erklärt, dass wir bei ihr wohnen können, bis unsere Lage sich stabilisiert hat. Sicher ging sie davon aus, das würde einige Monate dauern, doch ich lebe knapp zwei Jahre bei ihr, Carla fast drei. Wir jobben beide: erst im Drogeriemarkt, ich später als Tanzlehrerin. Trotzdem verlangt Donna weder Miete von uns noch Geld für das Essen, das sie kauft. Wir verhalten uns gedankenlos, laden Freunde zu kleinen Partys ein. Wir sind noch Kinder und benehmen uns auch so. Donna schreit uns nie an, aber sie schreibt ellenlange Briefe über unsere Verfehlungen und darüber, was es bedeutet, in einer Gemeinschaft zu leben und Rücksicht zu nehmen.

Sie lehrt uns Transzendentale Meditation und schier unendliche Geduld mit jungen, sich entwickelnden Menschen. Donna Hill, eine einfache, alleinstehende Schwarze Frau mit einem Herz, so groß, dass ein Universum darin Platz fände, wird meine erste spirituelle Lehrmeisterin. Mein erstes und deutlichstes Beispiel, um zu verstehen, was es bedeutet, ein Geschenk zu empfangen, für das man seinen Dank nur angemessen zum Ausdruck bringen kann, indem man es mit anderen teilt.

Sie ist die erste Erwachsene mit der Ansicht, dass unser Sein, die Art, wie wir leben und lieben, nichts weiter als Unterstützung und ein wenig Struktur brauche. Sie begreift unsere, Carlas und meine, aufkeimende Idee vom Aufbau einer Wahlfamilie. Dieses Konzept soll später die Basis unserer Theorie der Veränderung werden.

Außenstehenden dürften unsere Beziehungen vielleicht komplex, seltsam oder sogar gefährlich vorgekommen sein, weil oft genug Außenseiter unsere Familien bildeten. Aber für uns ergab das Sinn. Für uns waren und sind diese Menschen bis heute wie die Luft zum Atmen. Und obwohl Cheyenne und ich uns irgendwann getrennt haben und auch keinen Kontakt mehr halten konnten, der Rest von uns steht sich bis zum heutigen Tag nahe. Wir werden immer mehr und unsere Liebe zueinander wächst mit den Jahren. Eine entscheidende Rolle in dieser Entwicklung spielte ein Mann namens Mark Anthony, der auch alles verkomplizierte, was ich meinte, über Beziehungen und die Liebe zu wissen. Dieser Schwarze *Brother* sollte mein erster Ehemann werden.

Als es begann, verstand ich es zunächst selbst nicht.

Nie in meinem Leben hatte ich mich zu einem heterosexuellen Zisgender-Mann hingezogen gefühlt. An der Middle School hatte es zwar Mikie gegeben, der aber in Wirklichkeit schwul war. Und jetzt war ich selbst fast erwachsen und interessiert an jemand, der weder schwul noch trans oder *queer* war. Was sollte das denn?

Mark Anthony ist ein Jahr jünger als ich und mein Freundeskreis. Ich lerne ihn kennen, als ich an der Cleveland in die Zwölfte gehe. Ich bin pädagogische Hilfskraft in seiner elften Klasse, und als ich das Klassenzimmer zum ersten Mal betrete, fällt er mir sofort auf. Er ist total attraktiv: groß, hellhäutig und hat die grünsten Augen, die ich je gesehen habe.

Was dann sogleich in meinem Inneren passiert, verwirrt mich total. Ich versuche, es zu verdrängen, aber eines Nachmittags, nachdem wir uns das erste Mal begegnet sind, nimmt er denselben Bus. Wir unterhalten uns über Lyrik, Literatur und Musik. Er ist der Sohn eines Musikers der Originalbesetzung von *Earth, Wind & Fire*. An jenem Tag sieht er mich im Bus etwas in mein Tagebuch schreiben und erzählt, dass er auch eines führt. Das nimmt mich noch mehr für ihn ein und irritiert mich zugleich.

Sitze ich wirklich hier und fühle mich zu einem heterosexuellen Kerl hingezogen?

Die Energie, die zwischen uns herrscht, lässt sich mit Händen greifen. Und das gilt nicht nur für uns, sondern für jeden, der uns zusammen erlebt. Trotzdem lenken wir unsere Gefühle in den kommenden paar Jahren nur in eine sehr tief verwurzelte Freundschaft. Auch wenn wir wissen, dass da noch mehr ist. Für ein Fotoprojekt, das Mark Anthony bei Donna macht und das von seiner Reise, seiner Entwicklung und Männlichkeit handelt, bittet er mich um Hilfe. Ich mache ein Bild nach dem anderen von ihm, nur das letzte nimmt Carla von uns beiden auf. Darauf recken wir beide eine Faust in die Luft, halten uns an den Händen und blicken auf eine geöffnete Tür, wie auf ein Schicksal, das noch nicht richtig zu sehen ist.

7. Alle Gebeine, die wir finden konnten

Wir sammelten alle Gebeine, die wir finden
konnten, und gestern wickelte Natividad sie in ein
Schultertuch, das sie vor Jahren gestrickt hatte.
Es war das Schönste, was sie besaß.
»So etwas sollte den Lebenden dienen«,
sagte Bankole, als sie es anbot.
»Du lebst doch«, sagte Natividad.

OCTAVIA E. BUTLER, *THE PARABLE OF THE SOWER*

Gabriel kommt nach Hause.

Ich bin zwanzig Jahre alt und seit vier Jahren Organisatorin. Noch an der Highschool steckte ich den großen Zeh ins Wasser, was Veranstaltungen innerhalb meiner Community betraf, nach meinem Abschluss traue ich mich dann auch ins Tiefe.

Nach meiner Schulzeit bietet Donna mir nicht nur ein Zuhause, sondern auch die Möglichkeit, all das anzuwenden, was ich an der Highschool gelernt habe. Sie erzählt mir vom Brotherhood-Sisterhood-Camp für soziale Gerechtigkeit, und so reise ich für vier Tage auf den Campingplatz von Pine Ridge. Dort probieren wir experimentelle interaktive Methoden aus, um das Eis zu brechen und nicht nur Systeme der Unterdrückung zu durchschauen, sondern auch um mutige und mitfühlende Beziehungen zu allen anderen Menschen einzugehen. Die Leute in diesem Camp sind wie ich: arm, queer und Schwarz.

Aber es gibt auch Heterosexuelle. Leute aus der Arbeiter- und welche aus der Mittelschicht, einige sind sogar ziemlich wohlhabend. Es gibt Latinos und Weiße. Ziel ist es, einer Generation beizubringen, wie man miteinander im Gespräch bleibt. Außerdem sprechen wir alle Arten von Unterschieden und Diskriminierung an. Wir unterhalten uns über unsere Herkunftsfamilien und über selbst gewählte Familien. Wir diskutieren über Rassismus, Klassengesellschaft, Sexismus und Heterosexismus. In gestützten Dialogen über Hautfarben hinweg sind wir vollkommen ehrlich, was die gegenseitigen Vorurteile betrifft.

Eines Nachmittags höre ich einem Mann zu, der in der Gruppe von dreißig jungen Leuten spricht, die sich selbst als queer bezeichnen. Wir reden über Homophobie und den besonderen Schmerz, den sie verursacht, über die tiefe Depression, in die sie uns stürzen kann. Wir unterhalten uns auch darüber, was es für so viele von uns bedeutet, von den eigenen Eltern rausgeworfen zu werden. Es ist die Rede von der um sich greifenden Obdachlosigkeit, dem Hunger, der Isolation. Dann sagt dieser junge *Brother*, er rechne damit, nicht mehr lange zu leben. Er ist achtzehn und bei ihm wurde HIV diagnostiziert. Daraufhin erfasst uns alle eine unfassbare Traurigkeit. Wir trauern um ihn und darum, dass uns das vorher nicht bewusst war. Jetzt können wir die Augen nicht mehr davor verschließen: Wir leben in einer Welt, wo der Hass so tief sitzt, dass Erwachsene einfach Todesstrafen über uns junge Leute verhängen können, obwohl wir nichts weiter getan haben, als so auf der Welt zu sein, wie wir eben geboren wurden.

Wir sind entschlossen, uns zu wehren.

Eine der Organisationen, die sich uns dort vorstellt, heißt Strategy Center und ich fühle mich sofort zu ihr hingezogen. Vor allem fasziniert mich ihre leitende Organisatorin Kikanza Ramsey, die ich auf einem Video sehe. Sie ist eine *Sister* mit naturkrausem Haar und spricht genauso fließend Spanisch wie Englisch. Ich denke bei mir: So wie sie möchte ich sein. Ich will strukturelle Ungleichheiten anprangern. Ich will Kräfte sammeln. An diesem Ort wachsen wir alle. Wachse ich. Verändere ich mich. Nachdem das Camp zu Ende ist, schließe ich mich dem Strategy Center an und man bildet mich dort ein Jahr lang zur Organisatorin aus.

Ich lese, studiere und zu meinen Kenntnissen von hooks, Lorde und Walker kommen noch Mao, Marx und Lenin hinzu. Schwerpunkt meiner Tätigkeit sind junge Leute und *Spoken Word Events*. Außerdem rühre ich die Werbetrommel für ihre *Bus Riders' Union*. Diese Kampagne zielt nicht nur auf den Klimawandel ab, indem sie gegen die Abhängigkeit von privatem Autoverkehr wettert, sondern wirbt auch für ein funktionierendes, bezahlbares öffentliches Verkehrssystem. Das käme Menschen zugute, die wie meine Mutter auf Busse angewiesen sind, um zur Arbeit zu kommen.

Ich lerne Eric Mann kennen, der das Strategy Center gegründet hat und mich unter seine Fittiche nimmt. Eric ist älter, weiß und ein furchtloser Rassismusgegner. Er hat früher genau wie Alton bei General Motors am Fließband gearbeitet.

Ich finde im Strategy Center ein Zuhause und einen Ort, der mich über zehn Jahre lang aufrichtet und mir Halt gibt.

Ich bringe nicht nur meine Freundinnen mit ins Strategy Center, sondern auch meinen Vater, der nun, nachdem er aus dem Gefängnis entlassen wurde, mit mir zu Versammlungen geht.

Sein Engagement beim Strategy Center weckt mit der Zeit auch das Interesse meiner Mutter. Sie, die sich nie den Luxus erlauben konnte, Zeit für den Besuch von Versammlungen aufzubringen oder sich an Aktivitäten zur Verbesserung ihrer Lebenssituation zu beteiligen. Das Strategy Center wird so zu einem Ort, wo ich mich zum ersten Mal in meinem ganzen Leben gemeinsam mit meinen beiden Eltern in der Öffentlichkeit befinde. So, wie ich das bei meinen weißen Freunden immer gesehen habe.

Auf der alljährlichen Gala – *The Political Party* genannt – beginnt nach Videos und Reden (darunter auch eine von mir), Trommelmusik und Gesängen eine Riesen-Tanzparty. Und während mein Vater und ich den ganzen Abend durchtanzen, sitzt meine Mutter auf einem bequemen Sessel an unserem Tisch. Sie sieht uns zu und lächelt. Das war schon immer ihre Art. Sie ist keine begeisterte Tänzerin. Später wird sie zu mir sagen, An diesem Abend habe ich mich in die Zeit zurückversetzt gefühlt, als wir, dein Vater und ich, noch jung waren und ich oft mit ihm in den Club ging. Damals habe ich auch nicht getanzt. Er war ja schon immer ein Tänzer. Aber ihm dabei zuzusehen, das machte mich so glücklich. Genau wie heute Abend.

Trotz der Auseinandersetzungen, die ich mit meiner Mutter während der Highschool hatte, ziehe ich, als Monte nach Hause kommt, wieder bei ihr ein, um ihr bei seiner Betreuung zu helfen. Sie hat inzwischen eine neue Bleibe in Canoga Park im Valley gefunden. Ein Apartment mit drei Schlafzimmern, wo sie und Bernard, Jasmine und ich sowie Montes Sohn Chase alle zusammen wohnen. Doch es erweist sich als Herkulesaufgabe, Monte zu versorgen. Er hasst seine Medikamente und tut alles, damit er sie nicht nehmen muss. Tatsächlich liegt bei ihm eine Übermedikation vor, doch stellt sich damals keiner von uns diese Frage oder versteht die Problematik. Nicht einmal Monte selbst. Erst nach Jahren und vielen Krankenhausaufenthalten wird er mir erklären, dass die Medikamente ihn sich selbst »stehlen«. Er wird davon schläfrig und träge. Er kann dann nicht mehr denken oder kreativ sein oder einfach an der Welt teilhaben.

Es ist dieselbe Patrisse, die damals meinen Vater begrüßt, als er nach so langer Zeit aus dem Gefängnis kommt. Ich bin noch jung, aber inzwischen schon eine Frau mit kritischem Blick und echter Verantwortung. Ich bin entschlossen, die ganze verlorene Zeit aufzuholen, als ob das überhaupt möglich wäre. Wir fangen wieder an, uns jedes Wochenende zu sehen. Manchmal sogar noch öfter. Wir sind uns näher denn je, und das hat nicht nur damit zu tun, dass Gabriel zu den Veranstaltungen, Treffen und Kunstausstellungen kommt.

Es hat auch damit zu tun, dass wir wieder mit der Familie zusammmen sind, mit meinen Tanten und Onkeln, Cousinen, Cousins und Grandma Vina. Ich entdecke auf dieser Seite meiner Familie so viel von mir selbst. Und damit meine ich nicht nur unser Aussehen. Wir besitzen das gleiche laute Lachen. Wir tanzen. Ich genieße es, in den Schoß der Familie zurückzukehren. Und ich bringe meine Freunde mit – Mark Anthony, Carla und noch viele andere. Sie kommen alle mit meiner Familie in den Park, schauen beim Baseball zu, essen Gegrilltes, sind laut und demonstrieren stolz, wie Liebe und Gemeinschaft in der Praxis aussehen.

Die Gespräche mit meinem Vater sind viel intensiver als früher. Obwohl ich ihn damals schon zu 12-Schritte-Treffen begleitet habe, erklärt er mir jetzt, wo auch er älter ist, wie sich dieses Leben für ihn anfühlte. Er sagt, tatsächlich abhängig war er von der Schnelllebigkeit und Energie. Wie sonst hätte ein Mann wie er je Geld in der Tasche haben, sich anständige Klamotten leisten können oder wäre als jemand angesehen worden, der zählte? Bevor er sich in dieses Leben stürzte, sei er unsichtbar gewesen. Aber nicht nur die Drogen hätten ihm das Gefühl gegeben, sichtbar und relevant zu sein, sondern der Lebensstil an sich. Mein Vater, ein armer Junge aus dem Süden, wurde sein Leben lang verspottet, bis er dann Geld in der Tasche und eine Ware hatte, die die Leute wollten.

Vor allem dagegen will er mit dem 12-Schritte-Programm angehen, sagt er eines Nachmittags zu mir. Gegen die Sucht nach einem Lebensstil. Er arbeitet hart, wieder einmal, um Verantwortung für sich selbst zu übernehmen. Das bringt mich auf die Frage, wer sich je für die Schwarze Bevölkerung verantwortlich gefühlt hat, oder für meinen Vater, einen Mann, dem die Welt immer nur Grenzen aufgezeigt hat? Er besuchte Schulen, die ihm nicht viel mehr beibrachten, als den Träumen anderer zu dienen, deren Reichtum zu mehren, deren Visionen zu verwirklichen. Die Bildungsmöglichkeiten der Generation meiner Eltern förderten weder Kreativität noch unterstützten sie Träume noch wässerten sie die Saat der Hoffnung. Es ging nur ums Dienen.

Für meinen Vater bedeutete das zunächst Militärdienst. Er meldete sich, noch jung, freiwillig bei der Army. Einst hatte er davon geträumt, aufs College zu gehen, doch mit zunehmendem Alter wurde das immer unwahrscheinlicher. Die Army war dagegen eine sichere Sache, erklärt er mir, und sie bedeutete auch ein Einkommen für seine Familie. Ich wollte Grandma Vina etwas von ihrer Bürde abnehmen,

sagt er eines Nachmittags zu mir, als wir draußen pickni-
cken. Mit den vielen Kindern war es hart, erklärt er. Aber es
war auch hart, gesteht er mir, seine Geschwister zurückzu-
lassen.

Sie kamen mir vor, als wären sie meine Kinder, diejenigen, die jünger waren als ich. Die Army erschien mir als die
beste Möglichkeit, also ging ich dorthin, sagt mein Vater,
und ich meine, seine Stimme brechen zu hören. Jedenfalls
zuckt er mit den Achseln. Welche Wahl hatte er schon?

Was Gabriel nicht sagt, mir aber allzu deutlich bewusst
ist: Nach seinen Einsätzen in Panama und Korea kehrt er in
eine ökonomisch und auch sonst belagerte Stadt zurück.
Die G. I. Bill, das Gesetz zur Erleichterung des Übergangs in
das Zivilleben, war bekanntermaßen für Schwarze Vetera-
nen keine Hilfe, sondern diente sogar der Zementierung
rassistischer Benachteiligung. Und selbst wenn es in einer
Gesellschaft nach der gesetzlichen Segregation einige Fort-
schritte zu verzeichnen gab, so war das Gesetz doch nie ein
Instrument, das Männer wie mein Vater für sich zu nutzen
vermochten. Eine weitere Ausbildung, auf die er einen Anspruch gehabt hätte, kam ihm gar nicht in den Sinn. Er
machte sich wie so viele andere einfach nur auf die Suche
nach Arbeit.

Doch im Schwarzen Los Angeles von 1984, dem Jahr seiner Entlassung, ist die Arbeitslosenrate der Schwarzen fast
so hoch wie in Südafrika, wo damals noch Apartheid
herrscht. Als die Wirtschaft wieder anspringt, werden die
Afroamerikaner nicht gebraucht, sie sind Material zum
Wegwerfen, und in der beginnenden technologischen Re-
volution spielen sie keine Rolle. Das gerade entstehende Silicon Valley könnte aufgrund seiner Homogenität genauso
gut in irgendeinem nordischen Land liegen. Bis heute hat
die dort herrschende Diversität noch keinen Weg in die

Communitys der Menschen gefunden, die legal und gezielt aus dem bezahlten Arbeitsmarkt gedrängt wurden.

Was uns dafür an jeder Ecke offensteht, ist der Zugang zu illegalen Drogenmärkten und all der Gewalt, die entsteht, wenn *Brothers* auf den Straßen wie Präsidenten von Nationen ihr jeweiliges Territorium verteidigen. Mein Vater, Gabriel Brignac, hat kein Territorium zu verteidigen. Er muss mit seinem Trauma und seiner Depression fertigwerden und dazu noch mit einer Sucht, die er sich – und davon bin ich felsenfest überzeugt – in seiner Zeit als Soldat zulegte. Die phasenweise bevorzugten Drogen der Amerikaner scheinen immer dem zu entsprechen, was in der Region, in die wir einmarschieren, gerade verfügbar ist.

Aber mein Vater, dem es an Verteidigern oder eigenen Worten fehlte, um das ihm zugefügte Leid zu analysieren, bestreitet da draußen als Dealer seinen Lebensunterhalt und nimmt selbst regelmäßig Drogen. Er bleibt auf sich allein gestellt. Ich versuche beständig, mit ihm über strukturelle Gegebenheiten, Politik und Beschlüsse zu reden, die letztlich viel bestimmender für sein Leben waren als jede seiner persönlichen Entscheidungen. Ich erzähle ihm von der Politik der persönlichen Verantwortung, die weitgehend eine Lüge ist, um uns davon abzuhalten, die legislativen Entscheidungen der wirklichen Welt infrage zu stellen, die die Richtung vorgeben und Leuten ihr Leben zerstören.

Bei einer politischen Diskussion sagt eines Nachmittags eine Freundin zu mir, Das war leicht zu verstehen, solange die Hautfarbe noch einen unverhohlenen Faktor darstellte. Der Rassismus ließ keine Fragen offen und keinen Platz für Verwirrung. Heute allerdings, wo *race* nicht mehr im Gesetz steht, sagt sie, muss man auf die Codes achten. Achte auf die codierte Sprache überall, sagt sie. Die Gesetze haben sie umgeschrieben, aber die weiße Vorherrschaft nicht. Den Mist haben sie nicht angetastet, erklärt sie.

Ich weiß nicht, ob ich meinen Vater je von dieser Argumentation werde überzeugen können. Ein Jahrzehnt mit 12-Schritte-Programmen hat dafür gesorgt, dass er vor allem genau weiß, wie er sich selbst dafür verantwortlich macht. Trotz all meiner Reden und trotz seines eigenen Engagements im Strategy Center spüre ich, dass wenn wir darüber sprechen, alle anderen und alles andere eine Art Freibrief von ihm bekommen.

Aus diesem Grund konzentrieren wir uns meist auf das Hier und Jetzt. Mein Vater möchte seine Mitte wiederfinden, in Bezug auf mich, sein Leben, die ganze Welt. Er sucht sich einen Job als Lkw-Fahrer einer Baufirma und wir treffen uns täglich auf einen gemeinsamen Mittagsimbiss, ein Sandwich aus einer braunen Papiertüte. Oft in Begleitung meiner Freunde verbringen wir bald auch unsere Wochenenden miteinander. Ja, es gibt wieder Barbecue und Baseball, aber ebenso Grandma und Gumbo, Football und Familie.

Wir hängen wieder aneinander, unser Brignac-Clan und Freunde, so eine Art Patchwork-Community. Alles scheint möglich, wenn wir uns in einem kleinen Apartment in L. A. treffen, wo eine winzige kreolische Frau herrscht, die nur vier Jahre zur Schule gegangen ist und den Rassismus ebenso überlebt hat wie Vergewaltigungen, unzumutbare Armut und brutale häusliche Gewalt. Das hat sie nun alles hinter sich und weiß doch besser als die meisten, die so viel mehr hatten, als ihr jemals vergönnt war, dass wir letztendlich aus Liebe entstanden sind und zur Liebe zurückkehren müssen.

Manchmal begleite ich Gabriel zu seinen 12-Schritte-Treffen. Inzwischen älter, beginne ich nicht nur die Komplexität von Mensch und Gesellschaft zu begreifen. Ich bin mir auch sicher, dass die binäre Vorstellung, wonach ein Mensch entweder gut oder schlecht ist, sich für die große Mehrheit als gefährlich falsch erweist. Langsam erkenne ich, dass mehr als eine Wahrheit gleichzeitig möglich ist und sogar in einer einzigen Person existieren kann. Mir wird klar, dass mein Vater meine Mutter hätte lieben können, aber so in seinem Schmerz und seinen Selbstzweifeln gefangen war, dass er an dem Tag, als meine Mutter ihm erzählen wollte, dass sie mit mir schwanger war, einfach nicht auftauchte. Wir sprechen von Mitgefühl, Vergebung und dem Wunsch nach Wiedergutmachung.

Wir reden auch über mich, das breite Spektrum meines Lebens, meine Träume und was mich umtreibt, an einer neuen Welt mitzubauen. Es gibt ihm gegenüber kein Coming-out, ich sage nicht, dass ich queer bin. Aber gleichzeitig habe ich auch nicht das Gefühl, es oder mich verstecken zu müssen. Wir sprechen einfach nicht viel über Liebesbeziehungen, denn das wäre seltsam. Immerhin ist er trotz allem mein Dad. Aber durch meinen Freundeskreis und Lebensstil wird das Queer-Sein ziemlich offensichtlich, und es scheint ihm völlig egal zu sein. Er möchte einfach nur Zeit mit mir verbringen. Ich begreife, dass auch seine Familie genau das an ihm schätzt. Dass er absolut nichts und niemanden verurteilt. Er ist unglaublich gelassen. Der Inbegriff von leben und leben lassen. Man spürt seine Wärme wie das Wasser der heißen Quellen in Zentralkalifornien. Sauber umfängt sie einen und man wünscht sich immer mehr davon. In einer Welt, die Schwarze Humanität bewusst unsichtbar gemacht hat, fühle ich mich auf geradezu schockierende Weise gesehen. Ist es nicht vielleicht gefährlich, so da draußen unterwegs zu sein? Aber bevor sich dieser Gedanke in mir festsetzen kann, wird mir klar, dass ich das, was mein Vater mir gibt, wie er mich sieht, so nötig brauche wie die Luft zum Atmen.

Drei Jahre funktioniert es, ist das unser Leben.

Und dann verschwindet Gabriel. Erneut.

Er geht nicht mehr ans Telefon, wenn ich anrufe, und ruft auch nicht zurück.

Nur bin ich diesmal kein Kind mehr. Diesmal bin ich erwachsen. Und ich bin eine professionelle Organisatorin. Ich habe seine und Montes Zeit im Gefängnis überstanden. Ich bin mit Obdachlosigkeit und Homophobie zurechtgekommen. Ich habe mich für Würde und Stärke entschieden. Ich habe entschieden, mich nicht brechen zu lassen. Also mache ich mich auf die Suche nach meinem Dad.

Immer wieder halte ich mich in der Nähe des Wohnheims auf, wo er lebt. Ich rufe ihn wieder und wieder an. Ich rufe seine Freunde an. 15 Anrufe, 20 Anrufe, 30 Anrufe, 35 und endlich, endlich nimmt mein Vater ab. Seine Stimme klingt seltsam und ich gebe nicht nach: Dad, wo bist du? Inzwischen nenne ich ihn so.

Mein Vater schweigt, holt dann tief Luft und sagt, ich könne ihn in dem heruntergekommenen Hotel in der Nähe von dort, wo er vorher gewohnt hat, treffen. Ich rase dorthin und ärgere mich, dass ich nicht schon selbst darauf gekommen bin.

Dad, was zum Teufel ist los?, verlange ich zu erfahren, als er mir die Tür seines Zimmers öffnet.

Aber er schafft es kaum, mir zu antworten. Alles an ihm wirkt schlaff. Ein Mann, der sich hängen lässt. Ich weiß nicht, ob ich darüber wütend oder verzweifelt sein soll.

Es tut mir so leid, sagt mein Vater leise, mit tonloser Stimme, während Tränen über meine Wangen rinnen.

Ich habe diesen Mann so lieb. Ich will ihn nicht verlieren.

Das ist alles, woran ich denken kann. Bleib bei mir, Dad. Verlass mich nicht. Bitte, verlass mich nicht.

Wie immer ist er sanft zu mir. Aber da ist auch eine Reglosigkeit, die mich überrascht. Ich will sie nicht Ruhe oder Frieden nennen, denn das ist sie nicht. Außerdem spüre ich eine tiefe Quelle der Trauer. In diesem Zimmer beginnt mein Vater nun, genauso wie ich, zu weinen.

Er erzählt mir, dass es ihm peinlich ist und er sich schämt.

Er erzählt mir, dass er wieder angeklagt ist und auf seine Gerichtsverhandlung wartet. Darum konnte ich ihn nicht erreichen. Er saß im Gefängnis und ist jetzt nur gegen Kaution auf freiem Fuß.

Die wollen mir sieben Jahre aufbrummen, sagt er ganz langsam. Und seine Worte bleiben über uns hängen wie die Schneide einer Guillotine, die bereit ist, uns von uns selbst zu trennen.

Es gibt nichts, was ich nicht über dich wissen will, sage ich zu meinem Vater, der mich gelehrt hat, unvoreingenommen zu sein.

Er erzählt mir, wie sehr er es gehasst hat, diesen verdammten Lkw auf Baustellen zu fahren.

Er erzählt mir, wie sehr er sich selbst hasst.

Er erzählt mir, wie es war, mit neun Jahren aus Louisiana nach L. A. zu kommen. Als ein Junge, dem man das Cajun Country deutlich anhörte und dessen Verhalten man es auch ansah. Dass er deutlich anders war als die Kinder, zu denen er doch so gern gehören wollte. Er erzählt mir, dass er gehänselt wurde und ihm sein ganzes Leben hässlich vorkam. Er erzählt mir, dass er sich nicht erinnern kann, mit sich selbst jemals im Reinen gewesen zu sein. Er sagt, er habe nie einen Weg gefunden zu lernen, wie man sich selbst liebt.

So sitzen wir eine Weile nur da. Was bedeutet es, sich nicht selbst lieben zu können? Wie soll man etwas schätzen, das man nicht liebt?

An diesem Abend reden wir auch über Gefängnisse und den Drogenkrieg und darüber, wie es sich anfühlt, wenn man als Person der Welt vermeintlich egal ist. Er war es nie wert, gerettet oder behandelt zu werden.

Für diesen Schwarzen aus Louisiana hat es außer Gefängnis nie irgendeine Intervention gegeben.

Wir sprechen davon, dass die Beziehungen der Schwarzen Bevölkerung viel zu oft von Leid geprägt sind. Wir fragen uns, was es bedeutet, dass so viel von unserer Beziehung durch Abwesenheit bestimmt war. Was bleibt ungesagt, unbekannt, obwohl wir versuchen, vollkommen offen zueinander zu sein? Uns wird klar, dass er mehr Zeit hinter Gittern und fern von mir verbracht hat als mit mir.

In dieser kleinen, heruntergekommenen Bleibe ist mein von mir so geschätzter Vater total high und betrunken.

Ich habe ihn nie zuvor high gesehen, aber ich will mich nicht von ihm abwenden. Wenn er für mich überhaupt eine Rolle spielen soll, dann muss er das immer tun. Er muss mir auch in diesem Moment wichtig sein. Ihn so zu sehen, fühlt sich zwar an, als würde meine Seele über Glasscherben gezogen, aber ich wende mich nicht ab. Sein Leben ist nicht überflüssig. Unsere Zuneigung ist nichts, was man einfach wegwirft. Ich werde ihn nicht so behandeln, wie die Welt ihn behandelt hat. Ich werde ihn nicht wegwerfen. Ich werde ihm nicht sagen, dass er nichts zu bieten hat.

Stattdessen sage ich, dass Rückfälle Teil des Heilungsprozesses sind.

Ich frage, Was wäre denn, wenn wir jeden Menschen, der schon mal eine Diät abgebrochen hat, abschreiben würden? Darüber müssen wir beide lachen, aber nur kurz.

Die Sucht meines Vaters und die damit verbundene Stigmatisierung haben ihn so vereinsamen lassen, ihn in eine Welt gezwungen, zu der niemand, der ihn liebt, wirklich Zugang hat. Ich liebe ihn. Ich sage ihm, dass ich sein ganzes Leben mit ihm teilen will. Er seufzt und atmet hörbar aus. Ich rutsche näher zu ihm. Er lässt es zu. Ich erkläre, dass ich ihn nicht verlassen werde, und tue es auch nicht. Den Rest des Abends verbringen wir redend und schweigend. Immer wieder halten wir einander in den Armen. Und weinen.

Zwei Monate später wird mein Vater zu drei Jahren Gefängnis verurteilt. Die drohenden sieben Jahre kann er verhindern, indem er sich freiwillig für das *Prison Fire Camp* meldet. Im Rahmen dieses Programms werden Strafgefangene als Erste vorgeschickt, wenn in Kalifornien Buschbrände ausbrechen. Sie rücken noch vor den ausgebildeten Feuerwehrmännern aus.

Mein Vater riskiert also sein Leben, um schneller wieder freizukommen.

Es ist das Jahr 2009 und ich bin 26 Jahre alt, als Gabriel aus dem Gefängnis entlassen wird.

Er wird nie wieder dorthin zurückkehren.

Wir – Mark Anthony, Carla und ich – legen Geld zusammen, damit er aus Nordkalifornien, wo er im Prison Fire Camp war, nach Hause fliegen kann. Mark Anthony und ich sind inzwischen ein Paar, Carla und ich nach wie vor beste Freundinnen. Wir holen ihn am Flughafen ab. Es ist das erste Mal, dass ich meinen Vater sehe, seit er seine Strafe angetreten hat. Inzwischen ist diese kleine Familie rund um mich, um uns, entstanden.

Wie schon bei Monte vor fast zehn Jahren und in all der Zeit, seit mein Bruder wieder zu Hause ist, engagieren sich meine Freunde für meinen Vater und mein Leben. Ihre Zuneigung half, die Blutung zu stoppen, als unsere Seelen sich in dem Stacheldraht verfangen hatten und die Wunden nicht nur Sehnen und Knochen verletzten, sondern bis ans Mark reichten. Meine Community aus Freunden, meine Wahl-Familie, liebt geradezu beispielhaft. Ihre Liebe ist ein Triumph, der lebende Beweis dafür, was wir meinen, wenn wir sagen, dass eine andere Welt möglich ist.

Mein Vater verlässt das Gate und ich laufe, wie eine Fünfjährige quiekend, auf ihn zu. Die Freude, die ich in meinem Körper spüre, ist so lebendig und pulsierend. Das sieht mir garantiert jeder an. Ich kann nicht aufhören, meinen Vater zu umarmen, und er kann nicht aufhören, mich zu umarmen. So stehen wir mitten auf dem Flughafen von L. A., bis mein Dad irgendwann leise fragt, Will irgendwer was essen? Ich bin am Verhungern. Danach quetschen wir uns alle in Carlas Wagen.

Eine Woche lang wohnt mein Vater bei mir und schläft auf der Couch, aber er möchte unabhängig sein und niemand zur Last fallen. Also zieht er in eine Unterkunft, um sich selbstständiger zu fühlen. Er beginnt auch wieder mit dem 12-Schritte-Programm und bewirbt sich um eine Sozialwohnung, wo er dauerhaft und sicher bleiben kann. Jahre nachdem ich es ihm erstmals vorgeschlagen habe, entschließt mein Vater sich endlich, ein CASAC-Zertifikat zu erwerben. Als *Credentialed Alcohol and Substance Abuse Counselor* will er den Rest seines Lebens darauf verwenden, anderen Menschen beim Gesundwerden zu helfen.

Er schreibt sich für das entsprechende Programm am Pierce College in L. A. ein, während ich mich an der UCLA immatrikuliere. In der Familie meiner Mutter bin ich die Erste, die ein College besucht. Als Vater und Tochter sind wir entschlossen, unsere Geschichte selbst zu schreiben. Es ist März und wir sehen die Sonne immer höher steigen und heller scheinen. Wir leben voller Dankbarkeit und Hoffnung. Dann kommt der Juni und es heißt, sein Vater sei gestorben.

Dad erhält von seinem Bewährungshelfer die Erlaubnis zu verreisen, und so fahren wir in die Heimat unserer Vorfahren, nach Eunice, Louisiana. Der Ort hat keine 11.000 Einwohner und ist bekannt für seine Cajun-Musik. Das erste und einzige Mal, dass ich dort war, liegt vier Jahre zurück. Kurz nach dem Hurrikan Katrina. Nachdem ich geholfen hatte, Lebensmittel und andere Hilfsgüter an der zerstörten Golfküste zu verteilen, besuchte ich meinen Großvater. Er hieß mich willkommen, kochte mir Essen und erklärte, ich sähe aus wie schon Generationen von Brignacs. Mit meinem breiten Mund und der hohen Stirn. Sie haben eine Heimat. Ich habe eine Heimat.

Diese Reise nach Eunice mit meinem Vater ist trotz des Anlasses eher heilsam als traurig. Und zum ersten Mal in meinem Leben erlebe ich meinen Vater vollkommen locker. Diese Seite von ihm kannte ich bisher gar nicht. Er geht anders, lächelt anders. Nichts wirkt schwer. Nichts gezwungen. Wir spazieren kreuz und quer durch den Ort, an dem er gelebt hat, bis er neun war. Er zeigt mir, wo er als Kind gespielt hat. Wir sitzen mit Verwandten auf ihren Verandas. Wir betrachten Sonnenuntergänge. Wir albern herum und ziehen einander auf. Wir essen und essen. Wir erzählen Familienanekdoten und stehen dazu auf. Wir klatschen in die Hände, sind laut. Wir haben uns unverhohlen richtig lieb.

Die Trauerfeier für meinen Großvater findet in der einzigen Kirche der Gegend statt, einer Baptistenkirche. In diesem Gotteshaus trauern wir, wissen aber auch, dass wir überleben werden, weil Eunice uns das lehrt. Dass all unsere Gebeine zählen, dass all das Zerbrochene in uns irgendwie ein Ganzes ergibt.

Dad, ich finde, du solltest hierher umziehen, sage ich. Du wirkst hier so glücklich, so im Reinen mit dir.

Ist alles zu langsam für mich, erwidert er und preist L. A. Die Stadt, die für ihn Freiheit zu einem sich permanent bewegenden Ziel gemacht hat.

Nach einer Woche verabschieden wir uns von Eunice, von meinem beerdigten Großvater Carl, von Verandas, gemächlichen Spaziergängen und von Häusern, in denen Schwarze Menschen dauerhaft zu Hause sind. Menschen, die einen einfach lieb haben und offen sind. Gemeinsam kehren wir nach L. A. zurück, und ich verbringe in diesem Sommer viel Zeit damit, meinem Vater beim Baseballspielen mit seinen Brüdern zuzusehen. Das Spiel, das er liebt, umgeben von den Menschen, die er liebt.

Inzwischen bin ich total in Mark Anthony verknallt, der sich als geduldig, liebenswürdig und unbeirrbar erweist. Meine früheren Beziehungen, insbesondere die zu Frauen, verunsichern ihn nicht. Er urteilt nicht über meine Sexualität. Er liebt mich, wie ich bin. Und das ist ein Geschenk, das ich uns allen wünsche – geliebt werden, weil man einfach nur man selbst ist, nicht trotzdem. Bedingungslos und nicht nur teilweise.

Mark Anthony ist ein Mensch, der sich im wahrsten Sinne des Wortes dem Heilen verschrieben hat. Während ich an der UCLA Religionswissenschaften studiere, macht er einen Master in Traditioneller Chinesischer Medizin. Die Mutter einer Freundin besitzt ein von lauter Bäumen umgebenes winziges Cottage im Topanga Canyon. Wir beschließen, dort zusammen einzuziehen. Die Gegend ist atemberaubend schön und nicht zu vergleichen mit allem, wo ich bisher gewohnt habe. Endlich kann ich akzeptieren, dass dies mein Leben ist, mein gesegnetes Leben. Und dann steht der Winter mit seinen Feiertagen vor der Tür. Ich verspreche meinem Vater, dass wir sie feiern und in vollen Zügen genießen werden. Dieses Jahr werden wir all die vielen gemeinsamen Momente kompensieren, die wir versäumt haben. Zu Thanksgiving bereitet meine Grandma Vina ihren Gumbo mit so viel Liebe zu, dass ich davon bis Weihnachten satt bin.

Am 25. Dezember 2009 herrscht dann beste Partystimmung im Haus meiner Grandma. Nach einem halben Jahrzehnt ist es für meinen Vater das erste Weihnachten zu Hause. Die ganze Familie taucht auf, und bevor der Abend zu Ende geht, haben wir alle, die dort versammelt sind, einander bestimmt tausendmal versichert, wie lieb wir uns haben. Wir küssen einander ab, bis wir kichern müssen, und lachen, bis uns die Bäuche wehtun. Bevor wir das Haus meiner Grandma verlassen, haben wir uns quasi ineinander eingehüllt und eingekuschelt. Wir danken dem Universum für die Gnade, die es uns als Familie erweist. Als wir Gute Nacht sagen, tun wir es mit größtem Nachdruck, weil wir es an diesem Weihnachtsabend 2009 aus ganzem Herzen so meinen.

Am 26. Dezember spreche ich meinen Vater nicht und rufe ihn daher früh am 27. an. Ich kann ihn nicht erreichen, hinterlasse aber eine Nachricht. Als er mich zurückruft, verpassen wir uns. Jetzt hinterlässt er mir die Nachricht, er fühle sich nicht gut. Ich höre diese Nachricht nicht gleich, weil ich gerade bei meiner Mutter zu Besuch bin. Sie hatte eine Auseinandersetzung mit meiner Schwester Jasmine, und Mark Anthony und ich sind gekommen, um die Wogen zu glätten.

Wir reden, helfen, die Sache zu klären, und ziemlich bald machen wir uns auf den Rückweg zum Canyon. Es gibt da eine lange Strecke ohne Handyempfang. Als wir vor unserem kleinen Haus parken, höre ich das Festnetztelefon schon klingeln. Und jetzt erhalte ich auch die Anrufbenachrichtigungen auf mein Handy.

Ich gehe ans Festnetztelefon.

Sitzt du?, fragt meine Mutter und ihre Stimme klingt panisch.

Ich verneine und frage, was los ist, aber sie kann nicht aufhören zu fragen, ob ich mich hingesetzt habe. Sie fragt mich vier-, fünfmal, bis auch ich in Panik bin. Aus irgendeinem Grund muss ich sofort an meinen Neffen Chase denken. Montes Sohn, der inzwischen schon fast ein Teenager ist.

Wo ist Chase? Was ist passiert? Was ist los?, schrie ich. Mom! Was ist denn?!

Erst da sagt sie es mir.

Es heißt, dein Vater ist tot, sagt sie. Das heißt es jedenfalls.

Wenn man hört, dass der eigene Vater tot ist, kann man das zunächst nicht glauben, es einfach nicht akzeptieren. Ich konnte es auch nicht. Gab es denn einen Beweis? Meine Mutter hat es von einem Cousin erfahren, der es wiederum von einem anderen Mann gehört hat, der in derselben Unterkunft wohnt wie mein Vater. Von der Unterkunft selbst ist niemand aus der Familie benachrichtigt worden. Das ist mein Hoffnungsschimmer. Ich löchere meine Mutter mit Fragen, während ich Mark Anthony zurück zum Wagen scheuche, damit wir den Berg wieder hinunterfahren und meinen Vater suchen. Immer bin ich in der Lage gewesen, meinen Vater zu finden. Wir steigen ins Auto und später wird Mark Anthony mir berichten, dass ich unter Schock stand. Ich bringe kein Wort heraus.

Er erzählt mir, dass er mich zum Auto geführt und auf

den Beifahrersitz bugsiert hat, damit wir die halbstündige Fahrt durch den Canyon antreten konnten. Ich erinnere mich nur daran, mein Handy umklammert zu haben. Warum, weiß ich nicht mehr. Auf der gesamten Fahrt gibt es kein Netz. Als wir schließlich wieder eines haben, wähle ich die Mobilnummer meines Vaters. Immer wieder. Mit Willenskraft versuche ich zu bewirken, dass er abhebt. Mark Anthony sagt hinterher, ich hätte es immer noch probiert, als wir schon vor der Unterkunft parkten und obwohl mehrere Streifenwagen und ein Kleinbus von der Gerichtsmedizin auf der Straße davorstanden.

Ich steige aus und wende mich an den erstbesten Polizisten. Ich bin die Tochter von Gabriel Brignac. Das sage ich sachlich und genauso sachlich sagt der Polizist zu mir, Ihr Vater ist tot. Tut mir leid.

Der Polizeibeamte sagt mir auch, dass ich nicht raufgehen und meinen Vater sehen darf, bis der Gerichtsmediziner Fremdeinwirkung ausgeschlossen hat.

Unfähig mich zu rühren, sitze ich vor der Unterkunft, während nach und nach meine Freunde, die Mark Anthony angerufen hat, eintreffen und mich schützend umringen. Da kommt der Gerichtsmediziner aus dem Gebäude und erklärt, dass mein Vater ohne Fremdeinwirkung gestorben sei. Ich darf jetzt hinauf, für einen letzten Augenblick mit dem Mann, der für meine Existenz mitverantwortlich ist.

Mein Vater liegt auf einer Tragbahre vor dem Zimmer, das er sich mit drei anderen Männern geteilt hat.

Er ist mit weißen Boxershorts und einem weißen T-Shirt bekleidet.

Er trägt noch seine Brille und seine Uhr.

Ich nehme ihm beides ab, um es zu behalten.

Dann gehe ich in sein Zimmer und sehe mich in diesem winzigen Raum um, der einmal ihm gehört hat. An dem

Ort, wo er sich selbst neu erfunden hat. Ich beginne, die paar Habseligkeiten einzupacken, die seine Anwesenheit bezeugen. Mein Vater war hier. Er hat existiert. Gabriel Brignac. Diese eine abschließbare Kassette mit wichtigen Papieren. Seine wenigen Schuhe und Kleidungsstücke. All das ergibt nicht die Summe eines Menschen. Aber sie waren ein Teil von ihm. Ich packe alles ein.

So funktioniert das Business des Todes.

Ich beuge mich über den Leichnam meines Vaters.

Ich küsse ihn ein letztes Mal.

Ich sage ihm, dass ich ihn lieb habe.

Mehr kann ich hier nicht tun. Langsam wende ich mich ab, und genauso langsam verlasse ich diesen Ort.

Ich will, dass mein Vater im Tod die Würde bekommt, die man ihm im Leben nie gewährt hat.

Ich suche ein Bestattungsinstitut und ein Blumengeschäft aus. Ich rufe jeden an, der in seinem Adressbuch steht, und lade zur geplanten Trauerfeier ein. Diese Beschäftigung hilft, den Schmerz für eine Weile zu dämpfen. Der Sarg, den ich aussuche, ist hellblau, weil mein Vater Blau liebte. Meine Großmutter sucht einen Anzug aus, der schicker ist als jedes Kleidungsstück, das mein Vater zu Lebzeiten besessen hat.

Zu Beginn des neuen Jahres, am 3. Januar 2010, versammeln sich 300 Menschen mit uns, um Gabriel Brignac die letzte Ehre zu erweisen. Eine Freundin von mir singt »Amazing Grace«.

Twas grace that taught my heart to fear
And grace my fears relieved
How precious did that grace appear
The hour I first believed.

Ich glaubte an meinen Vater.
Ich glaubte an Gabriel Brignac.
Ich glaubte an uns.
Ich glaube noch an uns.

Dann erhebt sich der sogenannte Sponsor meines Vaters und tritt ans Mikrofon. Er erzählt von einem Mann, der verzweifelt versucht hat, ein besserer Mensch zu werden. Er erzählt allen im Saal von einem Mann, der sanftmütig war. Er erzählt allen im Saal von einem Mann, der so hart arbeitete, wie er es noch bei keinem anderen gesehen hat. Er erzählt allen im Saal, dass mein Vater gerade Schritt 8 und 9 des Programms erreicht hatte. Er erstellte eine Liste der Menschen, denen er Leid zugefügt hatte, und suchte nach Wegen, dies bei jedem Einzelnen wiedergutzumachen.

In diesem Saal, an jenem Tag, gehen wir diese Schritte 8 und 9 für meinen Vater.

Wir entscheiden uns kollektiv für Vergebung und Liebe.

Als es an mir ist, aufzustehen und mich all diesen Menschen zu stellen, die ich versammelt habe, ist es auch das erste Mal, dass ich eine Gemeinde zusammenrufe, um ein Leben zu würdigen. Die Verantwortung für eine Trauerrede, die so authentisch sein soll, wie Gabriel Brignac es war, lastet schwer auf mir. Ich erhebe mich und erzähle von einem Mann, der vor Liebe fast platzte. Ich spreche von einem Mann, der so mit Makeln behaftet und makellos war, wie es jede und jeder von uns ist. Ich spreche von einem Mann, den ich mit Stolz meinen Vater nenne.

Eine Woche nach der Trauerfeier fahren wir hinaus zum Friedhof in Riverside, Kalifornien. Wir werden meinen Vater mit allen militärischen Ehren begraben. An dieser letzten Ruhestätte haben wir uns zu sechst versammelt. Unter anderem meine Großmutter und meine Tante Jackie, die im

Pentagon arbeitet. Tante Jackie ist in Uniform erschienen und vertritt ihren Bruder voller Stolz. Und ihr Bruder ist anwesend – ein vergessener Veteran aus Kriegen, von denen er gar nicht wusste, dass sie auf seinem mageren braunen Körper erklärt worden waren, der am Ende einem gebrochenen Herzen erlag. Mein Vater starb fünfzigjährig offiziell an einem Herzanfall.

Wir sitzen vor seinem Sarg, als »Taps«, der Zapfenstreich, erklingt und ein Soldat mir die gefaltete amerikanische Flagge überreicht, die vorher seinen Sarg bedeckt hat. Ich nehme sie entgegen, diese Flagge einer Nation, in der mein Vater, mein Schwarzer Vater, mein guter und unperfekter und liebender Vater nicht existieren konnte.

Mein Vater, der, statt Barmherzigkeit zu erfahren, hinter Gitter kam.

Mein Vater, dessen ganze Geschichte niemand von uns je erfahren wird.

Was haben all die Jahre, in denen man ihn wegsperrte, mit ihm gemacht. All die Zeit in Ketten, all die endlosen Tage ohne menschliche Berührung. Außer Berührungen, die Leid bedeuteten – *Hände hinter den Rücken, Nigger. Stell dich an die verdammte Wand, Nigger! Setzt deinen Arsch in Bewegung, Nigger. Glotz mich nicht so an, sonst dreh ich dir deinen beschissenen schwarzen Hals um.*

Man könnte leicht darüber spekulieren, welche Wirkung der jahrelange Kokainkonsum auf das Herz meines Vaters hatte, aber ich vermute, das würde uns weniger sagen, als wenn wir die sich gegenseitig verstärkenden Folgen von Hass, Rassismus und Entwürdigung ermessen könnten. Wie wirken sich jahrelange Leibesvisitationen aus, bei denen man sich sogar vorbeugen muss? Oder die Jahre davor, wenn man noch ein Kind ist und trotzdem schon weiß, dass kein Traum, den man für sich selbst hat, von irgendwem ernst genommen wird? Weil man jemand ist, in den es sich nicht lohnt zu investieren, jemand, der als wertlos gilt.

Was macht das mit einem, wenn man nicht geschätzt wird?

Wie misst man überhaupt den Verlust von etwas, das ein Mensch nicht bekommt?

Mein Vater gehörte zu einer Generation Schwarzer Männer, die ihr Leben lang zusehen mussten, wie Hoffnung und Träume ständig außer ihre Reichweite gerückt wurden, bis das ganz normal erschien. So, wie die Dinge eben waren. Ich habe meinen Vater zu einer Zeit verloren, als 2,2 Millionen Menschen, auf die wir eigentlich hätten achtgeben sollen, verloren gegangen sind. Verschüttgegangen in Gefängnissen, die man in Kleinstädten versteckt hat. Und trotzdem ist dieser Mann unglaublicherweise irgendwie immer wieder zurückgekehrt.

Er kehrte wieder zurück.

Er kehrte wieder zurück.

Und er versuchte es weiter. Mein Vater hat es verdammt noch mal weiter versucht. Dieser Mann. Mein Vater. Gabriel Brignac, der mich aus tiefstem Herzen und innig liebte. Der mir in jedem Augenblick, den wir miteinander verbrachten, erklärt hat, dass mein Schwarzes Leben zählt. So war mein Vater, mit Leib und Seele. So war Gabriel Brignac. Und jetzt halte ich die Fahne in Händen, die seinen Sarg bedeckt hat. Dieser Mann, der in einem Land der gebrochenen Versprechen an gebrochenem Herzen starb. Wenn mein Vater in diesem Amerika nicht sein konnte, wie kann dann so etwas wie Amerika überhaupt jemals sein?

ZWEITER TEIL

BLACK LIVES MATTER

8. Zero Dark Thirty: Ein Remix

> Kommt, feiert mit mir, dass täglich etwas versucht hat,
> mich zu töten, und gescheitert ist.
>
> LUCILLE CLIFTON

Das Telefon reißt mich kurz nach Mitternacht aus dem dringend benötigten Schlaf. Ich höre die Stimme meiner Mutter: Trisse, es geht um deinen Bruder, sagt sie. Um Monte. Er wurde verhaftet.

Ich setze mich ruckartig auf und versuche, den Schlaf von meinem Körper, meinem Verstand abzuschütteln. Die tiefe Erschöpfung hat mich fest im Griff. Wir befinden uns im Jahr 2006 und ich besuche jetzt Vollzeit das College, wo ich Philosophie mit dem Schwerpunkt Abrahamitische Traditionen studiere. Gleichzeitig arbeite ich noch rund um die Uhr mit Mark Anthony und unserem Freund Jason an einem Extraprogramm zum Thema Trauma und Resilienz für meine alte Highschool, die Cleveland. Ich brauche eine Minute, um das Gehörte zu verarbeiten. Vor gerade mal einem Monat haben sie meinen Vater Gabriel in das *Fire-Camp*-Gefängnis gesteckt. Wie soll ich begreifen, was meine Mutter gerade gesagt hat? Wie eine Welt verstehen, die wild entschlossen zur Sinnlosigkeit scheint?

Monte war 2003 nach seiner ersten Haftstrafe wieder freigekommen, und wie wir rasch und erschreckend lernen mussten, existierte keinerlei Struktur, um ihm bei der Wiedereingliederung oder wegen seiner psychischen Erkrankung zu helfen. Was auch immer in dieser Hinsicht passieren würde, mussten wir, die Familie, selbst in die Hand nehmen. Die brutale Erinnerung an Montes ersten Zusammenbruch hing wie ein Damoklesschwert über uns. Wir lebten damals in ständiger Anspannung und Furcht. Ich wandte mich umso intensiver an die geistige Macht, die ich nicht sehen, aber ständig spüren konnte, um mit meinen Gefühlen zurechtzukommen. Das heißt, ich betete oft und stützte mich noch stärker auf meine Wahl-Familie. Als da waren: Mark Anthony und Tanya, eine enge Freundin aus meiner Highschool-Zeit, mein Kollege Jason sowie neue Freunde vom Strategy Center. Sie gaben mir Halt.

Als Monte nach den Wochen, in denen er sich im Krankenhaus stabilisiert hatte, nach Hause zurückkam, wünschte er sich nichts mehr als ein selbstständiges Leben. Doch die zahlreichen Aufenthalte in Jugendgefängnissen während seiner Kindheit – wegen Alkoholkonsum, Graffiti oder einfach nur, weil er mit seinen Freunden auf der Straße gestanden hatte – und natürlich die lange Haftstrafe hatten bewirkt, dass er noch nie einen Job gehabt hatte. Abgesehen von irgendwelcher Zwangsarbeit im Knast.

Wir halfen ihm, einen Niedriglohnjob als Aushilfe in einer Filiale von Rite Aid in der Nähe zu finden. Carla und ich hatten selbst schon bei Rite Aid in L. A. gejobbt. Ich weiß noch, wie aufgeregt er an seinem ersten Tag von dort nach Hause kam: Trisse, ich schaffe das! Er war dermaßen stolz. Doch nach einer Woche in seinem ersten bezahlten

Job wurde er auch schon gefeuert. Der Auszug seines Strafregisters war dort eingetroffen: Keine Ex-Knackis, also hau bloß ab.

Wir versuchten, ihn enger an uns zu binden. Meine Mutter flehte ihn an, doch bei ihr zu wohnen, auch wenn sie dadurch ihren Anspruch auf eine Sozialwohnung riskierte. Denn wenn man eine Sozialwohnung hat, darf man niemand bei sich aufnehmen, der schon einmal verurteilt wurde. Nicht einmal, wenn es sich um einen Jugendlichen handelt. Nicht einmal, wenn es um jemand geht, der sich krankheitsbedingt nicht selbst versorgen kann. Und nicht einmal, wenn es um jemand geht, der keine Arbeit findet, weil noch für die niedersten Tätigkeiten niemand eingestellt wird, der schon einmal verurteilt wurde. In Kalifornien gibt es über 4.800 Hürden für eine Resozialisierung, von Verboten bei Jobs, Wohn- und Lebensmittelförderung bis zum Ausschluss von Unterstützung bei Studiengebühren. Diese Liste ließe sich noch endlos fortsetzen. Man mag vielleicht eine nur zweijährige Strafe verbüßen, aber die bedeutet trotzdem lebenslänglich.

Jedenfalls wollte Monte meine Mutter keinem Risiko aussetzen und beschloss daher, anders als von uns gewünscht, wieder mit Cynthia, der Mutter seines Sohns Chase, zusammenzuziehen. Aber Cynthia hatte ihre eigenen alltäglichen Herausforderungen zu meistern, nachdem sie ja viele Jahre zuvor angeschossen worden und seither von der Hüfte abwärts gelähmt war. Manches war körperlich, anderes psychisch, aber alles davon sehr präsent. Meine Mutter bewirkte schließlich sogar, dass sie das Sorgerecht für Chase bekam, weil dessen Mutter überfordert und mein Bruder zu sehr mit seinen eigenen Problemen beschäftigt war. Aber behindert, arm und mit einer Posttraumatischen Belastungsstörung, die nie behandelt worden war, nachdem sie mit gerade mal 18 fast ums Leben gekommen wäre, war Cynthia definitiv außerstande, sich um Monte zu kümmern, dafür zu sorgen, dass er seine Medikamente nahm, oder ihn ins Bezirkskrankenhaus zu bringen, damit ein Arzt seine Werte überprüfte.

Und wie so viele Leute, die mit einer schizoaffektiven Störung zu kämpfen haben – eine Diagnose, die auch Bipolarität einschließt –, bekam auch Monte irgendwann den Eindruck, es ginge ihm doch gut und ohne Medikamente sogar noch besser. Wir merkten zunächst nichts davon. Erst als er begann, sich zunehmend unberechenbar zu verhalten – seine Stimmungen extrem schwankten und er wahnsinnig schnell sprach. Meine Mutter, Paul und ich drängten ihn, mit uns einen Arzt aufzusuchen.

Monte, du brauchst medizinische Hilfe, versuche ich, meinen Bruder zu überzeugen. Die brauchen wir doch alle mal. Aber die prägende Begegnung meines Bruders mit Ärzten hatte im Gefängnis stattgefunden. Der sicherste Weg, um die Assoziation mit Heilung zu destabilisieren, wenn nicht sogar völlig zu zerstören. Sogar später, als er wieder zu Hause war und wir ihn ins Bezirkskrankenhaus USC brachten, behandelte das medizinische Personal dort ihn, einen armen Schwarzen Mann aus einer armen Schwarzen Familie, einen verurteilten Straftäter, nicht als Menschen, dessen kritischer Zustand ihn auf der Dringlichkeitsliste ganz nach oben hätte bringen müssen. Man kümmerte sich nur flüchtig und oberflächlich um ihn, was sicher auch mit der Arbeitsüberlastung dort zusammenhing. Aber man merkte sich dort weder seinen noch unsere Namen. Es gab keine Zeit für Höflichkeiten oder Aufmunterungen am Krankenbett. Schafft ihn her, stabilisiert ihn und schafft ihn verdammt noch mal wieder raus. Jemand anders braucht das Bett. Für meinen Bruder bedeuteten Krankenhäuser Leid, wenn nicht sogar unverhohlenen Hass: Monte wusste, man sorgte sich dort nicht um ihn, und es war den Leuten nicht mal ein besonders großes Anliegen, dass es ihm gut ging. Man wollte ihn nur ruhigstellen und unter Kontrolle kriegen.

Doch in diesen frühen Morgenstunden im Frühling 2006 berichtet mir meine Mutter, dass sie keine Einzelheiten kennt, sondern nur einen Anruf von Monte erhalten hat, der weder klar noch ruhig war. Wir müssen bis später am Morgen warten, bevor wir ihm irgendwie helfen können. Ich sage meiner Mutter, dass wir gleich als Erstes nach Twin Towers, dem Bezirksgefängnis von L. A., fahren werden, weil ich vermute, dass mein Bruder dort festgehalten wird.

Meine Mutter informiert mich darüber, dass Monte nicht in Twin Towers ist.

Was auch immer passiert sein mag, sagt sie. Monte ist im Krankenhaus. Dort müssen wir hin, um ihn zu sehen.

Manchmal packt einen die Angst wie ein Schraubstock oder ein Würgeisen, wenn man an einen unbekannten, unverständlichen Ort kommt. Klar, manchmal erlebt man auch diese ungeheure Erleichterung: Vielleicht geht es am Ende anders aus als in den Schreckensszenarien, die man sich unwillkürlich ausmalt. Aber jetzt spüre ich nichts davon. In unserem eigenen *Zero Dark Thirty*, im heimtückischen Kriegsschauspiel unserer Familie, das in diesem Moment gegen meinen Bruder veranstaltet wird. Dabei versucht der doch nur, in einer Welt zu leben, die ihm eine nicht im Schmerz verwurzelte Beziehung verweigert.

Als Paul, meine Mutter und ich zum Krankenhaus fahren, kommt unsere Schwester Jasmine nicht mit. Sie könnte es nicht ertragen, Monte in dem von uns befürchteten Zustand zu sehen. Ich nähere mich dem Krankenhaus inbrünstig betend. Und zwar zu jeder Göttin und jedem Gott, von der oder von dem ich je gehört habe.

Ogún oko dara obaniché aguanile ichegún iré.
(Kämpfer für Gerechtigkeit, beschütze meinen Bruder.)

Vor Montes Krankenzimmer, das sich im Gefängnisflügel der Bezirksklinik befindet, stehen zwei Beamten des Los Angeles Police Department Wache. Noch bevor wir das Zimmer betreten, teilen sie mir lässig Einzelheiten mit:

Wir dachten, er wäre auf PCP, sagt der eine.

Er ist psychisch krank, erwidere ich und frage mich, warum Cops anscheinend nie daran denken, dass Schwarze psychisch krank sein könnten.

Der ist ja riesig!, ruft der andere. Ein Koloss! Sie mussten Gummigeschosse benutzen, erwähnt er beiläufig und als würde er hier nicht über einen Familienangehörigen reden, über jemand, dessen DNA ich teile. Als wäre das hier irgend so ein verdammtes Videospiel.

Wir mussten die Elektroschockpistole einsetzen, teilt mir der Erste noch mit. Als würden nicht Leute daran sterben, als hätte nicht auch mein Bruder daran sterben können.

Erst später erfahre ich, dass mein Bruder am Steuer saß und in einen Unfall mit Blechschaden verwickelt war. Daran beteiligt war eine weiße Frau, die sofort die Polizei rief. Mein Bruder hatte da gerade einen Schub. Und obwohl er die Frau nicht anrührte und auch sonst nichts tat, außer zu schreien, und obwohl seine psychische Erkrankung so offensichtlich war wie seine Schwarze Hautfarbe, beschoss man ihn mit Gummigeschossen und attackierte ihn mit einem Elektroschocker.

Dann beschuldigte man ihn des Terrorismus.

Wortwörtlich.

Wenn jemand behauptet, dass man etwas gesagt hat, das bedrohlich oder lebensgefährlich klang, dann kann man wie mein Bruder, der sich mitten in einem manischen Schub befand, als Terrorist angeklagt werden.

Als wir endlich mit Monte sprechen können, sind seine Worte undeutlich und gelallt. Wir verstehen ihn einfach nicht und er beginnt daraufhin unkontrolliert zu schluchzen. Das ist die Kehrseite eines manischen Schubs, dieser brutale Sturz in das finsterste Loch. Nicht nur Traurigkeit, sondern ein Schmerz und eine Hoffnungslosigkeit bis in die letzte Körperzelle. Wir verstehen fast nichts von dem, was er sagt, bis auf sein Flehen: Kann ich bitte Medikamente haben? Ich fühle mich so schlecht, bitte!

Das Schreckliche an dieser Krankheit ist, dass sie dem eigenen Verstand phasenweise vorgaukelt, es gehe einem gut, mehr als gut – ja besser, als es irgendwem je gehen könnte. In dieser Phase glaubt man, keine Medikamente zu benötigen. Und dann stürzt man ohne Vorwarnung und oft ohne einen erkennbaren Auslöser in seine persönliche Hölle, aus der einen niemand herausholen kann.

Zwei Tage später wird Monte ins Twin Towers verlegt. Und zwar als hochgefährlicher Häftling, was heißt, dass er angeblich eine Bedrohung für die Beamten darstellt. Das ist Schwachsinn der übelsten Sorte: Mein Bruder hat niemals irgendeinem anderen Lebewesen etwas zuleide getan, schon gar nicht einem Cop. Aber Cops haben ihn bei Leibesvisitationen gezwungen, sich nackt auszuziehen, ihn geschlagen, hungern lassen, getreten und auf andere Weise gedemütigt. Doch sie wagen es, ihn eine Bedrohung zu nennen. Sie wagen es, ihn des Terrorismus zu bezichtigen.

Als hochgefährlicher Häftling verbringt Monte 23 Stunden des Tages in Einzelhaft – ein Zustand, von dem man schon lange weiß, dass er bei denjenigen psychische Krankheiten hervorrufen kann, die bis dahin als psychisch unauffällig galten. Der Zustand meines Bruders verschlechtert sich rasch und vorhersehbar, da dort kein einziger Arzt tätig ist, der gemäß der hippokratischen Tradition – *primum non nocere* (an erster Stelle nicht schaden) – handelt. Als ich meinen Bruder das erste Mal im Twin Towers besuche, bettelt er wieder.

Ich fühle mich nicht gut, Trisse. Kann ich bitte meine Pillen kriegen? Die geben mir hier Advil, aber ich brauche meine Pillen. Bitte, Trisse. Bitte.

Seine Stimme und sein Blick brechen mir das Herz. Ich frage mich, ob sie den Leuten hier auch Herztabletten, Krebsmedikamente und Asthmasprays vorenthalten. Wir wissen, dass das bei Mitteln gegen Hepatitis C vorkommt. Und auch bei Naloxon, das gegen eine Überdosis helfen kann. Wir wissen zudem, dass Medikamente, die die Verbreitung von Aids verlangsamt hätten, bestimmten Bevölkerungsgruppen vorenthalten wurden. Welche Gesellschaft benutzt Medizin als Waffe, enthält sie Menschen vor, die Heilung brauchen, während man gleichzeitig weiter Mittel entwickelt, die in amerikanischen Gefängnissen zur Exekution von Menschen benutzt werden?

Trotzdem kann ich noch nicht begreifen, warum es im Interesse der Gefängniswärter sein soll, meinen Bruder nicht behandeln zu lassen. Schließlich wurde seine Krankheit doch in einem Gefängnis erstmals diagnostiziert! Die verfügen über alle Aufzeichnungen! Ich verspreche ihm, alles zu besorgen, was er braucht, und rede mit dem Sheriff, den ich zunächst als vernünftig einschätze. Ich meine, ist ein medizinisch korrekt behandelter Monte nicht für alle besser? Nachdem ich ein Argument nach dem anderen vorgebracht habe, lässt der Sheriff mich abblitzen. Kann ohne den Doktor nichts genehmigen und der Doc hat's nicht angeordnet, wiederholt er. Und dann kapiere ich endlich. Die billigere Alternative zu seinen richtigen Medikamenten besteht darin, Monte in seiner Einzelzelle mit einem Fünf-Punkte-Gurt an die Pritsche zu fesseln. Das spart nicht nur Kosten für Medikamente, sondern auch Personal und wahrscheinlich Essen.

Als ich Monte das zweite Mal besuchen will, werde ich weggeschickt. Er sei nicht in der Verfassung, Besuch zu bekommen, erklärt mir ein Beamter. Ich kehre an jedem einzelnen der gewährten Besuchstage zurück und werde jedes Mal abgewiesen, genau wie unsere Mutter. Wir werden bis zum Tag seiner Gerichtsverhandlung keine Gelegenheit mehr haben, ihn zu sehen. Die findet ungefähr drei Wochen nach seiner Festnahme statt. Dort erscheinen wir dann in voller Truppenstärke. Also nicht nur Mom und ich und die übrige Familie, sondern auch Mark Anthony, mein Kollege Jason von der Cleveland sowie andere Freunde, die ihre Solidarität ausdrücken wollen.

Im Gerichtssaal wende ich mich sofort an die Gerichtsdienerin, um sicherzugehen, dass Monte auch auf der Prozessliste steht.

Monte Cullors?, fragt sie zurück.

Ja, sage ich.

Sie blättert in ihren Unterlagen, verschwindet dann kurz, kommt zurück und sieht mir direkt ins Gesicht.

Ich will Sie nur warnen: Ihr Bruder ist in richtig schlechter Verfassung. Das ist sehr erschreckend.

Sie wirkt ziemlich emotionslos. Ich weiß nicht, was ich davon halten soll.

Was meinen Sie damit?, hake ich nach.

Er liegt auf einer Bahre, sagt sie und schweigt dann.

Er ist darauf fixiert, fährt sie fort. Gefesselt, erklärt sie.

Und außerdem, fährt sie im selben unbeteiligten Ton fort, trägt er einen Spuckschutz über dem Kopf.

Diese Frau, die vielleicht auch einen Bruder oder Sohn hat oder mit jemandes Bruder oder Sohn zusammen ist, erklärt mir das alles fast so lässig, wie der Polizist mir mitteilte, man habe mit Gummigeschossen auf meinen Bruder geschossen und die Elektroschockpistole eingesetzt.

Mir fällt die Kinnlade runter. Ich stehe unter Schock, während ich zu verarbeiten versuche, was ich mir nicht vorstellen kann. Die werden meinen Bruder verschnüren, als sei er der verdammte Hannibal Lecter? Wie ist das möglich, dass die einzige Antwort, die man für arme Leute mit psychischer Erkrankung hat, Kriminalisierung lautet? Wie passt das zu der Vorstellung von einer demokratischen oder freien Gesellschaft – sich nicht um *die Geringsten unter ihnen* zu kümmern? In den Gefängnissen unseres Landes befinden sich mehr psychisch Kranke als in all unseren psychiatrischen Kliniken. Zusammengenommen! Das sind Menschen, die man wie meinen Bruder der schrecklichsten Verbrechen – ja des Terrorismus! – bezichtigt. In was für einer Gesellschaft leben wir überhaupt?

Und wie mein Bruder haben viele von ihnen nie jemand anderem etwas zuleide getan.

Und selbst bei denjenigen, die anderen Schaden zugefügt haben, muss man sich fragen, was wäre passiert, wenn es rechtzeitig angemessene Interventionen medizinischer Natur oder einfach Mitgefühl gegeben hätte? Was, wenn wir alle Zugang zu einem Gesundheitswesen hätten, in dem der Patient und nicht das Geld im Mittelpunkt steht? Solche Systeme existieren tatsächlich schon auf diesem Planeten und in unserer Zeit. Warum ist Amerika so fixiert auf Strafe und Verurteilung, darauf, dass ein Leben zählt und ein anderes nicht? Ich muss an all die Menschen denken, die wie mein Bruder und mein Vater leiden und nicht selbst Leid verursacht haben. Trotzdem sind sie es, die die Gesellschaft am liebsten wegwerfen möchte. Unsere Nation, ein großer verdammt realer Albtraum von Überlebenden. Dass mein Bruder, mein Monte, von diesen Leuten für jemand gehalten wird, den man wegwerfen sollte, erfüllt mich mit Wut und dem Bedürfnis zu handeln. Denn für mich, meine Mutter, meine Schwester, meinen Bruder, für Chase und Cynthia war Monte nie etwas zum Wegwerfen. Er nicht und nicht sein großes Herz oder sein angeschlagener Verstand, der sich vielleicht auch deshalb so heftig wehrt, weil das alles bei Gott und verdammt noch mal doch überhaupt keinen Sinn ergibt.

Warum ist er hier?, verlange ich zu wissen. Warum erhält er keine ärztliche Behandlung? Himmel, Leute, was stimmt eigentlich mit euch nicht?

Die Gerichtsdienerin schweigt und so kehre ich an meinen Platz in diesem Gerichtssaal zurück, wo man nicht sprechen oder ein Handy benutzen oder sonst irgendwas tun kann, außer beten und beten.

Obatalá obá layé ela iwo alara, Ache.

Plötzlich entsteht Unruhe und ich blicke auf. Das tun wir alle, und dann sehen wir, was sie meinem Bruder angetan haben. Monte steckt mitten in einem psychotischen Schub. Er schreit und spricht mit sich selbst. Seine Anwesenheit in diesem Gerichtssaal lässt sich ungefähr mit jemand vergleichen, den man vor einen Richter zerrt, nachdem ihm ins Gesicht geschossen wurde, und von dem man nun erwartet, er solle doch aktiv an der Verhandlung teilnehmen. Das ist ein unsäglicher Verrat an der Menschenwürde, an den Worten des *Pledge of Allegiance* »und Gerechtigkeit für jedermann«.

Wieder einmal.

Wir sollten das schon gewohnt sein, ich sollte es gewohnt sein. Aber daran kann ich mich nicht gewöhnen. Ich weigere mich.

Meine Mutter beginnt zu weinen und Jason legt den Arm um sie, während Mark Anthony meine Hand drückt. Direkt vor mir beginnen drei weiße Männer zu lachen, die vermutlich auch wegen Angehöriger oder Freunde bei Gericht sind. Niemand ruft sie zur Ordnung. Sie starren meinen Bruder an, als wäre er Teil einer Freak-Show, als wäre er gar kein menschliches Wesen.

Ich schäme mich und fühle mich gedemütigt. Eigentlich will ich das nicht, aber hier ist der ganze Schmerz unserer Familie unverhohlen zur Schau gestellt vor Leuten, die uns hassen. Ich versuche, mich nicht aus der Fassung bringen zu lassen, und mit den Augen, die wie Laser auf Monte gerichtet sind, zu sagen, was mir das Gericht nicht erlaubt, laut auszusprechen. Ich hab dich lieb, Monte. Ich rette dich. Ich werde nicht zulassen, dass sie dir was tun, Baby. Vertrau mir einfach, Monte. Vertrau mir.

Ich muss gegen das Verlangen ankämpfen, zu meinem Bruder zu rennen. Es ist eine besondere Form von Bosheit, ein spezieller Sadismus, wenn jemand einen zwingt, stumm und reglos zu bleiben, während ein Mensch, den man liebt, außerhalb der eigenen Reichweite leidet, maßlos leidet. Ich möchte so verzweifelt zu ihm. Möchte meinen Bruder in den Arm nehmen, diesen Bruder, der mich als Kind im Arm gehalten hat, diesen Bruder, der kleine Tiere gerettet und gefüttert hat, diesen Bruder, den ich so liebe.

Und dann betritt die Richterin den Saal. Sie erfasst die Situation: Ein Mann mit Gesichtsmaske und mit Gurten an eine Tragbahre gefesselt schreit Unverständliches und versucht, sich zu befreien. Irritiert spricht sie mit der Gerichtsdienerin, die tut, als wäre irgendwas an dieser Situation normal, in Ordnung.

Dann fragt die Richterin an alle gerichtet: Warum ist dieser Mann im Gerichtssaal? Niemand hat eine Antwort darauf, nicht die Gerichtsdienerin, nicht der Staatsanwalt, nicht Montes Pflichtverteidiger, der noch kein Wort zur Verteidigung meines Bruders von sich gegeben hat. Er wirkt beinah abwesend, während er mehrfach auf seine Uhr und die Papiere vor sich blickt.

Mit einer Stimme, so laut, dass jeder von uns sie hören kann, tadelt die Richterin die Cops, die Monte hereingebracht haben, den Staatsanwalt und den Pflichtverteidiger. Danach vertagt sie die Verhandlung meines Bruders. Die Cops deuten ein Schulterzucken an und schicken sich an, Monte mit seiner Bahre wieder aus dem Gerichtssaal zu rollen. Während sie das tun, schreit Monte ein letztes einsilbiges Wort heraus, und zwar eine gefühlte Minute lang. Es klingt wie ein letztes, verzweifeltes Gebet:

MOM!!!!!!!!!!!!

Wir verlassen den Gerichtssaal in einer stummen Prozession. Wir stehen unter Schock. Wie Aliens auf einem fremden, feindlichen Planeten. Wir sind Überlebende, die am Unfallort aus dem Wrack klettern, verletzt, gebrochen, blutend. Aber wir atmen noch. Ich atme noch, und nach einer kurzen Weile beginnt das Gefühl der Fassungslosigkeit, das meinen Körper und meine Seele erfasst hat, nachzulassen und sich zu verändern. Ich bin wütend, so wütend, und spüre, dass ich all meine Kraft zusammennehmen muss, um nicht zu explodieren. Dann wende ich mich an Montes nutzlosen Pflichtverteidiger.

Wie können Sie es wagen, das zuzulassen? Wie kann es sein, dass Sie nicht mal versucht haben, Monte und unserer Familie das zu ersparen?

Er zuckt mit den Schultern. Ob er irgendwas geantwortet hat, weiß ich nicht mehr. Wer ist dieser Typ überhaupt und warum präsentiert er sich als Teil von Montes Team? Er hat in diesem Moment nichts zu bieten, kein Wort, von einem Plan ganz zu schweigen. An einem anderen Ort und zu einer anderen Zeit hätte ich vielleicht Mitleid angesichts seiner Überforderung. Offensichtlich war er noch nie in so einer Situation. Aber wir auch nicht. Ich wende mich von ihm ab und meiner Mutter zu. Sie, die ihr Leben lang Zurückhaltung als Waffe gegen die Angriffe der Welt geschärft hat. Diese Waffe ist in diesem Gerichtssaal zerbrochen, und jetzt weint sie haltlos. Sie schluchzt. Dabei würgt sie diese Worte heraus: Ich fühle mich so schuldig.

Das irritiert mich. Warum sollte meine Mutter, unsere Mutter, sich schuldig fühlen? Was hat sie denn jemals anderes getan, als uns zu lieben, für uns zu schuften, in zwei oder drei Jobs gleichzeitig, zu beten und sich an die Gebote zu halten, während ihre Familie sie im Stich ließ? Und dann dämmert es mir: Passiert das, wenn eine Mutter die Last der Verantwortung trägt, ihre Kinder in einer Welt zu beschützen, die sich verschworen hat, diese umzubringen? Ist man dann gezwungen, mit einer schrecklichen Dreiheit von Gefühlen zu leben? Wut, Trauer, Schuld? Was ist mit der Freude und dem Frieden, die es bringt, ein Kind zu lieben? Was mit dem Stolz und der Hoffnung? Oder könnte es sein, dass meiner Mutter nie auch nur die geringste Chance gewährt wurde, Mutterschaft in all ihren Facetten zu erleben?

War es ihr je vergönnt, sich im Lachen ihrer Kinder zu verlieren, in albernen Kleinkindspielen oder typischen Auseinandersetzungen mit ihren Teenagern – hast du deine

Hausaufgaben gemacht, deine Aufträge im Haushalt erledigt? Ich erinnere mich nicht, je mit meiner Mutter im Kino gewesen zu sein oder einen Schaufensterbummel gemacht zu haben. Ich erinnere mich nicht, dass wir jemals einfach nur entspannt waren. Immer mussten wir irgendwas leisten.

Ist das meine Mutter, die – wenn auch zu Unrecht – Schuldgefühle quälen? Fragt sie sich gerade, was sie hätte tun oder lassen müssen, um ihrem Baby, ihrem Monte, diesen Albtraum zu ersparen? Ist meine Mutter der Kollateralschaden im Kampf, die persönliche Verantwortung über alles zu stellen, über all die Entscheidungen zu Prioritäten im Staatshaushalt, zu Löhnen, Polizeipräsenz und sogar zu verdammten Lebensmittelläden und dem Zugang zu hochwertiger Nahrung?

Hier, zu dieser Stunde und an diesem Ort, in diesem Rechtssystem, wo nach dem Verhandlungsgrundsatz geurteilt werden sollte, aber stattdessen alle Parteien sich gegen ihren Sohn verbünden, flüchtet meine Mutter sich in das einzige Gefühl, zu dem ihr schon immer freier Zugang gewährt wurde. Schuld.

Schuld, weil sie so jung ein Baby bekam.

Schuld, weil sie sich nicht blind patriarchalen religiösen Strukturen unterwarf.

Schuld, weil sie arm war.

Schuld, weil sie das Gehirn ihres Sohns nicht vor einer psychischen Krankheit bewahrt hat.

Schuld, weil sie eine Gruppe von Leuten nicht daran hinderte, sich vom Humanismus in seiner grundlegendsten Form abzuwenden.

Schuld, weil sie diese moralischen Monster nicht davon abhalten konnte, ihrem Baby wehzutun.

Ich lege den Arm um meine liebste Mutter.

Es ist nicht dein Fehler, Mom, sage ich. Nichts davon.

Nicht seine Krankheit und nicht, was passiert, wenn sie unbehandelt bleibt. Es ist nicht dein Fehler, es ist nicht dein Fehler, sage ich immer wieder zur Bekräftigung. Doch ich weiß nicht, ob sie mir das tatsächlich glaubt. Ich wusste es damals so wenig wie heute.

Ein neuer Verhandlungstermin ist angesetzt und kurz davor, schon im Gerichtsgebäude, treffen Mom und ich den Pflichtverteidiger. Wir haben nicht die Möglichkeit, das in einem Büro zu tun, wo man gemeinsam nachdenken und eine Strategie entwickeln könnte. Man gewährt uns nur die paar Minuten auf einer Bank in einem Flur.

Der Pflichtverteidiger erklärt uns unumwunden, dass dieser Fall das dritte Vergehen meines Bruders ist und Monte dafür lebenslänglich bekommen wird. Punktum.

Montes versuchter Einbruch während eines psychotischen Schubs gilt als sein erstes Vergehen. Während man ihn dafür eingesperrt hatte, behaupteten Wachleute, in seiner Zelle sei eine Waffe gefunden worden. Monte bestritt, dass es seine war, und wir erfuhren gar nichts davon, dennoch wurde er erneut verurteilt: zum zweiten Mal. Dieser dritte Vorfall, für den man ihn wegen Terrorismus anklagt, ereignete sich ebenfalls während eines Schubs. Er schrie damals und war außer sich, *aber er hat weder jemanden bedroht noch verletzt*. Trotzdem gilt das als sein drittes Vergehen, und damit ist es gelaufen. Ihm droht die Strafe eines lebendig Begrabenen, und das soll es verdammt noch mal gewesen sein. Der Pflichtverteidiger wirkt ungerührt, als er uns das mitteilt, und es geniert ihn auch nicht, dass er keinen Plan hat, dagegen zu kämpfen. Er sagt, das sei auch, was Monte wolle. Das sagt er wortwörtlich.

Gehen Sie zu meinem Bruder und informieren Sie ihn darüber, dass wir einen Anwalt engagieren, trage ich ihm auf. Er verschwindet durch eine Tür, vermutlich dorthin, wo sich die Zellen befinden und man meinen Bruder festhält. Er kommt rasch zurück. Ihr Bruder sagt, Sie sollen sich keine Mühe machen.

Jetzt zische ich ihn an: Gehen. Sie. Und. Sagen. Sie. Meinem. Bruder. Dass. Wir. Einen. Anwalt. Engagieren.

Das ist, verdammt noch mal, mein letztes Wort.

Als er diesmal verschwindet und zurückkommt, ist er zugänglicher. Sehe ich da etwa Demut in seiner Miene?, frage ich mich.

Ihr Bruder sagt, in Ordnung, informiert er mich und meine Mutter. Er sagt, es sei okay, einen Anwalt zu suchen, und dass er vielleicht jemanden weiß, murmelt er.

Wir sind hier fertig, sage ich zu meiner Mutter. Als Organisatorin und Freiwillige beim Strategy Center zu arbeiten, das hat mich hart gemacht. Zum Teufel mit diesem Loser. Es gibt noch einen anderen Weg. Wir müssen jetzt nur das Geld dafür auftreiben. Einen ganzen Berg davon, der so hoch ist, dass ich mit bloßem Auge die Spitze nicht sehen kann. In dieser Situation braucht es eine Sichtweise, die aus dem Glauben kommt. Dem Glauben, über Wasser gehen zu können.

Das ist derselbe Glaube, der uns dazu brachte fortzulaufen. Ohne Karte oder Kompass, ohne Geld oder Freunde, gejagt von Hunden, die Teufel ausgebildet hatten. Es ist derselbe Glaube, der am 1. Februar 1960 die vier Schwarzen Studenten Joseph McNeil, Franklin McCain, David Richmond und Ezell Blair motivierte, sich in einer Woolworth-Filiale in Greensboro, North Carolina, an eine Imbisstheke, die »nur für Weiße« gedacht war, zu setzen und von dort nicht zu weichen, obwohl sie damit Körperverletzungen, ja sogar ihr Leben riskierten. Derselbe Glaube, der Robert Parris Moses erlaubte, 1965 weiter für das Wahlrecht im tiefen

Süden zu kämpfen, obwohl sich in jenem ersten Sommer im Amite County, Mississippi, nur ein einziger Schwarzer registrieren konnte.

Diese Geschichten, die ich kenne, seit ich als kleines Mädchen über Bürgerrechte und Black Power und die Schwarze Kultur las, stecken in mir und durchdringen mich. Die Lektionen, die ich am Strategy Center darüber gelernt habe, wie man sich widrigsten Umständen zum Trotz organisiert, waren nicht umsonst.

Die Anhörung ist reine Formsache: Ein neuer Verhandlungstermin wird angesetzt. Uns bleiben zwei Wochen, um einen privaten Anwalt zu engagieren und zu finanzieren. Facebook gibt es damals nur in Harvard. MySpace existiert schon, aber ohne Struktur für digitale Crowd-Funding-Kampagnen. Twitter gibt es noch nicht. Ich gehe Monte besuchen, der mir erzählt, ein anderer Häftling habe einen richtig guten Anwalt empfohlen. Er heiße Peter Corn. Trotzdem hat Monte keine Hoffnung.

Trisse, sagt er, ich werde bis zum Jüngsten Tag hierbleiben.

Ich widerspreche ihm. Ich versichere ihm, dass wir das hinkriegen. Und dann treffe ich diesen Peter Corn, bei dem ich sofort ein ungutes Gefühl habe. Aber uns bleibt keine andere Wahl. Wir brauchen 10.000 Dollar. Ich habe vielleicht 150 auf meinem Konto. Meine Mutter arbeitet nach wie vor für einen Hungerlohn. Doch auf meine Mutter und mich wird es hinauslaufen. Auf Alton kann man nicht zählen; er hat zwar Geld, rückt es aber nicht raus. Paul und Jasmine fühlen sich von Montes Erkrankung und den Anschuldigungen des Gerichts überfordert. Und wer kann es ihnen verdenken? Welche Unterstützung oder Therapie, welcher Leitfaden wird einem denn angeboten, wenn ein Angehöriger quasi vor deinen Augen gelyncht wird und du über keine Armee verfügst, um zurückzuschlagen, keine Waffe, keine Underground Railroad? So funktioniert das: Sie schüchtern Familien ein, bringen sie zum Schweigen und schotten sie genau dann von den Menschen ab, die sie lieben, wenn diese ihre Unterstützung am dringendsten brauchen.

Aber ich lasse mich nicht einschüchtern.

Ich organisiere seit meinem 16. Lebensjahr Widerstand.

Von meinen Lehrern und Freunden an der Cleveland habe ich gelernt, dass man auch jung schon eine Anführerin sein kann. Die Cleveland hat uns, hat mich gelehrt, dass es in unserer Verantwortung liegt, die Führung zu übernehmen.

Am Strategy Center lernte ich, eine Kampagne mit jungen Schwarzen und Braunen Menschen auszuarbeiten, die wir dann tatsächlich auch gewinnen konnten. Montes Verhaftung fiel in das Jahr, in dem wir eine Auseinandersetzung mit dem Schulbezirk gewonnen hatten. Es ging darum, Eltern jedes Mal mit 250 Dollar Strafe zu belegen, wenn ihr Kind zu spät zum Unterricht kam – selbst wenn die Verspätung auf unzumutbare Schlangen vor den Metalldetektoren zurückzuführen war.

Donna lehrte mich den schon erwähnten Glauben und dass man *Spirit* – also Mut und Tatkraft – auch als Verb verstehen kann.

Von meiner Wahlfamilie – von Mark Anthony, Carla, Naomi, Tanya, Jason, Sarah, Katidia, Vitaly und mehr Menschen, als ich hier aufzählen kann – habe ich gelernt, dass nichts eine einige Gemeinschaft, die von Liebe geprägt ist, sprengen kann. Von ihnen allen habe ich gelernt, mir eine andere Welt vorzustellen. Eine Welt, in der meine eigene Familie sicher ist. Eine Welt, in der Monte sicher ist. Und ich habe gelernt, dass ich nicht allein bin, egal wie einsam ich mich manchmal auch fühlen mag.

Kein Problem, sage ich Peter Corn. Wir werden Ihren Vorschuss in zwei Wochen zusammenhaben. Und dann mache ich mich an die Arbeit, machen wir uns an die Arbeit.

Meine Freunde, meine Leute, mein Stamm legen los mit Anrufen und Briefen, die wir dann per E-Mail oder Post verschicken. Dann beten wir. Und warten. Aber nicht lange. Innerhalb von zehn Tagen treffen Schecks aus dem ganzen Land ein und schon ein paar Tage bevor wir Peter Corn bezahlen müssen, haben wir 6.000 Dollar gesammelt.

Ich bitte meine Mutter, doch zu ihrem Vater und seiner Middle-Class-Familie zu gehen. Frag, ob sie den Rest übernehmen, Mom.

Sie werden Nein sagen, ist sie sich sicher.

Frag trotzdem, beharre ich. Und das tut sie. Nach einem holprigen Anlauf und unendlich langen zwei Tagen Schweigen schicken meine Großeltern die fehlenden 4.000 Dollar. Ich treffe mich mit Peter Corn.

An dem Tag ist auch sein Partner im Büro und hört mit. Als der Name meines Bruders fällt, fragt er, ob wir mit einem Mann namens Rodney Cullors verwandt sind.

Ja, sage ich. Das ist unser Onkel, sage ich.

Wie klein doch die Welt ist, erklärt er. Den habe ich mal verklagt.

Es entsteht eine peinliche Stille. Ich versuche, mich nicht davon aus dem Konzept bringen zu lassen, dass das hier für diese Leute alles nur so eine Art Schachspiel ist. Sie können mit jeder Farbe spielen. Ich versuche mich damit zu trösten, dass sie dadurch wenigstens wissen, wie die Staatsanwaltschaft zu nehmen ist. Und das tun sie. Peter sagt sofort: Wir müssen eines der Vergehen entkräften. Wahrscheinlich werden wir Gefängnis nicht ganz verhindern können (ich schnaube), aber um lebenslänglich herumkommen. Dieser ganze Prozess macht mich wahnsinnig. Geht es überhaupt jemals darum, Menschen zu verteidigen oder immer nur um einen besseren Deal? Aber dazu sind wir wohl gezwungen.

Peter Corn hält Wort – und das tut er Monte gegenüber auch in den kommenden Jahren. Er kann das zweite Urteil aufheben lassen, das während Montes Gefängnisstrafe verhängt worden war, aber Monte muss sich andererseits schuldig bekennen und einwilligen, 85 Prozent einer achtjährigen Strafe zu verbüßen. Niemand erwähnt medikamentöse Behandlung oder die angemessene Reaktion auf jemand, der krank ist. Irgendwie sind wir fast dankbar. Nicht wirklich dankbar. Aber so etwas Ähnliches. Ich beginne, meinen Bruder jeden Monat zu besuchen, was ich dann während der gesamten sechs Jahre tun werde, die er im Corcoran State Prison verbüßt. Dort gewährt man zumindest die richtige Medikation, damit es Monte einigermaßen geht.

Sechs Monate vor seiner Entlassung erkläre ich Mark Anthony, mit dem ich über die Jahre immer mal wieder zusammen war, nun aber fest liiert bin, dass wir nicht zulassen dürfen, dass das Gleiche noch mal passiert. Monte braucht ein Resozialisierungsteam, flüstere ich eines Nachts in Mark Anthonys liebevoller Umarmung. Am nächsten Tag sprechen wir Leute vom Strategy Center an, meine Freunde Tanya, Jason und Carla. Ich kontaktiere Mentoren. Dann versuche ich, meine Mutter dazu zu bringen, dass sie mich nach einem Heim für Monte suchen lässt, wo man ihm bei der Resozialisierung hilft. Doch davon will sie nichts wissen.

Mein Sohn wird bei mir leben, sagt sie, und fertig.

Im Oktober 2011 stehen Alton, Paul und ich um vier Uhr morgens auf und steigen in den Monstertruck meines Dads, einen F-350, um drei Stunden die 99 North hochzufahren. Monte soll nicht noch mal allein und in Unterwäsche mit dem Bus nach Hause geschickt werden. Als wir in der Morgendämmerung vor dem Gefängnis halten, sehe ich dort Arbeiter wie zum ersten Mal. Sie verrichten Gartenarbeit, mähen den Rasen und tun alles Mögliche. Und alle tragen Gefängnis-Overalls. Häftlinge sind wahrhaftig eine versklavte Arbeiterschaft, nicht nur für externe Unternehmen wie Starbucks und Whole Foods, sondern auch für den Bundesstaat Kalifornien. Das Gefängnis bietet Jobs für Wachleute, Betreuer und eine Handvoll Therapeuten. Aber nicht für Hausmeister, Köche oder Leute, die Möbel bauen. Das sind alles Bestandteile des sich in Amerika ausbreitenden Systems von Sklavenarbeit. In dem Moment fährt ein einzelner weißer Kastenwagen vor und eine Gruppe von Männern steigt aus. Unter ihnen Monte.

Er trägt die 501-Jeans, die wir ihm geschickt haben, schwarze Stacy-Adams-Schuhe und ein schwarzes T-Shirt der Marke Ese. Alton beginnt zu weinen und Monte sagt lachend, Lächel jetzt und wein später, Dad, und sie umarmen sich.

Dann dreht Monte sich zu mir und ruft: Trisse! Was geht? Er umarmt mich und Paul gleichzeitig. In Montes Nähe steht ein älterer Mann, den niemand abholt und der anscheinend nicht weiß, wohin. Monte sieht Dad an, Hey, kann er mit uns mitkommen? Das ist eine vorsichtige Forderung als Frage formuliert. Alton wirkt nicht begeistert, aber so ist Monte eben. Wir steigen alle zusammen in den Van. Der ältere Mann und Monte starren aus dem Fenster. Es ist so lange her, dass ich irgendwas von dieser Landschaft gesehen habe, sagt Monte. Diese Farben, sagt er. Der Ältere sagt kein Wort, aber er hört nicht auf zu schauen. Monte rutscht auf seinem Sitz herum und beginnt, mit dem Handy zu spielen, das wir ihm gekauft haben. Seit 2006 hat sich die Welt ein paarmal gedreht.

Unterwegs halten wir, um etwas zu essen, und sehen hocherfreut, wie Monte Hühnchen, Steak, Pinto-Bohnen und Reis in sich reinschaufelt. Als wir das Valley erreichen, fragt Alton den älteren Mann, Hey, wo soll ich dich hinbringen? Aber der Mann hat keinen Plan. Das ist offensichtlich. In dieser Hinsicht ist er wie so viele Häftlinge, die nach langen Strafen entlassen werden. Sie kommen in eine Welt, die sie nicht verstehen, und stoßen dort auf Menschen, die wiederum sie nicht verstehen.

Ich will erst mal runter nach Hollywood, sagt er. Wir bringen ihn dorthin und ich gebe ihm etwas von dem wenigen Geld, das ich bei mir habe. Danach fahren wir nach Hause in die neue Sozialwohnung meiner Mutter, die sogar über einen Balkon verfügt. Dort findet ein Barbecue statt. Chase und Monte begegnen sich verlegen. Chase umarmt seinen Vater nur flüchtig. Er steckt mitten in der Pubertät und das erklärt es zumindest teilweise; aber vor allem liegt es daran, dass man die versäumte Zeit nicht nachholen kann.

Er freut sich nicht, mich zu sehen, flüstert Monte mir traurig zu.

Doch, tut er, erwidere ich. Er muss sich nur erst daran gewöhnen.

Am Abend gehen wir in der vertrauten Nachbarschaft ein bisschen spazieren. Wir reden oder schweigen, wir lachen und wir weinen nicht, sondern genießen die relative Ruhe. Zum Abschied küsse ich meine Mutter und meinen Bruder.

Ruf mich morgen früh an, Mom, sage ich zu ihr, und sie

verspricht es. Monte begleitet mich zur Tür. Kannst du mir helfen, einen Job zu finden, Trisse? Ich muss arbeiten, sagt er.

Er weiß noch nicht, dass mein Team und ich schon etwas für ihn geplant haben. Es gibt da diese kleine Organisation für soziale Gerechtigkeit, mit der ich schon zusammengearbeitet habe. Dort wird man Monte einen Job als Hausmeister geben. Das gehört zu unserem Resozialisierungsplan. Gebt ihm diesen Job und dann werde ich mit meiner Sippe dafür sorgen, dass er dort täglich pünktlich erscheint. Jeder von uns ist für einen Wochentag zuständig. Ein paar Wochen lang läuft alles glatt, dann allerdings nicht mehr.

Monte ruft mich an und sagt, Trisse, die entlassen mich.

Was? Ich kann es nicht glauben. Das sind doch Freunde. Mit mir haben sie nicht gesprochen. Ich rufe die Geschäftsführerin an. Sie erklärt mir, Monte sei für den Job nicht geeignet. Ich erkläre ihr, dass man wahrscheinlich die Dosierung seiner Medikamente neu einstellen muss. So ist das nun mal, wenn man mit Menschen arbeitet, die unter einer psychischen Erkrankung leiden. Das rührt sie nicht und sie entlässt ihn trotzdem. Monte ist am Boden zerstört. Monatelang liegt er nur in der Wohnung meiner Mutter zusammengekauert auf der Couch und zieht sich ganz in sich zurück. Währenddessen hat meine Mutter Mühe ihn, Chase und oft auch noch Bernard zu ernähren, der nur unregelmäßig Arbeit hat.

Schließlich können Jasmine und Alton, die inzwischen nach Las Vegas gezogen sind, sie zu einem Ortswechsel bewegen. Nachdem sie bisher ihr ganzes Leben in Südkalifornien verbracht hat, packt meine fromme Mutter nun ihre Siebensachen und zieht nach Sin City.

Die vertreiben uns aus Kalifornien, Cherice, sagt Alton. Kommt nach Vegas. Hier kann man leben, sagt er. Alton hat eine kleine Autowerkstatt eröffnet, Seven Palms Automotive in Las Vegas. Jasmine versichert meiner Mutter, dass es da Jobs gibt und ganze Häuser zu mieten, die günstiger sind als eine Wohnung in L. A. Ich akzeptiere, dass meine Mutter wegzieht, aber ich denke dabei, der Krieg gegen Drogen, gegen Gangs, war in Wirklichkeit nichts anderes als ein erzwungenes Migrationsprojekt. Ob in meinem Viertel in L. A., in der Bay Area oder in Brooklyn – überall wurden Schwarze und Braune Menschen vertrieben, während junge Weiße sich auf den Ruinen unserer Existenz ein aufregendes neues Leben bauen. Der Drogenkrieg als ethnische Säuberung.

Monte und Chase ziehen also mit meiner Mom um, doch es geht nicht lange gut. Eines Abends erzählt mein Bruder mir am Telefon, wie sehr er Vegas hasst, dass ihm dort nichts vertraut ist. Er sagt, er wolle nach Hause kommen.

Tu das nicht, Monte, sage ich. Wo auch immer Mom ist, dort ist auch dein Zuhause.

Ich habe hier keine Freunde, Trisse.

In Van Nuys ist niemand mehr übrig, sage ich. Sie sind alle im Knast, sage ich. Oder tot, sage ich.

Monte schweigt.

Cynthia ist dort, erwidert er schließlich.

Und damit sind wir wieder genau dort, wo wir begonnen haben. Wir schreiben das Jahr 2012, Monte ist noch kein ganzes Jahr wieder frei und erlebt schon den dritten Ortswechsel. Wie vorherzusehen, wird es eine Katastrophe. Und wie wohl auch vorherzusehen, ist es wieder meine Mutter, die die schlechten Neuigkeiten überbringen muss.

Monte hat seine Medikamente abgesetzt, sagt sie. Er schlägt in Cynthias Wohnung alles kurz und klein. Jetzt gerade, während wir sprechen, sagt sie. Trisse, bitte, holt Paul und fahrt da hin.

Mark Anthony und ich wohnen etwa 45 Minuten von Van Nuys entfernt in einem Künstlerdorf namens St. Elmo's in Central Los Angeles. Wir rasen zu Cynthias Wohnung und verständigen von unterwegs Paul. Kannst du direkt hinkommen? Paul ist schneller dort als wir. Für ihn wird es das erste Mal sein, dass er seinen kleinen Bruder so sieht. Ich rufe an, um ihm zu sagen, dass wir gleich da sind. Paul versucht zu antworten, aber ich höre nur den Lärm im Hintergrund.

Bruder, Bruder, sieh mich an, schreit Paul.

Monte schreit auch, aber ich kann ihn nicht verstehen. Dann höre ich, wie er zu weinen beginnt – was vielleicht ein gutes Zeichen ist. Das Weinen macht ihn vielleicht müde, sodass er aufhört.

Als wir ankommen, betreten wir einen Ort der Zerstörung. Möbel sind umgeworfen, teilweise zerbrochen. Scherben von Tellern. Inmitten von all dem hält Paul Monte in seinen Armen. So, wie er uns alle gehalten hat, als wir noch klein waren. Er wischt Monte den Schweiß von der Stirn und seinem kahlen Kopf.

Monte hat sich beruhigt, aber Cynthia verständlicherweise nicht. Er kann hier nicht bleiben, sagt sie verzweifelt.

Ich weiß, sage ich.

Da bin ich ganz schön ausgerastet, was, Trisse, sagt Monte und schaut aus den Armen seines Bruders zu mir hoch. In diesem Moment sieht er aus wie ein kleiner Junge.

Ich schüttle den Kopf. Das bist du, sage ich, ohne Zorn und ohne ihn zu verurteilen. Ich schaue meinem Bruder in die Augen. Monte hat offenbar nicht geschlafen und das Allerwichtigste ist, ihm erst mal Ruhe zu verschaffen. Aber zuerst müssen wir ihn von hier wegkriegen. Ich sage Paul und Mark Anthony, dass wir Monte mit zu uns nach Hause nehmen werden, und das tun wir dann auch. Nachdem wir ihn dazu gebracht haben, sich wenigstens hinzulegen, rufen wir unser Team zusammen. Jason, Tanya, meinen Freund Damon. Mom kommt, so schnell sie kann, zurück in die Stadt.

Erfolglos versuchen wir alle, Monte davon zu überzeugen, dass er wieder ins Krankenhaus muss. Ich erzähle das in wenigen Worten, aber es zog sich über Tage hin. Über mehrere wirklich harte Tage. Mein Team, meine Community, mein Stamm – sie standen uns bei.

Dann setzt Mom eines Nachmittags Monte so sehr zu, wie sie nur kann. Bitte, Baby. Du musst zurück ins Krankenhaus, fleht sie. Aber er assoziiert Ärzte und Krankenhäuser mit Gefängnis und ans Bett gefesselt werden. Er hört nicht auf uns.

Ich geh da nicht wieder hin, sagt er entschlossen.

Wir drängen noch ein bisschen, aber er verweigert sich allen Bitten, vor allem von Mom und mir. In unserer Gegenwart wirkt er verlegen. Ich glaube, er denkt, uns beschützen zu müssen, nicht andersrum. Männer waren dagegen bei all seinen psychotischen Schüben anwesend. Selbst wenn es Vollzugsbeamte waren, die ihn hassten, ist er männliche Energie um sich gewohnt. Jetzt beginnt er sich reinzusteigern. Er kriegt Panik.

Irgendjemand, ich weiß nicht mehr wer, bekommt ihn so weit, dass er seine Ativan gegen Angstzustände nimmt, doch das Medikament wirkt nicht. Wahrscheinlich sind wir einfach schon über diese Stufe hinaus. Anstatt sich zu beruhigen, fühlt Monte sich in sein erstes Mal im Bezirksgefängnis zurückversetzt, wo man ihn geschlagen hat und hungern ließ. Bevor wir ihn daran hindern können, stürmt er ins Badezimmer und beginnt, aus der Toilette zu trinken. Im Bezirksgefängnis von L. A. war eine Toilette zeitweise seine einzige Möglichkeit zu trinken. Jetzt erleidet Monte einen totalen Flashback, ausgelöst durch eine Posttraumatische Belastungsstörung. Und vielleicht weil das so schrecklich ist und vielleicht weil wir uns in diesem Moment alle mit Monte im Bezirksgefängnis von L. A. eingesperrt fühlen, mobilisiert das irgendwie unsere letzten Reserven. Wir *werden* Monte ins Krankenhaus bringen und ihm die Hilfe besorgen, die er braucht. Dazu müssen wir unsere Überzeugungsarbeit intensivieren. Mom, Paul, Mark Anthony und ich rufen alle dazu, die noch helfen könnten: Tremaine, unseren Halbbruder aus einer anderen Beziehung von Alton, außerdem Jason und Damon. Mark Anthony mit seiner Erfahrung als Heiler und Akupunkteur übernimmt die Rolle des Vermittlers.

Monte, setzt er an, wir müssen dich ins Krankenhaus bringen.

Nope, erwidert Monte.

Monte, darf ich dir erklären, warum?

Yup.

Weil du unter einer Posttraumatischen Belastungsstörung leidest, *Brother*. Wir können dich doch nicht aus der Toilette trinken lassen. Das ist nicht gut für dich und das hast du nicht verdient. Mark Anthony spricht langsam und mit einer Stimme, so sanft, wie eine Mutter ihr Neugeborenes umarmt.

Monte schweigt.

Wir können dir hier nicht so helfen, wie wir es gerne möchten. Wir haben dich alle lieb. Wir wollen, dass es dir gut geht.

Monte überlegt.

Und dann antwortet er mit einer Herausforderung: Ich gehe ins Krankenhaus, wenn du zehn Klimmzüge hintereinander machst. Ohne Pause.

Tja, Mark Anthony ist zwar groß, aber extrem schmächtig. Das dürfte also verdammt hart für ihn werden. Aber er holt tief Luft und sagt, Okay, Monte. Und dann gehen sie raus zu der Teppichstange, die wir im Garten haben. Wir kommen alle mit und sehen zu, wie Mark Anthony sich plagt. Ein Klimmzug, noch einer, ein dritter und vierter und schließlich, ohne innezuhalten, hat er es geschafft: Zehn! Keuchend lässt er sich zu Boden plumpsen. Monte hält Wort. Abgemacht ist abgemacht.

Dann bilden alle anwesenden Schwarzen Männer so eine Art behutsamen Heilkreis um meinen Bruder Monte und begleiten ihn problemlos zu Tremaines Wagen.

Meine Mom und ich fahren ihnen nach, und von unterwegs telefoniere ich schon mit einer Krankenschwester im Bezirkskrankenhaus, die ich kenne, und kündige uns an. Sie arbeitet zwar nicht in der Aufnahme der Psychiatrie, aber sie erwartet uns dort und nimmt uns in Empfang, als unser kleiner Konvoi eintrifft.

Es dauert 30, vielleicht 40 Minuten, bis wir Monte dazu bringen auszusteigen. Wir warten. Und langsam, ganz langsam sehe ich Monte aus dem Wagen klettern. Er geht vorsichtig, Paul an seiner einen, Tremaine an seiner anderen Seite. Über dem Kopf hat er ein Handtuch. Die beiden passen auf, dass mein Bruder nicht stolpert oder hinfällt. Das entspricht genau dem Bild, das ich von Schwarzen Männern im Kopf habe. Diese konstruktive Fürsorge. Diese unerschütterliche Liebe.

Mark Anthony geht voraus, spricht mit dem Wachmann und schafft es irgendwie, uns von hinten ins Gebäude zu mogeln. Er hilft Monte bei der Aufnahme und bis in sein Zimmer, wo er den behandelnden Arzt noch dazu bringt, meinem Bruder eine Spritze zu geben, damit der zum ersten Mal nach drei oder vier Tagen wieder richtig schlafen kann.

Anschließend fahren Mark Anthony, Tremaine und Paul zurück zu unserem Bungalow. Meine Mutter und ich steigen in meinen Wagen und beginnen zu beratschlagen, wie wir Cynthia helfen können, ihre Wohnung wieder instand zu setzen. Wir haben die Situation ohne Beteiligung der Polizei geregelt. Und am Abend, bevor ich neben Mark Anthony einschlafe, denke ich: So muss Selbstkontrolle innerhalb der Community funktionieren.

So sieht die Fürsorge Schwarzer Männer aus.

So hat unsere Schwarze Vergangenheit einmal ausgesehen.

Und ich denke: Wenn wir überleben wollen, dann muss auch unsere Zukunft so aussehen.

9. No ordinary Love

Liebe reißt uns die Masken vom Gesicht. Wir fürchten, nicht ohne sie, und wir wissen, nicht mit ihnen leben zu können.

JAMES A. BALDWIN

Es ist Spike Lee, der Mark Anthony und mich zusammenbringt.

Ich bin ein Jahr über ihm, in der zwölften Klasse der Highschool, und verrückt nach Spike Lees Film *It's Showtime*. Diese messerscharfe Satire erzählt die Geschichte eines Schwarzen, der sich Pierre Delacroix nennt (in Wirklichkeit aber Peerless Dothan heißt). Er ist Harvard-Absolvent und wird ständig von seinem weißen Boss gedemütigt, der einen Fernsehsender leitet und mit einer Schwarzen verheiratet ist. Er hält sich für Schwärzer als Delacroix und nennt diesen wiederholt *Nigga*.

Der Boss schmettert alle Ideen Delacroix' für positive Geschichten über Schwarze ab und lässt nur Sendungen zu, in denen wir als vulgäre Karikaturen dargestellt sind. Weil er seinen Job unbedingt loswerden will, versucht Delacroix, sich feuern zu lassen, indem er eine widerwärtige, rassistische Minstrel-Show kreiert – mit geschwärzten Gesichtern und allem, was dazugehört. Doch der Schuss geht nach hinten los. Der Sender und der weiße Boss sind begeistert und die Sendung wird ein Erfolg. Irgendwann stellt sogar Delacroix sich hinter seine Idee, indem er sie einfach als Satire interpretiert. Am Ende und als Folge des schrecklichen Leids, zu dem es kommt, weil viele Charaktere der Sendung aus Rassismus ermordet werden, steht die starke Message: dass die Medien uns gelehrt haben, uns selbst zu hassen, und dass dieser Hass uns letztlich das Leben kostet.

Diejenigen meiner Mitschüler, die sich *It's Showtime* ebenfalls angesehen haben, sind vom Film und seiner Botschaft schwer beeindruckt. Wir diskutieren immer wieder darüber, wie Rassismus bewirkt, dass wir uns selbst hassen, und wie er unsere Wut aufeinanderlenkt anstatt auf die eigentlichen Ursachen des Problems. Wir sprechen über die Gefahren von Medien und Popkultur, über deren Mitschuld an unserer Lebenseinstellung.

Ich möchte Schüler aus anderen Jahrgangsstufen in die Debatte miteinbeziehen. Da in der elften Klasse an der Cleveland »ismen« wie Rassismus, Sexismus, Klassismus und Homophobie auf dem Lehrplan stehen, halte ich diesen Film für den perfekten Einstieg. Lehrer besorgen mir ein Klassenzimmer und die nötigen technischen Voraussetzungen, ich produziere Flyer und mache Mundpropaganda für die Veranstaltung. Das Klassenzimmer füllt sich. Von den rund 200 Schülern, die wie ich den Zweig *Arts and Humanities* der Cleveland belegt haben, sind etwa zehn Prozent Schwarz. Zusammen mit den ein oder zwei Latinos tauchen, soweit ich sehen kann, alle auf. Mark Anthony ist einer davon.

Als der Film zu Ende ist, soll es noch eine Nachbesprechung geben, aber die meisten im Raum schweigen. Wir sind noch zu jung und nehmen uns selbst zu ernst, um Satire als solche zu schätzen. Wir sind nur für den Schmerz empfänglich. Fast alle verlassen langsam das Klassenzimmer, Mark Anthony nicht. Er sitzt auf einem Stuhl in der Ecke. Wir haben uns vorher noch nie richtig unterhalten. Er hat den Kopf zwischen seinen Armen verborgen. Es geht ihm nicht gut. Ich gehe zu ihm, setze mich auf den Tisch neben ihm und spreche ihn vorsichtig an.

Mark Anthony, sage ich und lege eine Hand auf seinen Rücken. Bist du okay? Möchtest du reden?

Er weint und ich beuge mich zu ihm. Ich nehme ihn in den Arm, diesen gut aussehenden jungen Mann mit den wilden Haaren, der so groß und dünn ist und diese grün glitzernden Augen hat. Langsam verlassen auch die Letzten den Raum, um uns nicht zu stören. Ich drücke Mark Anthony noch fester an mich. Er will offenbar nicht reden, also schweigen wir. Ich bleibe einfach bei ihm, halte ihn fest, wegen allem, was er fühlt, aber nicht sagen kann. So sitzen wir während unseres ersten richtigen Augenblicks miteinander, eines Augenblicks größter und vollständiger Nähe. Das fühlt sich ganz natürlich an. Aber vage spüre ich auch, dass gleichzeitig etwas Bizarres in mir vorgeht. Ich fühle mich … zu ihm hingezogen?

Das begreife ich nicht. Nie habe ich mich für einen heterosexuellen Zisgender-Jungen interessiert – also für jemand, dessen geschlechtliche Identität der ihm bei Geburt zugeschriebenen entspricht. Nie. Zwei Jahre zuvor hatte ich mein Coming-out und jetzt, mit 18, jung und sexuell aktiv, bin ich eigentlich Puristin. Das heißt, ich fühle mich eindeutig und nur zu Frauen hingezogen, die man damals *Studs* nennt und heute als »nicht genderkonform« bezeichnet. Die Menschen, die mich ansprechen, wirken zwar eher männlich, sind aber weder in einem männlichen Körper geboren, noch denken oder fühlen sie so. Ich habe keine

Ahnung, was ich mit meinen Gefühlen für Mark Anthony anfangen soll. Ich weiß nur, dass mein Herz, das für die Befreiung der Schwarzen schlägt, Menschen liebt. Punktum. Ich liebe komplizierte, unperfekte, wundervolle Menschen. Vermutlich Menschen wie mich selbst.

Aber ich muss mich nicht jetzt sofort mit dieser seltsamen Zumutung von Gefühlen in meinem Herzen, meinem Körper auseinandersetzen. Mark Anthony und ich beginnen an diesem Tag eine Freundschaft, die nicht auf Sex basiert. Das Ganze wird einfacher dadurch, dass ich ja noch mit Cheyenne zusammen bin, obwohl wir schon anfangen, uns auseinanderzuleben, weil wir inzwischen älter sind und sie auch nicht mehr die Cleveland besucht. Letzteres liegt vor allem daran, dass sie nicht die nötige Unterstützung erhält, um aus ihrer Wohngegend die lange Fahrt zu unserer Schule auf sich zu nehmen. Aber es hilft auch, dass Mark Anthony sexuell sehr zurückhaltend ist und zu diesem Zeitpunkt noch nie ein Mädchen geküsst hat. Das Knistern zwischen uns lässt sich nicht leugnen, aber wir beschließen, es nicht sexuell auszuleben. Wir sind einfach entschlossen, einander zu lieben und diese dauerhafte und tiefe Zuneigung zu teilen. Ohne Sex. Bald verbringen wir jeden Tag miteinander.

Und wie mit meinen anderen Freunden lesen auch wir bald Bücher zusammen. bell hooks ist nach wie vor ein Fixstern, aber die Arbeiten von Cornel West treten in den Mittelpunkt. Wie bei anderen innigen Beziehungen und Freundschaften, die ich bis dahin hatte, führen auch wir ein gemeinsames Tagebuch. Das ist ein ruhiger, ganz privater Ort, wo wir in Gedichtform oder Prosa festhalten, was wir nicht laut aussprechen wollen. Mark Anthony gesteht mir darin, dass er, außer an dem Tag, als wir in der Schule zusammen *It's Showtime* gesehen haben, nie in der Öffentlichkeit geweint hat. Oder zumindest nicht seit er ein kleiner Junge war. Und selbst daran konnte er sich nicht mehr erinnern.

Nach meinem Highschool-Abschluss ziehe ich zusammen mit Carla bei Donna ein. Und in diesen ersten berauschenden Sommerwochen nach der Schule kommen Mark Anthony und ich uns noch näher. Wir sprechen täglich miteinander und sehen uns regelmäßig. Beide haben wir das Gefühl, die Welt verändern zu können, damit nicht alles, was hart und grausam ist, so bleibt. Die Cleveland hat uns entsprechend ausgerüstet, und nachdem ich begonnen habe, mich beim Strategy Center zu engagieren, wächst mein Glaube daran, was alles möglich ist, exponentiell. Mit Mark Anthony kann ich mein Verhältnis zu Schwarzen Männern im Allgemeinen heilen. Denn trotz all meiner Zuneigung zu ihnen sind sie für mich Menschen, die verschwinden und unzuverlässig sind. Trotz allem, was ich inzwischen über den Zusammenhang von Gefängnis und Hautfarbe weiß, bin ich nach wie vor ein Kind, dessen Väter – alle beide – verschwunden sind. Genau wie mein Bruder.

Tatsächlich weiß ich damals, als Alton schon weg ist, noch nichts über die Auswirkung, die es auf ihn hatte, dass er seinen Lebensunterhalt verlor und seine Familie nicht mehr ernähren konnte. Und auch was Gabriel betrifft, habe ich damals noch kein vollständiges Bild. Es kommt mir, auch wenn ich das kaum jemand sage, schon so vor, als habe er die Drogen mir vorgezogen. Der Drogenkrieg hat nämlich unglaublich viel dazu beigetragen, ausgerechnet die Menschen zu dämonisieren, die wir am dringendsten brauchen und am meisten lieben. Einfach weil der Drogenkonsum ausschließlich als persönliche Verantwortung und Schwäche dargestellt wird.

Selten wird über das Trauma diskutiert, das oft zu chaotischem Drogenkonsum und Sucht führt. Und es wird schon gar nicht darüber diskutiert, dass ganze 75 Prozent der Leute, die Drogen konsumieren, niemals süchtig werden. Bei manchen Drogen, etwa Marihuana, entwickeln sogar 90 Prozent der Konsumenten niemals eine Sucht. Diese Leute wachen auf, gehen zur Arbeit oder Uni, zahlen Steuern, ziehen ihre Kinder groß, haben Sex mit ihren Partnern. Sie leben. Ein normales, langweiliges Leben. Aber für meinen Vater, meinen Bruder und andere Menschen, die ich kenne, war da zuerst Chaos, bevor Drogen ein Teil ihres Lebens wurden. Warum spricht das nie jemand an?

Inzwischen haben wir zwar erkannt, dass andere Gesetze einen rassistischen Hintergrund haben und darauf abzielten, das Leben der Schwarzen zu zerrütten. Trotzdem fiel und fällt es uns bis heute schwer zu akzeptieren, dass Drogenpolitik Politik gegen PoC ist und dass der Drogenkrieg die legale Antwort auf die Errungenschaften von Bürgerrechtsbewegung und Black Power war. Zu dem Zeitpunkt, als man den Drogenkrieg ausrief, stand die Schwarze Bevölkerung weltweit auf einem moralischen Gipfel. Amerika – und die ganze Welt – wusste, dass es uns für Jahrhunderte der Sklaverei und des Rassismus etwas schuldig war. Und anstatt sich nach Kräften zu bemühen, das Leid wiedergutzumachen, wurden wir zum Leid erklärt. Erst strich man unzählige Jobs und die Mittel für den Erhalt guter Schulen. Dann wurden Gesetze erlassen, die Familien ihrer Lebensgrundlage beraubten, beispielsweise indem man ab den Siebzigerjahren die Sozialgesetzgebung dahin gehend änderte, dass Frauen oft Ansprüche verloren, wenn in ihrem Haushalt ein Mann lebte, selbst wenn sie die Leistungen gebraucht hätten, um ihre Kinder zu ernähren. Und egal ob die beiden auch gemeinsam nur einen Hungerlohn verdienten. Unsere Mütter und Väter, Töchter und Söhne wurden für Entscheidungen kriminalisiert, die sie oft aus purer Verzweiflung und Alternativlosigkeit getroffen hatten.

Zum Nachdenken: Zwei Tage nach dem Wirbelsturm Katrina waren in den Yahoo-News zwei Fotos der Agentur Getty Images zu sehen. Auf dem ersten waten zwei weiße Bewohner der Stadt mit Lebensmitteln durchs Wasser. Die Bildunterschrift dazu lautete: »Nachdem der Hurrikan Katrina die Region New Orleans, Louisiana, getroffen hat, waten zwei Einwohner, die in einem nahen Lebensmittelgeschäft Brot und Getränke gefunden haben, durch brusthohes Wasser.« Gleich dahinter war das Bild eines Schwarzen Jungen zu sehen, der ebenfalls mit Essen durchs Wasser watet. Dazu die Bildunterschrift: »Ein junger Mann watet durch brusthohes Wasser, nachdem er am Dienstag, dem 30. August 2005, in New Orleans einen Lebensmittelladen geplündert hat.«

So ist das jeden Tag. Trifft ein Unglück weiße Menschen, insbesondere wohlhabende Weiße, dann wird ihr Verhalten danach voller Mitgefühl kommentiert. Unser Leid dagegen, das häufiger, tiefer verwurzelt und eher von Dauer war, wird uns selbst zugeschrieben.

Allen strukturellen Analysen zum Trotz, die ich damals über Rassismus und die Welt lernte, war ich letztendlich immer auch noch einfach ein Teenager mit gebrochenem Herzen.

Denn eines Tages in jenem Sommer höre ich nichts von Mark Anthony. Wir haben uns inzwischen angewöhnt, nicht nur einmal, sondern mehrmals täglich miteinander zu sprechen. Ich rufe immer wieder an, aber er meldet sich nicht. Das ist vor dem Zeitalter von SMS, als viele von uns überhaupt noch kein Handy besitzen. Also rufe ich auf dem Festnetz an und lasse es ewig läuten. Aber Mark Anthony ist wie vom Erdboden verschluckt. Das geht vielleicht zwei

Wochen so, dieses schmerzhafte Schweigen. Mir kommt es noch länger vor.

Schließlich schreibe ich einen langen Brief, den Mark Anthony später meinen Hassbrief nennen wird. Ich schreibe ihn mit roter Tinte. Dann gebe ich ihn John Ralph, Mark Anthonys Bruder, mit dem ich auch befreundet bin und den ich immer noch sehe, wenn wir uns alle bei unserer Freundin Tanya zu Hause treffen – ohne Mark Anthony.

Zwei Tage später klingelt Donnas Festnetztelefon. Und obwohl ich die Stimme zunächst nicht erkenne, begreife ich plötzlich: Das ist Mark Anthony! Ich freue mich und bin gleichzeitig wütend. Aber innerhalb unserer kleinen Sippe gelten Regeln. Wir haben uns zu mutigen Gesprächen verpflichtet. Unsere Schule hat uns gelehrt, Konflikte auf eine Art zu lösen, die für Jugendliche nicht gerade typisch ist, und so oft wie möglich halten wir es als Gruppe auch so. Das will ich jetzt ebenfalls tun. Es ist noch nicht lange her, dass Cheyenne und ich uns auf qualvolle Weise getrennt haben – sie hat mich für eine meiner Freundinnen verlassen. Ich will einfach nicht, dass noch mal irgendwas so endet. Also vereinbaren wir, uns bei Tanya zu treffen. Das ist mehr als nur neutraler Boden. Es ist so eine Art sicherer Unterschlupf für uns alle, was wir ihrer liberalen Mutter und ihrer Künstlerfamilie zu verdanken haben.

Als ich dort eintreffe, bin ich eine andere als bei der letzten Begegnung mit Mark Anthony. Ich habe mir den Kopf rasiert und ein Piercing unter meiner Unterlippe stechen lassen. Auf den unteren Rücken habe ich mir das von *Rosie the Riveter* inspirierte Bild einer Frau stechen lassen, die ihren Bizeps zeigt. Ich mache massiv auf Feministin und demonstriere das eben auch körperlich auf jede nur mögliche Weise – mit Tattoos und Piercings als gut sichtbaren Statements.

Mark Anthony ist so umwerfend wie immer. Sein Haar ist zu einem riesigen Afro gewachsen, womit er noch größer wirkt als mit seinen gut 1,80 Meter sowieso schon. Als er mich sieht, mustert er mich anerkennend, und sofort scherzen und kichern wir grundlos, berühren uns auf so alberne wie liebevolle Weise. Und mitten in diesem Schäkern, zwischen nichtssagenden Worten und Gelächter, wird Mark Anthony auf einmal ernst.

Es tut mir leid, sagt er. Das werde ich nie wieder tun, sagt er.

Seine Worte lassen Gefühle hervorbrechen, die wir in den letzten Wochen zurückgehalten haben.

Ich spreche über meine Ängste, die auf Erfahrungen mit Zisgender-Männern beruhen.

Ihr seid doch alle emotional unerreichbar, werfe ich ihm vor.

Es wurde so vertraut zwischen uns, gesteht er. Ich fühlte mich zu verletzlich, fährt er fort. Ich hatte das Gefühl, du konntest Bereiche von mir sehen, die allen anderen verborgen waren. Bereiche, die ich nicht bereit war, irgendwem zu zeigen. Ich hatte den Eindruck, die Kontrolle zu verlieren, sagt er. Ich will nicht, dass Leute wissen, wie mich etwas verletzt oder wo sie mich verletzen können, erklärt er.

Wir reden über Schwarze Männer und ihr cooles Auftreten. Darüber, dass *Brother* hinnehmen sollen, was immer die Umwelt ihnen zumutet, ohne aus der Fassung zu geraten. Niemals erschüttert oder ängstlich. Ich verlangte Aufrichtigkeit, genau wie unsere Beziehung sie verlangte, und damit auch Verletzlichkeit. Bevor wir uns kennenlernten, hatte Mark Anthony niemals vor Gleichaltrigen geweint. Vielleicht als Kind, in der Familie, aber nicht ungeschützt und in aller Öffentlichkeit.

Mark Anthony entschuldigt sich noch mal bei mir. Er erklärt, ja verspricht mir, dass er nie mehr einfach so verschwinden wird. Und nach dieser Sache sind wir zusammen, wenn auch nach wie vor ohne Sex und, offen gestanden, auch nicht monogam. Wir fühlen uns aber eindeutig gebunden, an eine Liebe und Beziehung, die wir verstehen und die uns total einleuchtet, obwohl sie den anderen Menschen, die wir daten, zugegebenermaßen Unbehagen bereitet. Aber unsere Haltung diesen Leuten gegenüber ist ganz einfach: Wir gehören zusammen. Untrennbar.

Diejenigen, die wir daten, müssen akzeptieren, was wir einander sind. Eine der Schriftstellerinnen, die wir gemeinsam studieren und lieben, ist die Feministin und Anarchistin Emma Goldman. Sie hat 1897, an der Wende zu einem neuen Jahrhundert, gesagt: »Ich verlange die Unabhängigkeit der Frau, ihr Recht, sich selbst zu ernähren, allein zu leben und zu lieben, wen immer oder wie viele auch immer sie möchte. Ich verlange Freiheit für beide Geschlechter, Freiheit im Handeln, Freiheit in der Liebe und Freiheit in der Mutterschaft.«

Goldman, die in Russland geboren wurde und nach Amerika auswanderte, wurde vom deutschen Sexualwissenschaftler Magnus Hirschfeld als die erste und einzige Frau (genau genommen sogar der erste und einzige Mensch in Amerika) bezeichnet, die es damals wagte, in aller Öffentlichkeit homosexuelle Liebe zu verteidigen. Tatsächlich schreibt sie an Hirschfeld nicht nur über Homosexualität, sondern auch über das ganze Spektrum der geschlechtlichen Identität.

Von Goldman lernen wir die Lektion, dass Beziehungen keinen Vorrang vor der gesellschaftlichen Befreiung haben, dass Besitzdenken und Eifersucht unsere besten Eigenschaften zunichtemachen können. Daher streben wir etwas anderes an, nämlich uns als Einzelne ebenso zu lieben und zu schätzen wie das kollektive Wir. Wir wollen eine Welt aufbauen, in der niedere Instinkte wie Besitzdenken und Eifersucht auf ein menschenmögliches Minimum reduziert werden, damit aller Augen, Herzen und Köpfe auf das Ziel gerichtet bleiben. Und das Ziel lautet Freiheit. Das Ziel lautet, ohne Furcht zu leben. Das Ziel lautet, die Besatzung unserer Körper und Seelen durch die Vertreter einer größeren amerikanischen Gesellschaft zu beenden, die uns täglich beweist, dass wir nicht zählen.

Sie beweisen uns das in den Schulen, die die meisten Schwarzen besuchen und wo die Geschichtsbücher – ausgerechnet die Geschichtsbücher! – manchmal mehr als eine ganze Generation alt sind.

Sie beweisen es uns jedes Mal, wenn wir durch eines unserer Viertel fahren, wo es keine geschützten Orte für die Kinder oder auch nur ausreichend Lebensmittelläden gibt.

Sie beweisen es uns, wenn sie Geld für einen weiteren Krieg auftreiben, aber keins für ein ordentliches Krankenhaus, das wir aufsuchen könnten.

Sie beweisen es uns im Fernsehen und im Kino.

Sie beweisen es uns, wenn wir festgenommen werden, weil wir auf der Straße zusammenstehen.

Sie beweisen es uns unablässig.

Deshalb sind wir entschlossen, uns selbst etwas anderes zu beweisen. Wir sind entschlossen, uns so gut und umfassend zu lieben, wie wir nur können. Für Mark Anthony und mich bedeutet das vor allem, uns platonisch zu lieben, radikal ehrlich zu sein, was unsere Gefühle angeht, selbst wenn uns diese Angst oder Unbehagen bereiten und doch vollkommen natürlich erscheinen. Auf andere Weise drücken wir das 2003 aus, vier Jahre nach unserer ersten Begegnung, als Mark Anthony und ich uns zum ersten Mal küssen.

Wir hatten am Vorabend ein Konzert von Talib Kweli besucht:

*We work 'til we break our back and you hear the crack of
the bone
To get by ... just to get by ...
We commute to computers
Spirits stay mute while you eagles spread rumors
We survivalists, turned to consumers
To get by ... just to get by*

Der Abend war magisch gewesen und wir können den ganzen nächsten Tag nicht aufhören, aneinander zu denken. Am Abend telefonieren wir, bis Mark Anthony schließlich sagt, Ich komme dich abholen. Und das tut er. Wir fahren zurück in seine Wohnung, wo wir uns den Soundtrack zum Film *Amandla* anhören. Wir stellen uns Freiheit vor. Die Freiheit unserer Community. Unsere persönliche Freiheit.

Wir machen nicht Liebe, wir sind Liebe. Die ganze Nacht hindurch küssen wir uns. Ein anderer Mann hätte vielleicht mehr versucht. Aber Mark Anthony und ich sind einfach im Flow. Es ist perfekt. Ein Traum. Und wir können es nicht mehr leugnen. Wir lieben uns. Sechs Monate lang erleben wir diesen Flow, miteinander verbunden, individuell und doch eins. Und dann löst er eines Tages die Verbindung. Er ist leer. Er ist distanziert. Ich mache Druck. Frage, was los ist. Aber er schüttelt nur den Kopf. Er ist fort. Ich erlebe eine Art Flashback, zurück zum Sommer direkt nach der Highschool, und mein Herz krampft sich zusammen. Diesmal frage ich nicht, warum oder was passiert ist. Ich akzeptiere es einfach. Er hat ein Versprechen gebrochen und das zerbricht, was zwischen uns war. Wir bleiben in Verbindung, aber nicht mehr als Paar.

Und ehrlich gesagt, ist es zwar schmerzhaft, aber nicht so schlimm wie beim ersten Mal. Diesmal bin ich selbstsicherer, und es dauert nicht lange, bevor ich mich Hals über Kopf in eine neue Beziehung stürze. Mit der Rapperin und Sängerin Starr. Sie ist ein *Stud* und ich fühle mich wie nach Hause zurückgekehrt. Fünf Jahre lang verliere ich mich in ihr, ihrem Künstlertum und unserer Leidenschaft. Doch sind diese Jahre genauso von Wut geprägt wie von intensiver Sinnlichkeit. Es ist meine erste und einzige Beziehung, in der wir uns mehr anschreien als miteinander lachen. Obwohl wir es versuchen, uns Mühe geben und wirklich wollen, dass es funktioniert. Wir überlegen sogar zu heiraten. Aber die Unbeständigkeit macht uns beiden zu schaffen. All meine Fähigkeiten zur mutigen Auseinandersetzung bringen nichts. Ich bin traurig und durch den Wind. Ich vermisse das heilende Licht, das Mark Anthony und mich umgab. Und Mark Anthony, mit dem ich nie geschrien habe.

Er und ich beginnen, uns wieder öfter zu sehen. Voneinander getrennt sind wir irgendwie trotzdem enger zusammengewachsen. Wir leben beide nach der Tradition von Ifa, der afrikanischen spirituellen Praxis, die ihren Ursprung beim Stamm der Yoruba in Nigeria hat und mindestens 8.000 Jahre alt ist. Bei dieser Religion steht die Erde im Mittelpunkt und sie wird von diesen drei getragen: Olodumare, Orisha und den Ahnen. Unser höchstes Wesen ist Olodumare und geschlechtslos. Olodumare ist wohlwollend, nicht wie der rachsüchtige, zornige Gott, mit dem ich aufgewachsen bin. Olodumare mischt sich nicht in die Angelegenheiten der Menschen. Olodumare hat uns vielmehr das Universum geschenkt, in dem alles enthalten ist, um Freude und Frieden zu schaffen – wenn wir es so wollen.

Wir glauben, dass alle Lebewesen, alle Elemente der Natur voneinander abhängen und eine Seele besitzen. Felsen.

Blumen, Flüsse. Wolken. Donner. Wind. Diese Energien nennen wir Orisha. Und mit Orisha stehen wir bewusst oder unbewusst in direkter Verbindung.

Bei Ifa akzeptieren und glauben wir auch, dass unsere Vorfahren immer bei uns sind und geehrt und gewürdigt werden müssen. Sie sind ein Teil dessen, was uns erdet und leitet. Um sie zu verstehen, lassen wir uns prophezeien, damit wir unseren Zweck und unser Schicksal begreifen, die ja auf der Weisheit Orishas und der Ahnen beruhen.

Jeder von uns erhält dieselbe Weissagung: Wir sind füreinander bestimmt. Meine Prophezeiung ergibt unmissverständlich: Mark Anthony ist zu deinem Ehemann bestimmt.

Zuerst ignoriere ich die Prophezeiung. Ich fühle mich wie eine Verräterin und sage das Mark Anthony auch. Wie kann es sein, dass es mir, einer queeren Frau bestimmt ist, mit Mark Anthony zusammen zu sein? Das ergibt keinen Sinn. Außerdem fällt es mir schwer, die Heteronormativität und das Patriarchalische an Ifa, das einige Gläubige hineininterpretieren, zu ignorieren. Aber jedenfalls erklärt man uns wieder und wieder, wir beide seien seelenverwandt.

Schließlich kommt Mark Anthony zu mir und wir reden.

In den letzten acht Jahren, sagt er, da haben wir doch immer gewusst, dass es darauf hinauslaufen würde.

Er hat recht.

Ich erkläre Starr, dass wir beide in unserer Beziehung nicht bekommen, was wir verdienen, und ich so nicht weitermachen kann.

Ich werde mich ändern, sagt Starr. Ich verspreche es, sagt sie.

Dann wäre das doch schon passiert, sage ich.

Wie kannst du es wagen, mich für irgendeinen verdammten Kerl zu verlassen, sagt sie.

Ich verlasse dich nicht für irgendeinen Kerl, sage ich.

Ich verlasse dich, weil unsere Beziehung nicht gesund ist, sage ich. Dass Mark Anthony nicht irgendein Kerl ist, sage ich nicht. Ich fühle mich innerlich auch so schon zerrissen. Nie hätte ich gedacht, nie mir vorstellen können, dass ich einen Zis-Mann heiraten wollen würde. Aber der Unterschied zwischen dem, was man denkt und was man fühlt, kann so groß sein wie das ganze Universum. Und ich spüre Mark Anthony bis in mein Innerstes, bis tief in mein Herz.

Die Trennung von Starr verläuft extrem unerfreulich und ist über Monate hinweg geprägt von wütenden SMS und Zetteln an meinem Auto. Weil wir beide zu einer primär queeren Community gehören, gibt es wenig, worauf man zurückgreifen kann, wenn es wirklich ausartet. Für heteronormative und weiße Partner existieren Stellen, die nichts mit der Polizei zu tun haben und an die man sich bei Misshandlung wenden kann, aber für uns nicht. Ich muss an die vielen Schwarzen Frauen denken, die solche Beleidigungen und Handgreiflichkeiten von ihren Ehemännern und Partnern erdulden, weil es noch schlimmer wäre, die Cops zu rufen, als sich schikanieren zu lassen. In der Community der queeren *people of color* ist es sogar noch schlimmer.

Erst nach monatelangen Schikanen schaffe ich es, Starr aus meinem Leben zu verbannen, was mir auch zeigt, wie viel ich um der Veränderung willen zu ertragen bereit bin. Der Preis, den ich zahle, ist nicht fair. Ich möchte meinen Frieden. Deshalb rücken Mark Anthony und ich noch enger zusammen. Er willigt ein, mit mir weiter zu wachsen, verletzlich und emotional verfügbar zu sein. Fast sofort zieht er bei mir ein, und als uns dann die Hütte im Topanga Canyon angeboten wird und wir dorthin umziehen, ist das unser erstes richtiges gemeinsames Zuhause. Das Zuhause, wo ich erfahre, dass mein Vater gestorben ist.

Es ist Mark Anthony, der mich durch diese Zeit des Verlusts trägt. Mark Anthony, der ein ganzes Jahr lang eine Gruppe mit meinen Freunden organisiert, in der wir im Gedenken an Gabriel zusammenkommen und Collagen, Kacheln oder Gemälde anfertigen. Die anderen kommen wegen mir, aber auch wegen Gabriel und um ihre eigene Trauer zu verarbeiten. Als er noch unter uns war, als er noch lebte, war Gabriel ein Dad für die ganze Community gewesen und meine Freunde hatten Barbecues und Baseballspiele der Familie Brignac besucht. Manchmal besteht diese Gruppe nur aus uns beiden, manchmal sind wir zu zehnt. Manchmal findet so ein Treffen bei uns zu Hause statt, manchmal direkt am Meer. Aber ein ganzes Jahr lang geben sie mir Halt. Jede Woche. Alles ermöglicht durch Mark Anthony. Den Mann, von dem Ifa mir sagt, er soll mein Ehemann sein.

An einem strahlend sonnigen Tag, dem 11. September 2010, in einem Haus, das wir in der Nähe des Hafens von San Pedro gemietet haben und das wie ein traditionelles Haus in Louisiana eingerichtet ist (so wie das, in dem mein Vater zur Welt kam), versprechen wir uns einander und verpflichten uns unserer Community. Und das vor über 200 Gästen, Cullors und Brignacs, Mark Anthonys ganzer Familie und unserer gesamten Wahlfamilie. Wir heiraten nicht vor dem Gesetz, weil damals noch nicht jeder vor dem Gesetz heiraten kann, aber wir empfinden es als genauso verbindlich.

Alton und Ellis, der jüngere Bruder meines Vaters, führen mich den Mittelgang hinunter. Marks Mama führt ihn. Er sieht toll aus in seinem Anzug mit gepolsterten Schultern und schmaler Hose – wir heiraten nämlich im Stil der Vierzigerjahre. Ich selbst fühle mich auch so hübsch wie noch nie in meinem zweiteiligen, bauchfreien weißen Kleid, das mir meine Tante genäht, und mit den Perlen, die meine Grandma mir für den heutigen Tag geliehen hat. Meine beste Freundin aus der Kindheit singt Sade – »No Ordinary Love«. Dann tauschen wir Ringe aus Holz. Als wir über den Besen springen, tun das alle 15 Freunde, die um uns stehen, auch. Danach wird getanzt, bis wir nicht mehr können.

Onkel Ellis fasst mich am Arm und sagt, ich weiß ja nicht, was das gerade war, und hab so was noch nie erlebt, aber es war der coolste Shit, den ich je mitgemacht habe!

Meine Mutter versichert mir, dass sie stolz ist. Und glücklich.

Mark Anthony und ich fahren dann noch mit all unseren Freunden zu unserem Lieblings-Diner, Swingers in Santa Monica. Wir lachen die ganze Zeit und verlieben uns immer noch heftiger, bis er und ich schließlich zum W-Hotel nach Westwood fahren, wo wir für eine Nacht eine Suite gebucht haben. Wir halten und umschlingen einander. Uns bleiben diese 24 Stunden, bevor ich an die UCLA und Mark Anthony zu seinem Studium der Traditionellen Chinesischen Medizin zurückmuss. Wir versichern einander flüsternd, wie sehr wir uns lieben, und sagen tausendmal Ich liebe dich. Wir sagen uns auch, dass wir hoffen und glauben. Und dann geben wir uns langsam unserer herrlichen, wunderbar verdienten Liebe hin. Unsere Seelen sind erschöpft, aber ebenso gesättigt und zuversichtlich, dass, obwohl es auf dieser Erde so viel Höllisches gibt, auch dies hier existiert. Eine Liebe, die wir nicht hätten vorhersehen können, wir uns aber immer vorgestellt haben. Eine Liebe, die uns wiegt und hält. Keine gewöhnliche Liebe.

10. Dignity and Power Now.

Jede Niederlage, jeder Kummer und Verlust trägt
in sich seinen eigenen Samen, seine eigene Lektion,
wie man es besser machen kann.

MALCOLM X

Monte stand mir von meinen Geschwistern immer am
nächsten. Er ist derjenige, mit dem ich am häufigsten spiele
und scherze. Unser Verhältnis hat fast eine eigene Sprache.
Nicht so, wie man das von Zwillingen kennt. Aber Monte
und ich brauchen nie ganze Sätze, ganz ausgesprochene Gedanken, um perfekt miteinander zu kommunizieren. In jeder Hinsicht ist er mein erster bester Freund. Ihn so früh zu
verlieren schlägt eine Wunde in meine Kindheit. Ich sollte
über zehn Jahre brauchen, bis ich sie mir wirklich ansah, sie
verstand und dann mit dem Versuch beginnen konnte, sie
zu heilen. Ich bin erst elf, als die Polizei anfängt, Monte, der
damals 14 ist, aufzugreifen und ihn ins Jugendgefängnis zu
stecken. Für Herumlungern auf der Straße, Alkoholkonsum
als Minderjähriger, für Graffiti. Man speichert ihn dafür sogar in der National Gang Database. Ich bin immer noch erst

ein Teenager, als er schon im Los Angeles County Sheriff's Department gefoltert wird.

Es gibt einen Unterschied zwischen Misshandeln und Foltern. Beides ist schrecklich, oft unerträglich, und beides hinterlässt Narben. Man darf weder das eine noch das andere herunterspielen. Aber ich unterscheide hier, um zu erklären, dass Misshandlung mit oder ohne Vorsatz geschehen kann und oft spontan passiert, Folter aber immer vorsätzlich ist. Sie wird immer vorher überlegt. Man plant sie mit dem Ziel, jemand bewusst und systematisch seine Identität und Menschenwürde zu nehmen. Sie ist dazu gedacht, ein Gefühl von Gemeinschaft zu zerstören, Anführer zu eliminieren und ein Klima der Furcht zu erzeugen. Diese Definition stammt übrigens vom Center for Victims of Torture.

In einem Satz zusammengefasst: Folter ist Terrorismus.

Und den muss mein Bruder erdulden.

Er ist nicht der Einzige.

Ich weiß zwar in Grundzügen, was er beim ersten Mal 1999 im L. A. County Jail, einem vom Sheriff's Department geführten Gefängnis, erlebt hat, aber erst als ich 2011 einen Bericht der amerikanischen Bürgerrechtsvereinigung ACLU of Southern California lese, begreife ich wirklich, was man meinem Bruder dort angetan hat. Danach kann ich behaupten, dass Abu Ghraib erstmals auf unserem Boden, in diesem Amerika, erprobt wurde. Und zwar vor den Angriffen auf das World Trade Center und das Pentagon. Auch vor dem zweiten Golfkrieg. Die Fähigkeiten, Menschen zu foltern, hat man in diesem Land an Menschen verfeinert, die keine Terroristen waren. Sie waren vielmehr Opfer von Terrorismus.

Im Herbst 2011, Wochen nach Montes Rückkehr aus dem Corcoran State Prison und als er im Anschluss an den Krankenhausaufenthalt schon einige Tage wieder bei meiner Mutter wohnt, befinde ich mich gerade mit Mark Anthony und unserem Freund Ray in unserem Cottage im Village. Ich gehe an diesem Abend meine E-Mails durch, als ich auf eine vom ACLU of Southern California stoße. Man hat eine 86 Seiten umfassende Klage wegen Folter gegen das L. A. County Sheriff's Department eingereicht. Siebzig Seiten sind Zeugenaussagen von Überlebenden und Menschen, die die Folter mitangesehen haben. Der Bericht, in dem außer Häftlingen auch Gefängnisseelsorger zu Wort kommen, die nicht länger schweigen wollten, belegt, dass unter der Aufsicht von Sheriff Lee Baca im Bezirksgefängnis von L. A. über mindestens zwei Jahrzehnte hinweg gefoltert wurde. Durchgängig, grausam, systematisch und routinemäßig.

Die Tragweite des Berichts ist erschütternd.

Die schiere Zahl der Menschen, denen in die Genitalien getreten wurde, der Fälle, in denen mehrere Deputys auf einen einzigen Häftling losgingen, Menschen, die aus keinem anderen ersichtlichen Grund mit Elektroschockern attackiert wurden, als um das Wachpersonal zu unterhalten. Dass Wachen mit Taschenlampen Knochen brachen und andere Alltagsgegenstände zu Instrumenten extremer Gewalt im größten Gefängnissystem Amerikas machten, ist ja an sich schon schrecklich genug. Aber andere Einzelheiten von Folter lassen mich fast zusammenbrechen, als ich die Aussage eines Zivilisten lese, der über einen im Rollstuhl sitzenden Häftling berichtet. Deputys zerrten ihn von seiner Pritsche, traten ihn und knieten sich auf seine Rippen, seinen Rücken und Nacken, bevor sie ihm Pfefferspray ins Gesicht sprühten. Ich beginne zu hyperventilieren und erinnere mich, wie mein Bruder auf Knien aus der Toilette trank. Mein Gott.

I can't breathe. Ich kriege keine Luft mehr.

Wir kriegen keine Luft mehr.

Ein Mr GGG genannter Zeuge berichtet von einem Deputy, der mit Gewalt eine Taschenlampe zwischen die Pobacken und sogar in das Rektum eines Häftlings rammte, woraufhin der Mann nicht aufhörte zu bluten. Trotzdem beklagte sich der Betroffene nicht, denn der letzte Häftling, der das gewagt hatte, war von mehreren anderen Wachleuten attackiert worden. Die Erinnerung an die Schreie verfolgt ihn unaufhörlich. Wieder und wieder.

Aaaaahhhh!!!!

Neeeeeiiiiin!!!!!!!

Biiiiiittttteeeee!!!!!!!

Finger, Hände, Schlüsselbeine, Kiefer und Rippen wurden gebrochen.

Augen wurden aus ihren Höhlen gerissen.

Arme und Schultern wurden regelmäßig ausgekugelt.

Häftlinge, die bereits ohnmächtig geworden waren, traktierte man weiter. In fast jedem Fall gaben unbeteiligte Beobachter an, der Gefangene habe sich nicht gewehrt. Vielen wurden zu Beginn der Attacke auch Handschellen angelegt.

Ein Mann wurde nackt ausgezogen und mit anderen Häftlingen in eine Zelle gesperrt, die man aufforderte, ihn zu vergewaltigen, was diese dann auch taten.

Männliches Wachpersonal war an den Folterungen beteiligt, weibliches ebenso.

Jeder wusste, was geschah. Das medizinische Personal wusste, was geschah. Der Sheriff wusste, was geschah.

Als ich das lese, begreife ich endlich, was man meinem Bruder angetan hat. Meinem Monte. Meinem besten Freund. Nackt ausgezogen. Geschlagen. Hungernd. Gezwungen, Wasser aus einer Toilette zu trinken. Was noch. Was verdammt noch mal noch?

Montes Aussage steht nicht auf diesen Seiten, bei diesen

Berichten von Überlebenden. Aber mein Bruder ist ein Überlebender. Meine ganze Familie besteht aus Überlebenden. Ich beginne mich zu erinnern, und plötzlich ist es wieder 1999 und ich sehe meine Mutter bei dem verzweifelten Versuch, meinen Bruder zu finden. Sie telefoniert und telefoniert. Keiner hilft ihr. Ich bin noch ein Kind. Ich möchte, dass jemand meiner Mutter hilft. Ich möchte, dass jemand meinem Bruder hilft. Ich möchte, dass mir jemand hilft. Aber niemand tut etwas. Niemand.

Bitte, höre ich meine Mutter sagen, als würde es wieder passieren, Bitte, ich suche meinen Sohn. Er heißt Monte Cullors, sagt sie zu jedem, der bereit ist, sie anzuhören. Aber niemand hört sie an.

In meinem Cottage im Village beginne ich 2011 zu weinen, während Mark Anthony und Ray sich beschützend neben mich stellen. Was ist los?, fragen sie.

Ich schüttle überwältigt den Kopf, deute nur auf den Bildschirm und greife dann zum Telefon, um meine Mutter anzurufen.

Mom? Mom? Ist Monte bei dir?, frage ich.

Ja, sagt sie.

Kann er mich auch hören? Sie muss ihm einen Wink gegeben haben, an den anderen Apparat zu gehen.

Die verklagen das Bezirksgefängnis von L. A., sage ich. Weil man Häftlinge gefoltert hat, sage ich.

Meine Mutter und Monte schweigen.

Und dann, nach ein paar Sekunden oder einer halben Minute, sagt meine Mom, Gottseidank.

Und nach einer noch längeren Pause sagt Monte langsam, ganz leise, aber trotzdem entschieden: Endlich.

In dem Moment weiß ich, dass ich der Welt mitteilen will, was passiert ist. Deshalb erkläre ich Mark Anthony und Ray, dass ich ein Kunstprojekt veranstalten muss. Und fast sofort mache ich mich an die Arbeit.

Ich beziehe vier Freunde mit ein, die großartige Performancekünstler sind, und vergrößere Seiten aus der Beschwerde auf das Format 3,5 mal 2,5 Meter. Dann rufe ich meine Mutter an und frage:

Hast du die Aufzeichnungen deiner Telefonate mit dem Gefängnis noch?

Natürlich habe ich die, sagt sie. Ich habe alles aufgehoben, sagt sie.

Ich hole sie mir und mache eine Audioaufnahme ihrer Notizen. Dann besorge ich mir die Tonaufnahme der Befragung von Sheriff und Vize-Sheriff durch die Kommission, die man nach Veröffentlichung des Berichts einberufen hat. Ich kaufe Absperrband und kontaktiere einen Kunstraum in der Nähe, wo wir schon oft politische Performances abhalten durften. Meine Arbeit nenne ich *Stained*, Befleckt, und schon beim Reinkommen sieht das Publikum die Zeugenaussagen an den Wänden.

1. Deputys schlugen Mr KK so heftig, dass ein Kiefer gebrochen war, er am Auge operiert und sein Ohr genäht werden musste. Der Vorfall begann, nachdem die Deputys alle Zellen auf Mr KKs Flur durchsucht hatten und Mr KK feststellte, dass einige Dinge aus seinem Besitz fehlten. Darunter waren auch Artikel, die er gerade erst beim Proviantmeister gekauft hatte. Nachdem er darum gebeten hatte, wegen der fehlenden Dinge mit einem Sergeant zu sprechen, berichtete Mr KK, dass ein Deputy ihn heftig gegen eine Wand gestoßen, ihm aufs Ohr und mehrmals mit der Faust ins Gesicht geschlagen und ihn dann zu Boden gestoßen hat. Nachdem Mr KK am Boden lag, trat der Deputy ihm ungefähr zehnmal ins Gesicht, ge-

gen den Kiefer, den Hinterkopf, wodurch sich eine große Lache mit Blut von Mr KK auf dem Boden bildete. Dann trat der Deputy Mr KK noch dreimal gegen das Ohr, was Mr KK als schmerzhafter beschreibt als einen Unfall, bei dem er von einem Auto angefahren wurde.

2. Ein Deputy im Zentralgefängnis für Männer attackierte den Häftling Mr JJ, nachdem Mr JJ zu dem Deputy gesagt hatte, der Deputy habe wohl seit der Highschool kein Date mehr gehabt. Der Deputy stieß Mr JJ zu Boden und durchsuchte, zusammen mit einem anderen Deputy, Mr JJs Sachen, die er anschließend in die Toilette warf. Der Deputy trat mit seinem Stiefel auf Mr JJs Hand, wobei dessen Knöchel zersplitterte. Außerdem traten die Deputys Mr JJ in den Rumpf. Die Deputys attackierten Mr JJ, der an Epilepsie leidet, mit einer Elektroschockwaffe und sprühten ihm Pfefferspray ins Gesicht. Mr JJ erlitt großflächige Blutergüsse und musste wegen des zersplitterten Knöchels operiert werden.

3. Deputys boxten den Häftling Juan Pablo Reyes wieder und wieder in die Rippen, den Rücken, auf Mund und Augen, sodass seine Augenhöhle brach und sein Körper von Blutergüssen übersät war. Als Reyes zu Boden fiel, traten Deputys ihn mit ihren Stahlkappen-Stiefeln und ignorierten seine Schreie. Damit noch nicht genug. Die Deputys befahlen ihm, sich nackt auszuziehen. Dann zwangen sie ihn, nackt auf einem Flur eines Zellentrakts, frei sichtbar für andere Häftlinge, auf und ab zu gehen. Ein Deputy schrie dazu »Gay boy walking«. Reyes weinte, während die Deputys lachten. Dann sperrten sie ihn in eine Zelle mit anderen Häftlingen, die ihn schlugen und vergewaltigten. Die Deputys ignorierten Mr. Reyes wiederholte Bitten, aus der Zelle verlegt zu werden.

Absperrband trennt das Publikum von den vier Performancekünstlern, die wie in Einzelhaft jeder für sich stehen. Sie tragen weiße T-Shirts, graue Jogginghosen und schwarze Converse-Sneakers. Jeder benutzt seinen Körper auf andere Weise, um die Auswirkungen ihrer Gefangenschaft zu demonstrieren.

Ein *Brother* macht Liegestützen mit anschließendem Strecksprung, bis er zusammenbricht.

Eine Frau lacht, bis sie anfängt zu weinen, dann lacht sie wieder und so weiter, die ganze Vorstellung hindurch.

Eine dritte Person geht mit schnellen Schritten im Kreis, ohne stehen zu bleiben.

Der letzte Künstler springt und springt in die Höhe, als versuche er verzweifelt, einen Himmel zu erreichen, den niemand sehen kann.

Das Publikum hört die für die Performance zusammengeschnittene Tonaufnahme: die Daten der Dutzenden Anrufe und Notizen, die meine Mutter bei der Suche nach ihrem Sohn gemacht hat. Sie hören die Daten und Notizen zu den Dutzenden Malen, als man sie abwies. Sie hören, wie sie endlich bis zu der Gefängnispsychiaterin durchkommt, an die der wachhabende Kommandant sie verwiesen hat. Die Psychiaterin nimmt den Anruf zwar entgegen, sagt meiner Mutter aber nichts über Monte, bei dem zu diesem Zeitpunkt – ohne dass wir davon wussten – eine schizoaffektive Störung diagnostiziert wurde. Stattdessen nimmt die Psychiaterin sich die Zeit, meine Mutter zu tadeln: Wie unhöflich von Ihnen, hier so oft anzurufen!, sagt sie. Was ist bloß mit Ihnen los?

Das Publikum hört die Vernehmung des Sheriffs und Vize-Sheriffs durch die Kommission: Was für ein Gefängnis haben Sie geleitet, Sheriff Baca, in dem Deputys sich so sicher fühlen konnten, dass sie oft Häftlinge vor Zivilpersonen, darunter auch Anwälte der ACLU, Abgeordnete und Seelsorger, schlugen?

Die Performance wird zwei Jahre lang touren, aber schon nach der zweiten Vorstellung sagt meine Freundin Francesca vom Strategy Center, Du musst mehr tun. Du kannst mehr tun. Sie fördert mich, meine Entwicklung, meine Vision, mit solcher Zuneigung und Unterstützung, als wäre sie eine Hebamme. Und ich will, dass kein einziger Mensch mehr erlebt, was Monte oder irgendeiner der Häftlinge aus diesem Bericht erlebt hat. Ich will auch, dass keine Familie mehr durchmachen muss, was wir durchgemacht haben. Während das Kunstprojekt tourt, beginnen wir, die Infrastruktur für eine Kampagne anzudenken und zu planen: The Coalition to End Sheriff Violence. Koalition, um Gewalt durch den Sheriff zu beenden. Wir starten damit im September 2012, und unser erstes Ziel ist die Etablierung einer zivilen Aufsicht über das Sheriff's Department.

Da immer mehr Arbeit anfällt, kommen Mark Anthony und ich zu dem Schluss, dass wir eine richtige Organisation benötigen, die das Ganze trägt. Natürlich habe ich Angst, das zu machen. Aber ich weiß auch, dass ich nicht mehr die 17-jährige Patrisse bin, als die ich beim Strategy Center anfing. In all den Jahren, seit den Anfängen als Ehrenamtliche, war ich mein ganzes erwachsenes Leben lang Teil dieser Organisation. Und auch wenn ich mich verpflichtet fühle, immer ein Mitglied des Centers zu bleiben, weiß ich doch, dass es nun an der Zeit ist, dieses Zuhause zu verlassen und alle Lektionen, die ich dort gelernt habe, in die Welt hinauszutragen. Dazu gehört das Lancieren, Durchführen und Gewinnen von Kampagnen, indem man Stärke unter den Menschen aufbaut, die gemeinhin als machtlos angesehen werden.

Es war uns gelungen, die Strafen für Zuspätkommen und

Schuleschwänzen in Los Angeles zu kippen, obwohl wir nur Eltern und Schüler auf unserer Seite hatten, die allesamt arm waren, kriminalisiert und öffentlich bloßgestellt wurden. Wenn wir dazu in der Lage waren, dann sollten wir auch dem Sheriff in den Arm fallen können. Zusammen mit Moms und Dads, Schwestern, Brüdern, Cousinen und Cousins sowie Freunden, deren Angehörige verschwunden waren. Deren Angehörige man geschlagen hatte. Deren Angehörige man gefoltert hatte.

Wir nennen unsere Organisation Dignity and Power Now.

2016 setzen wir das erste zivile Aufsichtsgremium für das L. A. County Sheriff's Department durch.

11. Black Lives Matter

Er war ein Teenager, der einfach nur nach Hause wollte.

SYBRINA FULTON

Es ist der 13. Juli 2013 und ich unterbreche meine Beobachtung der Ereignisse beim Prozess gegen den Mann, der eineinhalb Jahre zuvor den 17-jährigen Trayvon Martin erschossen hat.

Von Trayvon hatte ich eines Tages 2012 im Strategy Center auf Facebook erfahren. Dort stieß ich auf den kleinen Artikel einer Lokalzeitung. Vielleicht des *Sanford Herald*. Ich las, dass ein weißer Mann – so wurde der Killer bezeichnet und bezeichnete sich selbst, bis wir Rassismus zum Thema machten – einen Schwarzen Jungen erschossen hatte und dafür nicht angeklagt werden sollte.

Ich fange an zu fluchen, bin außer mir. In was für einer verdammten Welt ergibt das Sinn? Dann starte ich einen Rundruf: Haben die Leute vom 17-jährigen Trayvon Martin gehört? Ich mochte schon so viele junge Männer, die genauso aussahen wie dieser Junge. Trauer erfasst mich, und die Rückmeldungen meiner Freunde zeugen von der gleichen Betroffenheit. Wir treffen uns bei mir zu Hause. Eine ethnisch gemischte Gruppe aus etwa 15 Leuten, die sich vorgenommen haben, etwas gegen die weiße Vorherrschaft zu tun und zu einer Welt beizutragen, in der es wirklich allen Kindern gut geht. Wir verarbeiten, was geschehen ist. Wir reden darüber, was wir selbst schon gesehen und in unserem Leben erfahren haben. Wir weinen.

Irgendwann hört der Prediger und Bürgerrechtler Al Sharpton davon, was Trayvon passiert ist, und veranstaltet in New York eine riesige Kundgebung. Man verlangt die Verhaftung des Täters. Das wird zunächst ignoriert, doch dann setzen sich in Florida die Dream Defenders, eine Gruppe brillanter und mutiger junger Aktivisten, dafür ein. Angeführt von Umi Agnew besetzen sie das Büro des Gouverneurs und bringen damit Protestaktionen ins Bewusstsein unserer Generation. Sie nutzen soziale Medien, um ihre Stimmen zu verstärken, und inspirieren Organisatoren im ganzen Land. Unter anderem auch mich, während ich gerade in L. A. daran arbeite, Dignity and Power Now auszubauen. Nach wochenlangem Protest wird der Killer verhaftet und die Welt erfährt nach und nach, was für ein kranker und gestörter Mann er ist. Ein Mann, dessen Gewalttätigkeit schon polizeibekannt war. Ein Mann, den man weder als Terrorist bezeichnete noch in eine nationale Datenbank eintrug, obwohl er vor der Ermordung Trayvons bereits Gewalttaten verübt hatte.

Noch bevor der Prozess gegen den Killer beginnt, wissen wir folgende Dinge:

Im Juli 2005 wurde er wegen »gewalttätigen Widerstandes gegen einen Polizeibeamten« verhaftet. Laut Jonathan Capeheart von der *Washington Post* wurde einem Mann erlaubt, der »mit Cops in ein Handgemenge geriet, weil diese einen Freund wegen mutmaßlichen Alkoholkonsums als Minderjähriger befragten«, eine Waffe zu tragen und bei einer Nachbarschafts-Bürgerwehr mitzumachen. Weiter hieß es in der *Post*: »Die Anklage wurde teilweise zurückgenommen und dann fallen gelassen, nachdem er ein Entzugsprogramm begonnen hatte.«

Im August 2005 erwirkte die Verlobte des Killers ein Kontaktverbot wegen mutmaßlicher Gewalttätigkeit gegen sie.

In einem Zeitraum von acht Jahren rief der Killer mehr als 45-mal unbegründet auf der Polizeistation von Sanford, Florida, an, um Leute zu melden, die er als »suspicious black males«, als verdächtige männliche Schwarze, bezeichnete.

Die Cousine des Killers klagte ihn wegen sexuellen Missbrauchs an, und zwar bevor sein Fall landesweit Schlagzeilen machte – sodass man ihr also nicht vorwerfen kann, sie habe nur Aufmerksamkeit gesucht. Bei der Polizei sagte sie aus: »Ich kenne George. Und ich weiß, dass er Schwarze nicht mag.« Sie wollte anonym bleiben und gab weiter an: »Er würde irgendwas anzetteln. Er ist ein sehr streitsüchtiger Mensch. Das liegt ihm im Blut. Sagen wir es so. Ich will nur nicht, dass dieser arme Junge und seine Familie einfach so übergangen werden.« Sie bat die Polizei auch, sich umzuhören, um zu erfahren, was für ein Mann er war.

All das war schon vor der Kundgebung von Reverend Sharpton aktenkundig.

Vor der Forderung, man solle ihn verhaften. Bevor die Dream Defenders das Büro des Gouverneurs besetzten.

Vor Black Lives Matter.

Am 13. Juli 2013 reise ich also nach Susanville, California, um einen 18 Jahre alten jungen Mann zu besuchen, den ich seit vier Jahren kenne und schätze. Richie wurde für einen Raubüberfall, bei dem kein Mensch zu Schaden kam, zu zehn Jahren Gefängnis verurteilt. Wieviel wird wohl der Mörder von Trayvon kriegen?

Wir sind einen halben Tag lang gefahren, um Richie zu sehen, den ich kennenlernte, als ich mit Mark Anthony und Jason als Jugendberater an der Cleveland arbeitete. Wir initiierten damals verschiedene Programme zu Restorative Justice an der Schule. Richie hob sich von einer Gruppe Jugendlicher ab, die allesamt schon besonders waren. Er gehörte zu den Schwarzen Jungs an der Highschool, die einfach ständig in Schwierigkeiten gerieten – wurde uns gesagt. Aber wir hielten Strafen für das falsche Mittel, um sie aus diesem Teufelskreis zu holen.

Schulverweise zum Beispiel brachten wenig, um junge Leute zu erden und zu besseren Leistungen zu motivieren. Noch dazu wurden sie schon bei den geringsten Vergehen verhängt – »Respektlosigkeit« war ein häufiger Grund. Das Risiko Schwarzer Kinder, vom Unterricht ausgeschlossen zu werden, war übrigens fast viermal so hoch wie das weißer bei ähnlichem Verhalten. Schwarze Kinder, die von weißen Lehrkräften unterrichtet wurden, waren übrigens am stärksten davon gefährdet, wie Statistiken wieder und wieder belegten. (Umgekehrt ließ sich nicht belegen, dass weiße Kinder von Schwarzen Lehrkräften überdurchschnittlich oft suspendiert wurden.)

Im ganzen Land wurden 2011 und 2012 knapp sieben Millionen Kinder, manche davon gerade mal vier Jahre alt, von der Teilnahme an Vorschule oder Schule ausgeschlossen. Trotz der so verbreiteten Anwendung erwiesen sich Schulverweise als Reinfall. Wie Daten belegten, sorgten sie nur dafür, junge Menschen von der Schule, den Lehrern und oft sogar ihren Mitschülern zu entfremden. Wie auch andere Strafmaßnahmen änderten sie nichts an den außerschulischen Lebensumständen, die diese Kinder beeinträchtigten, etwa eine prekäre Ernährungs- oder Wohnsituation, Drangsalierung durch die Polizei oder dass ein Elternteil oder Familienangehöriger aufgrund massenhafter Inhaftierungen abwesend war.

Unser Job bestand jedenfalls darin, etwas dagegen zu unternehmen, und wir waren entschlossen, dabei das Menschsein der Schüler in den Mittelpunkt zu stellen. Wir sprachen mit ihnen über Rassismus und Homophobie, über Diskriminierung wegen sozialer Herkunft und Sexismus. Wir analysierten Suchtverhalten, und zwar nicht nur in Bezug auf Drogen. Unsere Vision bestand darin, den Prozess zu stoppen, der diese jungen Männer dazu gebracht hatte, sich selbst in ihren eigenen Träumen nicht mehr zu sehen.

Richie war der Intellektuelle und Künstler der Gruppe. Er war auch der Erste von ihnen, der öffentlich erklärte, Feminist zu sein, und sagte, er wolle ein anderer Schwarzer Mann werden als sein Vater, dessen Vorstellung von Männlichkeit vom jüdisch-christlichen Ethos diktiert war: Geld verdienen, heiraten, ein Kind haben, zu Hause herrschen, sterben. Richie wurde Herausgeber der Schülerzeitung und in einem Jahr unterstützte er für die Ausgabe zum Valentinstag eine junge Autorin, die wie viele andere Schülerinnen Eve Ensler gelesen hatte und den V-Day als Tag zur Feier und Ehre der Vaginas erklären wollte.

Sie schrieb darüber, wie ehrwürdig diese seien und dass sie nicht länger das Ziel männlicher Übergriffe sein dürften. Richie gab eine Illustration der Geschichte in Auftrag und so erschien der Artikel zusammen mit dem riesigen Bild einer Vulva auf der Titelseite. Die Schulleitung drehte durch, konfiszierte alle Exemplare und drohte Richie mit Suspendierung. Er blieb standhaft und meinte, sie seien doch verantwortlich dafür, sexuelle Übergriffe zu thematisieren, und es sei ihre Pflicht, Menschen dazu zu zwingen, anders über weibliche Geschlechtsorgane zu denken. Er sagte, Frauen seien stark und sollten dafür auch geehrt werden.

Seine Haltung sorgte weltweit für Beachtung. Richie erhielt sogar Interviewanfragen aus Indien. Schließlich nahm die Schule ihre Zensur und die Drohungen gegen ihn zurück. Diese Erfahrung hat ihn verändert und als er achtzehn war, zog er von zu Hause aus. Er wollte unbedingt weg vom Schweigen seiner Mutter und von den strengen Grenzen, die sein Vater setzte. Nachdem er eine Zeit lang erst bei Mark Anthony und mir und danach bei anderen Freunden gewohnt hatte, fand er eine kleine Wohnung in Reseda, nicht weit von der Cleveland entfernt, und einen Job bei der Schulverwaltung des Bezirks L. A. Er arbeitete mit Schülern, die nicht sehr viel anders waren als er selbst früher. Das Leben verlief also ganz gut.

Bis es das eines Tages nicht mehr tat.

Ohne Vorwarnung kürzte die Bezirksverwaltung seine Stunden. Und das war's. Man feuerte ihn zwar nicht, aber er bekam eben auch keinen fixen Stundenplan und verdiente nicht mehr genug, um damit seinen Lebensunterhalt zu bestreiten. Wegen seiner unregelmäßigen Stunden konnte er auch nichts anderes finden. Der fast 1,90 Meter große junge Schwarze, allein lebend und tätowiert, war gut genug, um beschäftigt, aber nicht gut genug, um wirklich integriert zu werden und eine Karriere ermöglicht zu bekommen. – Um gefeuert zu werden, war er wiederum nicht schlecht genug, und so ließ man ihn in der Luft hängen und verzweifeln. Dann war seine Miete fällig.

Später, nachdem man ihn eingesperrt hatte, sagte er mir, als er so verzweifelt war, weil er seine Miete nicht bezahlen konnte, habe er in seinem Kopf diese Stimme gehört, mit der er aufgewachsen war: Männer bitten nicht um Hilfe, Männer kriegen das geregelt.

Ihr hattet schon so viel für mich getan, sagte er im Besucherraum des Bezirksgefängnisses von L. A. zu mir. Ich wollte nicht schwach erscheinen, sagte er. Ich weiß, wie blöd das war, sagte er, aber so fühlte ich mich eben.

Ich erklärte ihm, dass er mich immer um Hilfe bitten könne. Er sagte, ich weiß nicht, was ich mir dabei gedacht habe. Ich schätze, ich dachte, wenn ich dabei keinen verletze, wenn ich mir nur das Geld besorge, dann würde ich über die Runden kommen und keiner müsste etwas davon erfahren, sagte er. Ich weiß, das klingt verrückt. Ich wollte niemand verletzen. Ich musste nur einfach die Miete bezahlen.

Und tatsächlich kam niemand zu Schaden, obwohl ich mir sicher bin, dass die Betroffenen furchtbar erschrocken sind. Trotzdem bekam Richie eine zehnjährige Strafe. Wie Monte, der auch keinem ein Haar gekrümmt hatte, acht Jahre bekam. Wenn ich an sie denke, während ich diese Zeilen schreibe, muss ich gleichzeitig nicht nur an all die Killer-Cops denken, an die Cops, die gelogen haben, die nie angeklagt oder wenn, dann freigesprochen wurden. Ich denke aber auch an Männer wie den Schwimmstar Brock Turner, der für die Vergewaltigung einer Frau sechs Monate bekam. Sechs Monate, weil der Richter meinte, Turner könne es im Gefängnis nicht aushalten, das sei nichts für ihn.

Aber war es etwas für Richie? Für Monte? Für meinen Vater? Mein Gott, reicht das nicht, um diese Dinger dichtzumachen?

Aber an jenem heißen Tag im Juli 2013 saß Richie noch das erste Jahr seiner Strafe ab. Wir, seine Frau Taina, seine beste Freundin Haewon und ich, hocken in einem Besucherraum der Haftanstalt in Susanville, der sich kaum von den meisten Besucherräumen in kalifornischen Gefängnissen unterscheidet: steril, fensterlos und mit Tischen, deren Beine eine Handbreit über dem Boden abgesägt sind, damit man nicht füßeln kann. Da stehen die unvermeidlichen

Automaten an der Wand, aus denen man überteuertes Essen kaufen kann. Das sichert Unternehmen im Besitz von Weißen lukrative Verträge. Und die zu salzigen, zu süßen, industriell verarbeiteten Lebensmittel sind wie geladene Waffen, denn wir haben keine echte Chance, etwas anderes zu essen.

An diesem Tag in Susanville reden wir über eine Million Dinge, auch wenn wir am Ende immer darauf zurückkommen, was gerade in Zentralflorida passiert. Auf den Mörder von Trayvon Martin. Wird er ungeschoren davonkommen?

Natürlich sind wir in Kalifornien, hier bei Richie, um uns unserer Zuneigung zu versichern und so viel wie möglich miteinander zu lachen, doch in Gedanken sind wir auch in Florida und mit unseren Herzen bei den Familien Fulton und Martin. Wir haben Angst. Wir sprechen nicht über unsere Furcht vor der bevorstehenden Entscheidung. Wir wissen, wie selten unseren Kindern in diesem Land Gerechtigkeit widerfährt. Wir sprechen immerhin von Hoffnung, was bleibt uns auch anderes übrig? Ich erinnere mich noch, irgendwann gedacht zu haben, Mein Gott. Die Welt weiß, dass dieser Mann gegen die Anweisung des 911-Notrufs den 17-jährigen Trayvon Martin gejagt und ermordet hat.

Und Trayvon Martin? Er war einfach nur ein Schwarzer Junge auf dem Heimweg. Unterwegs mit einer Dose Arizona-Eistee und einem Päckchen Skittles, die er für seinen kleinen Bruder gekauft hatte. Er lief nach Hause und telefonierte dabei am Handy mit seiner Freundin Rachel, einem Mädchen, das gemobbt wurde und das er beschützte. Er lief und trug einen Hoodie, wie Teenager fast überall auf der Welt. Während er lief, lauerte ihm plötzlich ein großer, sich als Weißer ausgebender Mann auf. Der hatte, weil der Junge Schwarz war und wie die meisten Teenies einen Hoodie trug, entschieden, er sei eine Bedrohung.

Wir erfahren, dass ein Beamter der Polizeileitstelle dem Mann befahl aufzuhören.

Wir erfahren, dass der Mann den Jungen jagte, der bloß seinem kleinen Bruder etwas gekauft hatte und sich mit einer Freundin unterhielt, die gemobbt wurde.

Wir erfahren, dass der Mann auf dieses unbewaffnete Kind schoss, das etwa 25 oder 35 Kilo weniger wog als er selbst.

Wir erfahren, dass der Mann glaubte, mit Recht so zu handeln. Mit dem Recht auf Selbstschutz, das ein Junge mit Eistee und Skittles überhaupt nicht infrage gestellt hatte. Er glaubte, sein vermeintliches Recht hätte das Recht dieses Kindes außer Kraft gesetzt, zu sich nach Hause zu gehen und seinem kleinen Bruder Süßigkeiten mitzubringen.

Und wir haben Angst davor, dass eine Geschworenenjury aus Gleichgesinnten ihm zustimmt.

Wir haben Angst, weil es schon so viel Arbeit und Zeit gekostet hat, den Mann auch nur festnehmen zu lassen.

Wir haben Angst, weil Trayvons schönes Leben und schrecklicher Tod in Vergessenheit zu geraten drohten. Die Berichterstattung hat es nicht auf die Titelseiten geschafft, keine Sondersendungen wie *Dateline* oder *Anderson Cooper*. Die Geschichte in meinem Facebook-Feed war ein winziger Blogpost, der nicht mit Mainstream-Medien verknüpft war. Ein weißer Mann wurde verhört und dann freigelassen, nachdem er einen unbewaffneten Schwarzen Jungen, der sich zu Fuß auf dem Heimweg befand, angeschossen und getötet hatte. In diesem Moment war ich so wütend wie irritiert. War das jetzt 2012 oder 1955?

Wir hätten auch über Emmett Till sprechen können. An ihn muss ich während des gesamten Prozesses und in den Wochen und Monaten davor denken. Ich denke an Emmett Till und seine Familie, genauso wie an meinen Neffen Chase,

Montes Sohn, der in dem Jahr, als Trayvon erschossen wird, 14 ist. Wird man auch ihn erschießen, weil er als Schwarzer irgendwo langgeht, und wird seine Ermordung so wenig zählen, dass sie nicht mal eine Nachricht wert ist und niemand dafür zur Verantwortung gezogen wird?

Ich wuchs in einer Gegend auf, die verarmt war, Schmerzen litt und unter all den gegenwärtigen Folgen zu leiden hatte, die sich ergeben, wenn Communitys keine finanziellen Mittel, dafür aber Mittel der Gewalt haben. Aber wenn jemand in meinem Viertel ein Verbrechen beging, ganz zu schweigen von einem Mord, dann wurden wir, verdammt noch mal, alle dafür zur Verantwortung gezogen. Metalldetektoren, Suchscheinwerfer und ständige Polizeipräsenz, Festnahmen von Dutzenden Jugendlichen, die einfach nur von der Schule nach Hause gingen – und all das gerechtfertigt von Politikern und anderen, die behaupteten, unsere Interessen zu vertreten. Wo waren diese Repräsentanten eigentlich, wenn weiße Typen uns abknallten?

Hätten nicht die mutigen und entschlossenen jungen Leute, die die Dream Defenders gründeten, sich mit Sybrina Fulton und Tracey Martin, den mutigen und untröstlichen Eltern von Trayvon, zusammengetan, und hätte es keine Sit-ins, Proteste, Besetzungen und nicht Al Sharpton gegeben, dann hätte kein Mensch von diesem Jungen gesprochen. Abgesehen natürlich von seiner Familie und seinen Freunden, die ihn geliebt haben.

Aus all diesen Gründen wissen wir Bescheid und fürchten uns. Aber trotzdem klammern wir uns an diesem 13. Juli 2013 im Gefängnis von Susanville und in einem Staat, der einen verzweifelten Schwarzen Jugendlichen, der niemand verletzt hat, zu zehn Jahren verurteilt und einen Vergewaltiger zu sechs Monaten, an die Hoffnung.

Denn was bleibt uns sonst?

Sieben Stunden nachdem er begonnen hat, ist unser Besuch bei Richie zu Ende und wir kehren in das Motel zurück, wo wir übernachten. Von den knapp 20.000 Bewohnern dieser Kleinstadt leben 46 Prozent, also etwas weniger als die Hälfte, in einem der beiden Gefängnisse.

Das 1860 gegründete Susanville wurde nach der Tochter des Mannes benannt, der zu einer Zeit, als diese Gründung ein Euphemismus für ein offenkundiges Schicksal und Besatzung und für all das damit verbundene Blutvergießen war, behauptete, es gegründet zu haben. »Gründung« ist ein Ausdruck wie »Kollateralschaden«, der in den Neunzigern hoch im Kurs stand, um nicht »tote irakische Kinder« sagen zu müssen.

Worum es aber geht, ist, dass wir elf Autostunden von Los Angeles entfernt sind, weil Susanville weit im Norden Kaliforniens liegt, nördlicher als die Bay Area, an der Grenze zu Nevada, in der Nähe von Reno. Und es hat nichts gemein mit der Strahlkraft und dem Reichtum, den man gemeinhin mit unserem Bundesstaat verbindet, mit Riesenbildern vom glitzernden Beverly Hills und dem schicken Silicon Valley. Wer ein Bild davon sieht, denkt eher an West Virginia als an Kalifornien.

Dabei entspricht Susanville der durchschnittlichen kalifornischen Stadt eher als alles, was man Touristen weismachen will. Es sieht auch aus wie amerikanische Städte überall im Rest des Landes: klein, von der Arbeiterschicht geprägt, nur dass die demografischen Angaben eine außergewöhnliche Vielfalt wiedergeben – die ist allerdings verzerrt wie im Spiegel eines Gruselkabinetts oder in einer Folge von *The Twilight Zone*. In Susanville gibt es fast niemand, der Schwarz und gleichzeitig auf freiem Fuß ist, obwohl man bei einem flüchtigen Blick in die Statistik meinen könnte, es sei das reinste Kumbaya der Hautfarben.

Die einstige Holzfäller- und Bergarbeiterstadt Susanville hat heute nur noch eine einzige Wachstumsbranche: Gefängnisse. Etwa die Hälfte aller Erwachsenen, die hier leben, arbeitet in einer der beiden Haftanstalten. Die Zahlen schießen natürlich nach oben, wenn man auch die Beschäftigung, die erzwungene Arbeit, der Insassen einrechnet, die vor allem aus dem Bezirk Los Angeles und aus der Bay hierhergeschafft werden.

Wenn man sich die Ladenfronten und die Leute hier ansieht, kommt es einem vor, als sei man in einem Schwarz-Weiß-Foto, aufgenommen im tiefen Süden in den Fünfzigerjahren, gefangen. Die Bilder vom harten Leben auf dem Land kommen einem nach und nach in den Sinn, als wollten sie uns höhnisch klarmachen, dass es Freiheit nie gegeben hat und nie geben wird. Es gibt ausschließlich Mauern und Gitterstäbe, Wachtürme und Stacheldraht und obendrein noch das Militär. Immer wieder sind Soldaten zu sehen, die in der Nähe von Susanville stationiert sind. Das erzeugt die Atmosphäre eines bevorstehenden Kriegs. Dazu amerikanische Flaggen in jeder erdenklichen Größe. Wie muss das sein, in der Hoffnung oder ausgerichtet auf Krieg und Kriminalität zu leben? Denn ohne das, müssen die Menschen von Susanville doch glauben, würde die Welt kollabieren.

Auf dem Rückweg zum Motel halten wir bei einem kleinen Laden, um etwas zu kaufen, das man in der Mikrowelle zubereiten kann. Es gibt keine Restaurants, in denen wir essen möchten, außerdem ist es so preiswerter. Wir kaufen also vorgefertigte Hühnchen-Sandwiches oder etwas in der Art. Es soll einigermaßen gesund sein. Im Motel gibt es eine Mikrowelle. Wir essen und sitzen dann vor meinem Laptop, in Erwartung des bevorstehenden Urteils. Ich gehe auf meine Facebook-Seite, weil dort alle updaten, was gerade passiert. Ich bin nervös, aber Facebook hält mich auf dem Laufenden.

Und dann geschieht es.

Ich sehe, wie die Chronik aktualisiert wird. Der Killer wird vom ersten Anklagepunkt freigesprochen. Und dann von allen anderen. Von. Jedem. Einzelnen. Ich stehe unter Schock. Es verschlägt mir den Atem. Mir wird übel. Ich bin perplex und kann mich einen Moment lang gar nicht bewegen. Als diese Starre vergeht, will ich es nicht wahrhaben.

Nein! Das ist unmöglich. Moment mal. Wartet. Das ergibt doch keinen Sinn.

Aber während ich es noch leugne, weiß ich schon, dass es stimmt. Verlegenheit und Scham überwältigen mich. Wie konnte das passieren? Warum konnten wir das nicht verhindern? Und dann beginne ich zu weinen. Und mich dafür schlecht zu fühlen. Am liebsten möchte ich mich wegen meiner Tränen verstecken. Ich habe das Gefühl, diese besondere Stärke beweisen zu müssen, die von Schwarzen immer verlangt wird. Die unmögliche Stärke. Die Stärke, die keinen Raum lässt, um über die eigene Verletzlichkeit nachzudenken. Die keinen Raum zum Weinen lässt.

Ich blicke mich im Zimmer um, in diesem kleinen Motelzimmer. Und ich sehe die beiden Frauen an, mit denen ich hierher gereist bin. In meiner Rolle als Vertrauensperson an der Cleveland spielte ich eine so besondere Rolle für sie. Haewon, die in der Elften war, als Richie in der Neunten mit der Highschool begann, nahm ihn wie einen kleinen Bruder unter ihre Fittiche. Mir standen sie beide nahe. Ich war ihre Mentorin und bildete sie zu Aktivisten für Gerechtigkeit in unseren Communitys aus, zu organisierenden Aktivisten gegen den *Prison Industrial Complex* und für Menschenrechte.

Und Taina, die sich nur Monate vor seiner Verhaftung in Richie verliebte, sich ihm verpflichtete, was wiederum mich ihr verpflichtete. Als die beiden beschlossen zu heiraten, nachdem sie sein Strafmaß erfahren hatten, war ich diejenige, die sie traute. 2004 war ich zur Priesterin geweiht worden. Und zwar in erster Linie, weil ich entschlossen war, queere Menschen trotz des damals in Kalifornien und im ganzen Land geltenden Unrechts zu verheiraten. Als im Laufe der Zeit die Gesetzgebung gerechter wurde, erweiterte ich meine Weihe und meinen Wunsch, Menschen zu trauen, auf all jene, denen das Gesetz aus verschiedensten Gründen verweigerte, eine Familie zu sein. Dazu gehörten auch Strafgefangene und ihre Frauen. So nahm ich die Trauung von Taina und Richie vor, bei der sie sich im Gefängnis das Jawort gaben. Und in all den Jahren, seit die beiden zusammen sind, ist noch kein Wochenende vergangen, an dem sie ihn nicht besucht hätte.

Obwohl ich nicht viel älter bin als Richie oder Taina oder Haewon oder sogar Trayvon, bin ich alt genug, um mich verantwortlich zu fühlen. Ich bin quasi zu meinem großen Bruder Paul geworden. Ich spüre das Gewicht der Tatsache, mit zwei Schwarzen Frauen, die jünger sind als ich, in dieser Gefängnisstadt zu sein. Ich frage mich, ob ich im Fall der Fälle in der Lage wäre, sie zu beschützen, uns zu beschützen. Besitze ich irgendeine Macht, um sicherzustellen, dass sie lange leben – dass ihre Schwarzen Leben erfüllt und gesund sein werden?

Ich kann nicht aufhören zu weinen. Sosehr ich das auch möchte. Ich schluchze heftig. Das tun wir alle. Und dann werde ich wütend. Wieder einmal wird mein Leben von einer kognitiven Dissonanz bestimmt: Einerseits befinde ich mich in dieser Stadt, wo dieser Junge, ja, dieser gerade mal 18-jährige Junge, der niemanden verletzt hat, für zehn Jahre eingesperrt sein wird, und andererseits kann dieser die Weißen repräsentierende Mann uns erschießen und einfach nach Hause gehen.

Und dann schreibt meine Freundin Alicia einen Beitrag auf Facebook. Alicia, die ich damals seit sieben Jahren kenne und zum ersten Mal auf einer politischen Versammlung in Rhode Island traf. Dort war unser Ziel am Ende des Tages zu tanzen, bis wir nicht mehr konnten. Wir tanzten damals tatsächlich die ganze Nacht durch und begannen eine Freundschaft, die uns bis zum heutigen Tag verbindet. Sie schreibt diese Worte als Reaktion auf den Freispruch:

btw stop saying that we are not surprised. that's a damn shame in itself. I continue to be surprised at how little Black lives matter. And I will continue that. stop giving up on black life. black people, I will NEVER give up on us. NEVER.

(Übrigens, hört auf zu sagen, dass es uns nicht überrascht. Allein das ist schon eine verdammte Schande. Mich überrascht immer noch, wie wenig Schwarze Leben zählen. Und das werde ich weiterhin tun. Aufhören, Schwarzes Leben aufzugeben. Schwarze Menschen, ich werde uns NIE aufgeben. NIEMALS.)

Ich antworte. Mit einem Hashtag:

#BlackLivesMatter

Alicia und ich brainstormen in den nächsten Tagen. Wir wissen, dass wir etwas auf den Weg bringen wollen. Wir wissen, dass, was immer wir starten, die ganze Welt erreichen soll. Alicia wendet sich an ihre Freundin Opal Tometi, eine leidenschaftliche Organisatorin, die Black Alliance for Just Immigration mit Sitz in Brooklyn, New York, leitet. Opal ist ein Kommunikationsgenie und entwickelt all die ersten digitalen Komponenten, die wir brauchen, damit die Leute nicht schon Unbehagen verspüren, wenn sie die Worte Black Lives Matter aussprechen. Denn selbst unter denen, die uns am nächsten stehen, gibt es viele, die meinen, man könnte die Worte als separatistische Aussage verstehen, die uns isolieren wird. Opal kümmert sich um den Aufbau unserer ersten Webseite und Accounts bei Twitter, Facebook und Tumblr. Wir sind entschlossen, diesen grundlegenden Gedanken publik zu machen: dass unsere Leben etwas bedeuten. Dass Schwarze Leben zählen.

Ein paar Tage später gehe ich wieder auf Facebook und beginne zu posten.

Ich schreibe, dass wir anfangen, uns zu organisieren.

Ich schreibe: *Ich hoffe, das bewirkt mehr, als wir uns überhaupt vorstellen können.*

12. Razzia

Die meisten Weißen aus der Mittelschicht haben keine Ahnung,
wie es sich anfühlt, einer Polizei ausgeliefert zu sein,
die routinemäßig misstrauisch, grob, aggressiv und brutal ist.

DR. BENJAMIN SPOCK

Wir lebten in St. Elmo's, einer winzigen Oase, einem Dorf,
einer Insel inmitten der Stadt. Eine Technicolor-Vision
der Liebe, wahrgemacht von einem sensiblen Schwarzen
Künstler namens Rozzell und seinem Neffen Roderick.
1969 entdeckten die beiden eine verlassene Straße mit rissi-
gem Beton und überzeugten ihren Stadtrat, einen Schwarzen namens Tom Bradley, der später Bürgermeister werden
sollte, sich mit ihnen eine Welt vorzustellen, einen Ort aus-
zumalen, wo man mutig in Frieden, in hellem Licht und
mit allem, was Menschen möglich ist, leben könnte. Eine
Welt, wo Mammutbäume das Unkraut ersetzen, wo man
Gärten anlegen könnte. Genau das passierte. Die Gärten
gibt es bis heute, genau wie die Mammutbäume, die den
Eingang zum Village markieren. Als Beweis dafür, dass es
trotz Kriegen, Konflikten, Hass und Verzweiflung einen anderen Weg gibt. Einen anderen Weg, um zu träumen, einen

anderen Weg zur Koexistenz. Und als Beweis dafür, dass, wenn wir über Regenbögen gehen wollen, wir sie nur auf den Beton malen und unsere Fantasie benutzen müssen. Genau das passierte. Wir gingen auf Regenbögen und erzählten unsere Geschichten in Wandbildern, die jedem, der hier vorbeikam, zuriefen, wir waren hier, wir waren, verdammt noch mal, hier, und wir haben geträumt, uns unterstützt, an Dinge geglaubt, und all das Schöne war wirklich möglich, weil wir möglich und ein sicherer Hafen waren. Dass ich das jetzt erzähle, es alles aufschreibe, kann nicht mal im Ansatz erklären, was mir genommen wurde, als Razzien es uns – es mir – unmöglich machten, an dem einzigen Ort zu leben, wo ich bis dahin einfach leben konnte. Und das nur, weil wir, weil ich glaubte und forderte, dass die Polizei aufhören sollte, Schwarze umzubringen.

Die Polizeihubschrauber klingen näher als sonst und ich spekuliere, dass sie an diesem Sommernachmittag im Jahr 2013 in unser Village kommen. Nach St. Elmo's, in diese Ansammlung von Cottages in der Innenstadt von L. A., wo Künstler und Aktivisten aller Hautfarben schon seit den Sechzigerjahren leben und gratis Kunstunterricht geben.

Ich erzähle meinem Freund JT, einem Künstler, der mich gerade mit seiner sechsjährigen Tochter besucht, dass zusätzlich zu den Aktivitäten von Black Lives Matter auch Dignity and Power Now Druck gemacht und verlangt hat, dass das örtliche Sheriff's Department zur Verantwortung gezogen wird. Beides macht uns bei der Exekutive extrem unbeliebt. Dignity and Power Now ist inzwischen Teil des größeren Netzwerks von Black Lives Matter.

Ein paar Monate zuvor hat es hier eine Razzia gegeben, berichte ich JT. Das war das erste Mal, dass die Polizei in unser Village kam.

Unser Village mit der eigenen Ökologie, den grünen Sukkulenten und Kakteen sowie dem stolzen Zedrachbaum in der Mitte. Es ist mein Zuhause, der erste Ort, wo ich mich absolut sicher und ganz gefühlt habe. Mark Anthony und ich sind aus dem Canyon hierhergezogen.

Wir mieteten zwei Cottages im Village. Zwei Cottages, in denen wir Monte halfen, sich zu erholen. Cottages, in denen wir organisierten. Unsere Cottages, in denen wir trauerten. Wo wir uns liebten und selbst Liebe waren. Aber auch das Village an sich war ein Treffpunkt der Hoffnung. Jetzt kreisen die Hubschrauber, die wir seit dem frühen Morgen gehört haben, direkt über uns.

JT, seine Tochter Nia Imani und ich fühlen uns wie kleine Beute unter einem Falken. Wir sitzen ganz still in einer Ecke des Cottages. Die Hubschrauber wirken wie das Lauteste, was wir je gehört haben. Wir überlegen: Beobachten die überhaupt irgendwen oder ist es nur eine weitere Erinnerung daran, dass wir ein Volk im Belagerungszustand sind? Eine weitere Geschichte, die nicht erzählt wird, wenn sie die Geschichte Kaliforniens erzählen, ist die Geschichte der Belagerung. Was es für so viele von uns, die Schwarze oder Latinos sind, bedeutet, im Alltag der ständigen Überwachung durch die Polizei nicht entgehen zu können. Die Vorstellung, dass deine bloße Existenz, das Braun deiner Haut genügt, um geschnappt, um ermordet zu werden.

Wir wussten das zwar schon immer, aber 2012 und 2013 ist es uns gelungen, die sozialen Medien zu nutzen, um eine Debatte im ganzen Land anzustoßen. Nun dürfen wir keinen Fehler machen.

Wir wussten es, als Oscar Grant in Oakland getötet wurde, während er reglos und fügsam auf dem Fußboden in der Bahnstation Fruitvale saß.

Wir wussten es, als Amadou Diallo ermordet wurde. Mit 41 Kugeln. Einige in seinen Fußsohlen.

Wir wussten es, als Sean Bell angeschossen und ermordet wurde, während er nach seiner eigenen Junggesellenparty in New York in ein Auto steigen wollte.

Wir wussten es, als wir von Clifford Glover lasen, einem zehnjährigen Jungen aus Queens, New York. Im April 1973 wurde der kleine Clifford von der Polizei erschossen, als er einfach nur mit seinem Stiefvater eine Straße in ihrem Viertel, South Jamaica, Queens, entlangging. Der Killer-Cop Thomas Shea, der freigesprochen wurde, gab als Rechtfertigung lediglich an, er habe schließlich die Hautfarbe des Kindes gesehen.

Ida B. Wells wusste es, als sie ihr Leben riskierte, um die Killer Schwarzer Männer, Frau und Kinder zu entlarven. Zu den weißen Lynch-Mobs im Süden gehörten Vollzugsbeamte, die diese oft anführten oder schützten.

Die Deacons of Defense wussten es, als sie sich 1964 in Jonesboro, Louisiana, organisierten, um Menschen gegen die Tyrannei weißer Bürgerwehren und der Polizei zu schützen. Sie gründeten ihre erste Ortsgruppe in Bogalusa, Louisiana, am 21. Februar 1965, dem Tag, als Malcolm X bei einem Anschlag ums Leben kam.

Und die Black Panthers wussten es, als sich Huey Newton und Bobby Seale im Oktober 1966 mit je einem Gewehr im Arm im Namen der Selbstverteidigung gegen das Police Department von Oakland organisierten.

Wir waren und sind ihre Nachkommen. Aufgerufen, eine Fackel zu übernehmen, die keine Generation ignorieren will oder kann.

Polizisten, die wahren Nachkommen der Sklavenjäger, bedeuteten eine Bedrohung für unsere Community, und weder die Hautfarbe noch die soziale Herkunft, noch der gute Charakter eines einzelnen Officers konnten daran etwas ändern. Keine vereinzelten anständigen Taten konnten eine ganze Organisation ändern, die zu einer Institution mit dem Ziel geworden war, uns nicht zu beschützen, sondern zu fangen, zu kontrollieren und zu ermorden.

Die Sachlage war eindeutig.

In der Stadt Los Angeles bleiben fast 50 Prozent aller Tötungsdelikte ungeklärt. Und die sogenannten Gang Injunctions, bei denen unzähligen Jugendlichen alle möglichen Aktivitäten verboten werden, angeblich um Verbrechen vorzubeugen, trugen absolut nichts dazu bei, die Gewalt auf den Straßen einzudämmen. Mehr Schutz war ja auch gar nicht das Ziel – egal, was irgendwer dazu äußerte.

Im Bundesstaat Kalifornien wird ungefähr alle 72 Stunden ein Mensch von einem Polizeibeamten getötet.

63 Prozent dieser von der Polizei Getöteten sind Schwarze oder Latinos.

Schwarze, die nur sechs Prozent der Bevölkerung Kaliforniens ausmachen, haben also ein fünfmal höheres Risiko, ins Visier genommen und getötet zu werden als Weiße, und ein dreimal höheres Risiko als Latinos, die am häufigsten Opfer der Polizei sind.

Wer wird hier beschützt? Wem wird gedient?

Wenn man mich bittet, an Universitäten oder in Communitys einen Vortrag zu halten, zitiere ich diese Statistiken. Ich erkläre, dass man uns zwar als Kriminelle abstempelt, wir tatsächlich aber Opfer von Kriminalität sind. Und ich erzähle auch, dass es keine Statistiken gibt, um die Kollateraltodesfälle zu erfassen, die sich nach Monaten und Jahren der Trauer ereignen: die Depression, die zu Alkoholismus und schließlich zur Leberzirrhose führt; oder die Fresssucht, die Diabetes und dann einen Schlaganfall nach sich zieht. Langsames Sterben. Nicht dokumentiertes Sterben. Tod aus bekannter Ursache: Hass, der einem Menschen täglich klarmacht, dass sein und das Leben derjenigen, die ihm am Herzen liegen, einen Dreck wert sind. Diese Wahrheit bekommt noch mehr Gewicht, wenn Menschen, die einem ein Leid zufügen, nie dafür zur Verantwortung gezogen werden.

Anders als bei Tötungsdelikten, die von Nicht-Polizisten verübt werden, geht man bei Cops davon aus, der Killer sei im Recht gewesen, seine Entscheidung sei vernünftig, notwendig sowie zum Wohl und zur Sicherheit der Öffentlichkeit erfolgt. Sie sei nicht das Ergebnis einer mangelhaften Ausbildung und schon gar nicht Teil einer langen Geschichte von in Rassismus wurzelnder Polizeigewalt. Und das trotz der Tatsache, dass die Polizei im Süden dieses Landes insbesondere und nur zu dem Zweck gegründet wurde, Schwarze zu jagen, die frei sein wollten.

Einiges von all dem kommt auch zur Sprache, als JT und ich uns flüsternd in einer Ecke des Cottages unterhalten, während die Hubschrauber über uns kreisen. Seine sechsjährige Tochter ist verängstigt, aber wir können ihr die Lage genauso wenig erklären, wie wir überhaupt etwas dazu sagen können. Schließlich sage ich: Wir verhalten uns jetzt erst einmal ganz ruhig. In dem Versuch, mich zu trösten, flüstert JT mir ins Ohr: Vielleicht kommen sie diesmal nicht euretwegen. Wir schweigen kurz, bis er ausspricht, was wir beide wissen: Das würde natürlich bedeuten, dass sie es auf eine andere Schwarze oder Braune Ecke der Stadt abgesehen haben, die man als Großstadt-Dschungel, als Ort hinter den feindlichen Linien, als Schauplatz im Drogenkrieg ausgewiesen hat. Wo wir leben, wurden Kinder selbst von liberalen Politikern als Super-Räuber definiert. Und keiner von denen hielt inne, als die Reaktion auf diese Bestimmung so

aussah, dass man der örtlichen Polizei erlaubte, mit militärischen Mitteln und Manövern gegen Mütter und Väter,
Töchter und Söhne vorzugehen.

Zwei Jahre danach schockiert uns weder der Einsatz von
Tränengas noch von Angriffswaffen und Panzern, als wir
gegen den Tod des unbewaffneten Michael Brown protes-
tierten, den man in Ferguson auf offener Straße erschossen
hat. Und zwar mit Kugeln, die teilweise von oben in seinen
Schädel eingeschlagen sind. Die Bundesregierung stattet
die lokalen Polizeibehörden seit Jahrzehnten so aus, spätes-
tens aber seit der modernen Erklärung des Drogenkriegs.
Los Angeles, meine Stadt, war die erste, in der jemals eine
Razzia mit dem Sondereinsatzkommando SWAT stattfand.
Eine Generation zuvor waren es die Black Panthers, eine
andere Gruppe junger Schwarzer Aktivisten, die sich gegen
Polizeigewalt zusammentaten und dadurch ins Visier der
Exekutive gerieten.

An dem Tag mit den Hubschraubern konzentriere ich
mich nur auf diese zwei dringlichsten Punkte: dass wir am
Leben bleiben und dass ich mich – so vertraut wie schrecklich mir dieser Prozess schon ist – mental darauf vorbereite,
auf die Nachricht von einem weiteren getöteten unbewaffneten Kind reagieren zu müssen, und auf die Nachricht von
einem Mörder, der ungeschoren davonkommt.

Oder falls das Opfer verhaftet wird und überlebt, wird
man es dann so behandeln wie Monte? Mit Schlägen, Es-
sensentzug und Einzelhaft? Wird der Jugendliche verschwinden, wie Monte verschwunden ist, nur um Monate
später wieder aufzutauchen, vielleicht sogar mit fallen ge-
lassener Anklage, aber dafür mit einem ausgewachsenen
Trauma? Ich frage mich, ob auch nur eines unserer Kinder
jemals auf diese typische Weise die Hand auf den Arm gelegt bekommt und man es ermuntert, »Komm, mein Kind.

Das kannst du doch besser.« Oder ob einer sagt: »Lass uns mal mit den Eltern reden. Vielleicht braucht es eine Therapie.« Hat irgendwer im Strafvollzug jemals über einen von unseren Jugendlichen gesagt: »Das Gefängnis würde ihn zerstören, also lasst uns einen anderen Weg finden, ihm zu helfen«? Haben wir jemals auch nur eine erste Chance bekommen? Von einer zweiten ganz zu schweigen. Was bekam Trayvon Martin? Was Clifford Glover? Oder Rekia Boyd, die 2012 mit Freunden in einem Park von Chicago saß, lachend und plaudernd, als ein verdeckt ermittelnder Cop sie anpöbelte und ihr 22 Jahre junges Leben, ihre Wünsche und Träume auslöschte?

An all das muss ich denken, vor allem aber an Monte und daran, wie dankbar ich dafür bin, dass er an diesem Tag nicht bei uns im Cottage ist, als von draußen gegen meine Haustür gehämmert wird.

Warte hier, sage ich zu JT. Ich kann ihn nicht aufmachen lassen. Auch wenn er sich mir gegenüber als Beschützer fühlt – später wird JT einer der ersten Organisatoren von Black Lives Matter werden. Doch ich weiß, dass seine besonders dunkle Haut, seine knapp zwei Meter große und gut 100 Kilo schwere Gestalt eine Gelegenheit, eine Ausrede für Gewalt wären.

Wenn der unbewaffnete Trayvon Martin, 17 Jahre alt und schlaksig, mit Eistee und Süßigkeiten in der Hand, kaltblütig erschossen wurde, als er zu Fuß nach Hause ging und dabei mit einem Mädchen telefonierte, das gemobbt wurde …

Wenn der unbewaffnete Oscar Grant angeschossen und ermordet werden konnte, als er gefügig mit den Händen auf dem Kopf am Boden einer Bahnstation saß …

Wenn der unbewaffnete Ramarley Graham in seinem eigenen Badezimmer vor den Augen seiner Großmutter und seines kleinen Bruders erschossen werden konnte, weil Cops behaupteten, er hätte Gras bei sich …

Wenn all das stimmt, dann weiß ich, JT hätte keine Chance. Ich weiß, wenn ich ihn die Tür öffnen lasse, könnte es das Letzte sein, was er in diesem Leben tut.

Während weiter an die Tür gehämmert wird, umarme ich JTs kleines, zartbitter-schokoladenbraunes Mädchen, eine angehende Künstlerin – sie liebt es zu malen. Nia Imani und ich haben ein besonderes Verhältnis zueinander. Ich versichere ihr, dass alles gut wird. Dann mache ich die Tür unseres Cottages gerade so weit auf, dass ich hinausschlüpfen kann. Workshops von *Know Your Rights* haben mir längst eingeschärft, dass ich Polizisten ohne Durchsuchungsbeschluss nicht ins Haus lassen soll; ich glaube nicht, dass sie einen haben. Wir haben nichts Unrechtes getan. Nicht dass das Brutalität verhindert, aber ich klammere mich trotzdem daran und gehe rasch die Liste der Dinge durch, die wir getan haben:

Wir haben uns den landesweiten Protesten angeschlossen, damit der Mörder von Trayvon Martin angeklagt wurde.

Wir haben Versammlungen besucht und Einzelgespräche mit Leuten aus der Community geführt.

Wir haben Wandbilder gemalt.

Wir haben geweint.

Wir haben öffentlich gesagt, dass wir ein Volk in Trauer sind.

Wir haben verlangt, dass sie aufhören, uns umzubringen.

Aber wir haben keiner einzigen Person Leid zugefügt und niemand dazu angestiftet. Also haben sie kein Recht, hier zu sein!

Trotzdem zittere ich. Ich habe schreckliche Angst. Vor meiner Tür steht mindestens ein Dutzend Polizisten in voller Kampfmontur. Ich bin eine einzelne Frau, unbewaffnet und 1,57 Meter groß. Jeder einzelne der Leute, die hier vor mir stehen und deren Gesichter hinter Helmvisieren verborgen sind, während ihre Körper in kugelsicherer Kleidung stecken, hat eine Waffe auf mich oder mein Zuhause gerichtet.

Es ist dann ein Latino-Officer, der mich anspricht.

Jemand hat versucht, auf die Polizeiwache zu schießen, beginnt er. Wir denken, dass derjenige sich vielleicht in einem der Cottages im Village versteckt.

Hier ist niemand, sage ich.

Warum zittern Sie dann?, legt er aggressiv, aber scheinbar sachlich nach.

Weil Ihre Waffen auf mich zielen. Weil all diese Waffen auf mein Zuhause gerichtet sind, sage ich und deute nur mit den Augen, nicht mit den Armen auf sie. Noch so eine Lektion, die ich bei Know Your Rights gelernt habe.

Ich versichere Ihnen, dass hier niemand ist, den Sie suchen.

Damit öffne ich die Tür und gehe wieder rein. Drinnen schließt JT mich in die Arme. Beide versuchen wir, ruhig durchzuatmen.

Minuten vergehen. Wer weiß, wie viele. Dann hören wir die Polizisten wieder. Sie reden direkt vor unserem Fenster und anscheinend so laut wie möglich. Ich erkenne die Stimme des Latino-Beamten, der vorhin mit mir gesprochen hat.

Ich glaube, sie hat Angst, weil da jemand drin ist. Jemand, der sie beeinflusst, sagt er. Ich hole tief Luft.

Die erfinden einen Grund, um reinzukommen, obwohl sie keinen Durchsuchungsbeschluss haben, sage ich zu JT, der das genauso sieht.

Wieder wird an meine Tür gehämmert. Und diesmal ruft

man noch, wir sollten rauskommen. Und dass wir keine Chance hätten.

JT und ich sehen erst uns an, dann seine sechsjährige Tochter. Ich frage mich, ob es so für sie, für uns enden wird. Das sage ich natürlich nicht laut. Wir versichern uns nur, dass wir lebend aus dieser Sache rauskommen müssen. Wir sagen, dass schon weniger aufgeladene Situationen als diese zu Toten, zu unnötigen Toten geführt haben.

Wir beschließen, dass es am sichersten ist, wenn JT und Nia Imani zuerst rausgehen und ich ihnen folge. Wir können nur beten, dass sie einem Vater und seiner Tochter nichts tun werden, aber wir wissen, dass sie JT in dem Moment, wo er allein ist, umbringen werden.

Ich rufe hinaus, Mein Freund ist mit seiner sechsjährigen Tochter hier. Sie kommen als Erste raus.

Dann gehen sie hinaus. Ich folge ihnen.

Sofort umringt die Polizei uns drei. Wir sind unbewaffnet und so gekleidet wie drei Leute, die zu Hause gerade ihren Tag planen. Genau damit waren wir beschäftigt, als wir die Hubschrauber zum ersten Mal hörten.

Zehn, vielleicht auch ein Dutzend Cops treiben uns mit vorgehaltenen Waffen – und mit uns meine ich auch die sechsjährige Nia Imani – auf den Hof vor unserem Cottage, während die anderen an uns vorbei ausschwärmen und mein Zuhause stürmen wie wütende Hornissen oder irgendeine fliegende Landplage. Sie verbringen Stunden da drinnen.

Irgendwann stoßen noch Kriminalbeamte dazu und beginnen, alles draußen und, soweit wir das sehen können, auch drinnen zu fotografieren. Uns wurde kein Durchsuchungsbefehl gezeigt und wir können auch nicht protestieren. Die ganze Zeit bedroht man uns mit vorgehaltenen Waffen und behindert unsere Sicht, sodass wir nicht erkennen können, was sie in meinem Zuhause tun, was sie mitnehmen, was sie dort lassen. Sie benehmen sich wie in den Gefängniszellen, in die mein Bruder eingesperrt war. Ein Ort, wo die Polizei – oder die Wachen – dich mit jedem beliebigen Grund oder auch ohne jederzeit rausholen und deine Sachen durchwühlen können, auch das mit oder ohne Grund. Wo sie alles kaputt machen oder es bleiben lassen. Und es gibt nichts, was du sagen kannst, während Teile deines Lebens von etwas zerstreut oder zerstört werden, das man nur als gewalttätigen menschlichen Tornado bezeichnen kann.

Nach drei oder vier Stunden und ohne ein weiteres Wort an uns zu richten, verschwinden sie schließlich.

Danach ziehe ich aus.

Zum ersten Mal kam die Polizei im Februar 2013 nach St. Elmo's Village. Wir bereiteten uns damals auf den Prozess gegen den Mörder von Trayvon Martin vor, der aber noch Monate entfernt war. An diesem kühlen Abend in Los Angeles hatte ich, was selten vorkam, einfach mit Freunden eine Comedy Show besucht. Es war spät geworden, etwa ein Uhr, und ich machte mich auf den Heimweg zu unserem Cottage, wo ich Mark Anthony schon schlafend vermutete. Stattdessen stand er vor unserem Haus, barfuß und im Pyjama, die Hände mit Handschellen hinter dem Rücken gefesselt.

Mark Anthony, dieses hübsche Kind eines der Mitglieder der Originalbesetzung von *Earth, Wind & Fire*. Mark Anthony, den ich seit meinem 16. Lebensjahr liebe. Mark Anthony, mein Seelenverwandter. Mark Anthony, der sich für die Herausforderung entschieden und auf seine Privilegien verzichtet hat, ein großer, schlanker, hellhäutiger Kerl, den alle weißen Mädchen wollten, der aber immer eine von uns wollte. Er suchte sich immer Schwarze Mädchen aus. Suchte immer mich aus. Und nun war alles, was wir gelesen und gelernt hatten, alles, wogegen wir unsere Muskeln zum Kampf trainiert hatten, durch unsere Schlafzimmertür gestürmt und hatte diesen wundervollen Heiler nach draußen gezerrt und ihm in der kalten Nachtluft Handschellen angelegt.

Die Polizisten hatten ihn aus dem Schlaf gerissen. Sie konnten sich Zugang zu unserem Haus verschaffen, weil wir in St. Elmo's bis dahin nie unsere Türen abschlossen. Aber in dieser Nacht war die Polizei durch unsere Hintertür eingedrungen. Sie sagten, auf ihn passe die Beschreibung eines Typen, der in der Gegend ein paar Raubüberfälle verübt haben soll. Weitere Erklärungen gab es nicht.

Bei dieser Razzia stürmen nur ein paar Cops mein Zuhause, kein Vergleich dazu, was wir beim zweiten Mal erleben sollten. Ich bin weniger verängstigt als wütend. Als ich später erlebe, wie andere unsere Stimmen und Proteste für Gleichheit abqualifizieren, indem sie sagen, All Lives Matter oder Blue Lives Matter, da frage ich mich, wie viele weiße Amerikaner mitten in der Nacht aus ihren Betten gezerrt werden, weil sie einer vagen Personenbeschreibung von Gott weiß wem entsprechen. Wie viele magere, kleine, blonde Männer wurden verdächtigt, nachdem Dylann Roof Menschen im Gebet massakriert hatte? Wie viele braunhaarige Weiße wurden aus dem Bett gerissen, während Bundy als Sport Frauen umbrachte? Wie viele schlaksige weiße Teenies wurden nach Columbine oder irgendeinem anderen der Massaker in diesem Land – die mit uneinholbar weitem Vorsprung junge weiße Männer begangen haben – angehalten und gefilzt?

Was zum Teufel ist hier los?, verlange ich zu erfahren.

Ma'am, beginnt einer von ihnen, in der Gegend hat es

Raubüberfälle gegeben und die Beschreibung passt auf ihn –

Ich lasse sie ihre Geschichte von Problemen im Viertel gar nicht zu Ende erzählen.

Was reden Sie da? Das ist mein Ehemann. Er wohnt hier, sage ich und täusche Gelassenheit vor.

Die Polizei macht einen Rückzieher, und inzwischen haben sich auch andere Leute aus der Community, aufgeweckt vom Lärm, zu uns gesellt. Endlich werden Mark Anthony die Handschellen abgenommen, doch die Polizei verlässt mein Zuhause erst nach weiteren zwei Stunden. In dieser Zeit nehmen sie alle möglichen Informationen über ihn auf, prüfen seinen Führerschein und hoffen wohl, irgendeinen Grund zu finden, damit sie ihn mitnehmen können. Diesen Mann, den sie mitten in der Nacht aus seinem eigenen Bett geholt haben, und zwar in dem Haus, wo er inmitten einer Gemeinschaft lebt, die ihn schätzt.

Schließen Sie Ihre Augen und treten Sie näher.

Versuchen Sie, sich das mit mir vorzustellen:

Sie sind ein Doktorand in Traditioneller Chinesischer Medizin.

Sie träumen davon, Heiler zu werden.

Und vielleicht schlafen Sie gerade im Bett Ihrer Frau, das in einem Cottage steht, das wiederum zu einer Kooperative gehört, in der Künstler leben und die von Kindern zum kostenlosen Malunterricht besucht wird. Vielleicht träumen Sie gerade davon, ein Leben zu retten, als Sie mitten in Ihrem Traum aus dem Bett gerissen werden, von bewaffneten Männern in Kampfmontur und ohne Durchsuchungs- oder Haftbefehl, die sich durch eine unverschlossene Hintertür in Ihr Schlafzimmer geschlichen haben. Ihr einziger Grund besteht darin, dass Sie »der Beschreibung entsprechen«.

Und wer genau hat diese Beschreibung geliefert? Welchen weiteren Beweis haben sie? Woher wussten sie überhaupt, dass Sie in diesem Bett schliefen, wo das Cottage nicht mal auf Ihren, sondern den Namen Ihrer Frau gemietet ist? Inwiefern unterscheidet sich das von den Methoden der SS, des KGB oder der Tontons Macoutes? Und wer ist jetzt der wahre Kriminelle, der wahre Terrorist, und wie werden diese Leute zur Verantwortung gezogen? Diese Fragen stinken bis heute zum Himmel. Es ist der Gestank von faulendem Fleisch, denn sie bleiben unbehandelt, unbeantwortet.

13. AUFRUF ZUM HANDELN

Freiheit bedeutet per definitionem, wenn Menschen
erkennen, dass sie ihre eigenen Anführer sind.

DIANE NASH

Wenn wir sonst nichts wissen, dann zumindest, dass wir
nach dem Freispruch des Mörders von Trayvon Martin das
Thema ändern müssen. Wir müssen sehr konkret über den
Rassismus gegen Schwarze reden, der uns verfolgt, bis er
uns umbringt.

Wir beginnen zu planen. Alicia und ich kommunizieren
über Facebook, während sie sich auch mit Opal berät. Bei
einer unserer Diskussionen sage ich, Wir sollten ein politi-
sches Projekt aufziehen.

Ja!, antwortet sie. Das ist mehr als nur ein Hashtag.

Hier geht es darum, Stärke zu entwickeln. Darum, eine
Bewegung in Gang zu setzen, da sind wir uns einig.

So gut wie jeder hat schon einmal über das Leben eines
Schwarzen Kindes gesprochen, über ein Leben, das zählte.
2012 brachen die Dream Defenders zu ihrem unglaublichen
40-Meilen-Marsch auf das State House auf, das sie dann besetzten. Die Basketballmannschaft Miami Heat nahm ihr

berühmtes Foto mit den Hoodies auf. Dante Berry startete die Million Hoodies Movement, um Würde und Gerechtigkeit für uns zu fordern. In Chicago führt Black Youth Project 100, eine queere, Schwarze, feministische Organisation, die Proteste an. Was wir jetzt, in dieser frühen Phase brauchen, ist weiterer Druck durch einen umfassenden gesellschaftlichen Bewusstseinswandel.

Und der muss intern in unserer eigenen progressiven Bewegung beginnen. Dabei gibt es Menschen, die uns nahestehen und sich schon über den Slogan Black Lives Matter Sorgen machen, weil sie ihn für zu radikal, für befremdend halten. Und das, obwohl wir alle im Blut Schwarzer Kinder und Erwachsener stehen. Wir machen unbeirrt weiter Druck.

In New York hilft Opal, im Zuge der Nachwirkungen des Freispruchs, einen großen Marsch über die Brooklyn Bridge zu organisieren, der in einem Sit-in von tausend Menschen auf dem Times Square, der berühmtesten Straßenkreuzung der Welt, gipfelt.

In Oakland führt Alicia Demonstranten durchs Geschäftsviertel der Innenstadt, wo die Polizei auf sie losgeht. Die Medien ignorieren Hunderte von Menschen, die immer noch unter dem Mord an Oscar Grant im Jahr 2009 leiden und friedlich protestieren. Stattdessen richten sie ihre Aufmerksamkeit auf ein, zwei Leute, die nicht friedlich bleiben. Und die Polizeikräfte, die jeden atackieren, blenden sie vollkommen aus.

Ich arbeite in Los Angeles hauptsächlich mit Frauen – viele davon Studentinnen der California State University – und wir beginnen zu planen, was der größte Protestmarsch werden wird, den ich bis dahin organisiert habe. Ich stelle einen Aufruf auf Facebook, mit dem ich die Leute einlade, ins St. Elmo's Village zu kommen – damals hatte mich die zweite Razzia noch nicht von dort vertrieben. Thandisizwe Chimurenga, eine unserer beliebtesten Journalistinnen und Radiomoderatorinnen hier, hilft, die Menschen zu mobilisieren. Sie holt Melina Abdullah, die an der Cal State Black Studies lehrt, an Bord, und Melina mobilisiert ihre Studentinnen. Gemeinsam bilden wir den Kern des künftigen Organisationskomitees für unseren Protestmarsch. Damit wird klar, wer wir hier in Los Angeles sind; es ist der Beginn des Aufbaus unserer BlackLivesMatter-Los Angeles-DNA.

Wir stellen eine erste Liste mit Forderungen auf:

- Der Mörder von Trayvon Martin muss vor ein Bundesgericht kommen.
- Marissa Alexander, verhaftet, weil sie versucht hat, sich gegen ihren Ehemann, der sie bekanntermaßen misshandelte, zu verteidigen, muss begnadigt werden.
- Kein Bau neuer Gefängnisse in L. A.
- Allgemeine Kontrolle über alle Exekutivorgane.

Wir beschließen, dass diese erste Demonstration am Rodeo Drive in Beverly Hills stattfinden soll, wo die Reichsten und vornehmlich Weiße shoppen und sich treffen. Alle anderen Protestmärsche haben in den Schwarzen Communitys stattgefunden, dabei weiß man dort genau, worin die Krise besteht. Wir wollen zu denen sprechen, die gar nicht darüber nachdenken, was es bedeutet, sein ganzes Leben überwacht und als Zielscheibe zu verbringen.

Während wir die Kundgebung planen, mobilisiere ich, genau wie die anderen, alle meine Kontakte: das Strategy Center, die Gewerkschaften, die Community Coalition. Jahre später wird mich eine Veteranin der Bürgerrechtsbewegung nach den Sicherheitsvorkehrungen zu unserem Schutz während der Demo fragen. Als sie meine Antwort erfährt, wird sie weinen: Daran haben wir nicht gedacht.

So unterbrechen die das Narrativ, stören unsere Arbeit, sagt sie. Das hatten J. Edgar Hoover und das FBI geplant, als sie sich Counter Intelligence ausdachten. Dass eine ganze Generation tot, im Gefängnis oder zu traumatisiert sein würde, um weiterzugeben, was nötig wäre, um uns Sicherheit zu verschaffen.

Aber in den Treffen, die wir im Village abhalten, richtet sich unsere Aufmerksamkeit darauf, wie wir die Message rüberbringen, Stärke zu entwickeln und für den Heilungsprozess zu sorgen, den wir anstoßen wollen. Bei mir zu Hause sprechen wir, hauptsächlich Frauen, darüber, was wir verdienen. Wir sagen, wir verdienen ein anderes Wissen. Das Wissen, das davon kommt, wenn man annimmt, das eigene Leben wird lang, dynamisch und gesund sein. Wir verdienen es, uns eine Welt, ohne Gefängnisse und Bestrafung vorzustellen, eine Welt, die das nicht braucht, weil sie auf Gegenseitigkeit beruht. Wir verdienen es, das zumindest anzustreben.

Wenn man davon ausgeht, dass man selbst und die Menschen um einen herum nicht überleben werden, geschieht etwas im Inneren eines Individuums, eines Volks, einer Community. Darin sind wir uns einig. Wir sprechen darüber, wie man eine Haltung entwickelt, die die Hoffnung aufgibt und Träume verwirft.

Wir sagen, wir verdienen, was für so viele andere eine Selbstverständlichkeit ist: anständiges Essen, das über 7-Elevens und Taco Bells, wie in der Gegend, wo ich aufgewachsen bin, hinausgeht. Wir verdienen gesundes, biologisches und vollwertiges Essen, das den Körper und den Verstand nährt, das uns die nötige Energie und die nötige Ruhe zum Schlafen am Ende eines gut gelebten Tages gibt. Eines

Tages mit dem rechten Maß an Leistung, Liebe und Träumen. Wir verdienen es, ein Leben zu kennen, in dem nicht mit 50 Herzinfarkt, Schlaganfall, Diabetes oder Erblindung drohen, weil das Essen, zu dem wir Zugang haben und das wir uns leisten können, wie eine geladene Waffe ist.

Und Obdach. Auch das verdienen wir. Keine Bleibe mit Asbest in den Wandverkleidungen oder mit Wänden, die zu dünn sind, um gegen Kälte zu schützen. Keine Unterkünfte mit Rohren, aus denen bleiverseuchtes Wasser auf unsere Haut und in unsere Kehlen fließt. Und zwar in Flint genauso wie in North Dakota, in New York ebenso wie in Mississippi. An Orten, die es nie in die Nachrichten schaffen. Wir verdienen die Art von Obdach, die unserer harten Arbeit angemessen ist. Wohnhäuser, die sicher, ungiftig, gut beleuchtet und warm sind. Und Wohnraum, der kein Käfig ist, egal, ob es sich dabei um ein Gefängnis oder dessen Entsprechung in Freiheit handelt. Ein Zuhause, wo die Pflanzen unserer Begabungen gegossen werden, wo sie Platz zum Wachsen haben. Ein Gewächshaus für alles, was wir aus unseren Träumen pflücken und pflanzen dürfen.

Wir verdienen es, unsere eigenen Gärtner zu sein, und verdienen es, Gärtner zu haben. Mentoren und Lehrer, die Sonne und Regen bringen, und Stimmen, die über dem Setzling flüstern: Wachs, Baby, wachs.

Wir verdienen Liebe. Üppig, vollmundig und gesund. Liebe.

Und wir bringen diese Botschaft zu den Menschen nach Beverly Hills, auf den Rodeo Drive. Die Vorstellung, dass selbst an diesem Ort und zu dieser Zeit Hass und die härteste Form von Leben dominieren und selbst die schlimmsten Übergriffe den Opfern angelastet werden, während Schikanen allgegenwärtig und grenzenlos sind. Doch wir kommen, um zu sagen, dass wir mehr sein können als das schlimmste Ziel des Hasses. Wir sagen, das ist es, was wir mit Black Lives Matter meinen.

Mit einem Megafon in der Hand, in schwarzem Tanktop und violettem Rock, zu der Zeit quasi meine Uniform, sowie mit den allgegenwärtigen Hubschraubern über uns, erkläre ich den Leuten, die zum Brunch hier sind, dass sie nur heute die Polizeipräsenz ertragen müssen, die für uns dagegen Alltag ist. Ich sage, dass wir genau wie sie nicht dazu geboren sind, unsere Kinder zu begraben, sondern geboren, sie zu lieben und zu fördern. Und weil das so ist, mussten wir endlich einsehen, dass man uns genau dazu gezwungen hat, und zwar schon lange, schon jahrhundertelang. Wir sagen, dass diese Kinder, die jetzt unsere Toten, unsere Ahnen sind, zu uns rufen. Trayvon ruft zu uns und bittet, dass wir uns an ihn erinnern und endlich die verdiente, die nötige Veränderung bewirken. Ich wende mich direkt an die Menschen, die hier Mittag essen und vielleicht für eine Mahlzeit mehr ausgeben als viele von uns, um ihre Familie eine ganze Woche lang zu ernähren. Ich bitte sie, sich an die Toten zu erinnern. Sich zu erinnern, dass diese einst lebendig waren und dass ihre Leben zählten. Sie zählten damals und zählen heute.

Und dann bitte ich die Menschen am Rodeo Drive in Beverly Hills, doch bitte nur einen Moment lang innezuhalten, innezuhalten für Trayvon Martin, innezuhalten für seine Eltern, die er in Trauer und unaussprechlichem Kummer hinterlassen hat. Als ich das tue, wirkt es, als würde die Polizei gleich zuschlagen. Sie rücken immer näher und ich habe Angst. Aber ich bitte noch mal um einen Moment des Gedenkens an Trayvon, und so weit mein Blick reicht, stellen daraufhin alle Menschen, die mich gehört haben und offenbar alle weiß sind, ihre Champagnergläser ab, legen die silbernen Gabeln hin, hören auf, ihre Handys zu checken oder sich zu unterhalten, und noch der Letzte von ihnen senkt den Kopf.

Über Monate gehen die Diskussionen weiter, vor allem, aber nicht ausschließlich mit Frauen. Viele von uns sind queer, manche transgender. Wir verpflichten uns schließlich zu folgenden Leitsätzen:

- Beenden aller Gewalt gegen Schwarze.
- Anerkennen, Respektieren und Feiern von Unterschieden.
- Uns als Teil der weltweiten Schwarzen Familie sehen und uns darüber im Klaren sein, dass es unterschiedliche Wege gibt, wie wir als Schwarzes Volk, das in verschiedenen Teilen der Welt lebt, benachteiligt oder privilegiert sind.
- Die Führungsrolle und das Engagement unserer Transgender- und nichtgenderkonformen Mitstreiter anerkennen.
- Uns das Zisgender-Privileg bewusst machen und es demontieren, um Schwarze Transgender, insbesondere Schwarze Transgender-Frauen zu fördern, die weiterhin überproportional von transgender-feindlicher Gewalt betroffen sind.
- Dafür kämpfen, dass Schwarze Leben, alle Schwarzen Leben zählen, ungeachtet ihrer tatsächlichen oder wahrgenommenen sexuellen Identität, Gender-Identität, ihres Geschlechtsausdrucks, ökonomischen Status, ihrer Fähigkeiten oder Behinderungen, ihres religiösen Glaubens oder Unglaubens, ihres Immigrationsstatus oder Wohnorts.
- Sicherstellen, dass das BlackLivesMatter-Netzwerk ein Raum frei von Sexismus, Frauenfeindlichkeit

und Androzentrismus ist, wo Schwarze Frauen Anerkennung finden.

- Mitgefühl praktizieren und MitstreiterInnen einbeziehen, um mehr über deren Lebenswelt zu lernen und Verbindung zu ihr herzustellen.
- Ein Netzwerk ausbauen, das Transgender und Queer stärkt. Und wenn wir uns versammeln, tun wir das in der Absicht, uns aus dem harten Griff des heteronormativen Denkens oder von der Vorstellung zu befreien, dass alle Welt heterosexuell ist.
- Ein generationenübergreifendes und gemeinschaftliches Netzwerk ohne Altersdiskriminierung aufbauen. Wir glauben, dass alle Menschen, ungeachtet ihres Alters, die Fähigkeit zu leiten und zu lernen besitzen.
- Gerechtigkeit, Befreiung und Frieden im Umgang mit anderen verkörpern und praktizieren.

An den verschiedenen Locations treffen wir uns weiterhin, um zu überlegen, wie wir Kunst und Kultur in unsere Arbeit einfließen lassen können. In die Mobilisierung der Jugend, in Treffen und andere logistische Bereiche. Wir beginnen mit einer Liste von Forderungen auf lokaler Ebene und fügen die sich daraus ergebenden nationalen Forderungen hinzu. Wenig überraschend kommen an erster Stelle die Kürzung der Polizeibudgets und Investitionen in das, was Communitys wirklich sicher macht: Jobs, gute Schulen, Grünflächen. Bei jeder Forderung und in den Gesichtern der Menschen, die mir auf der Straße, bei der Arbeit begegnen, sehe ich meine Mutter und meine Brüder, meinen Vater und meine Schwester. Mir ist klar, uns ist klar, dass der einzige Plan für uns, die in den Vereinigten Staaten lebenden Schwarzen – in ihrer Gesamtheit, wenn nicht sogar als

Individuen –, an die Architektur von Bestrafung und In-Schach-Halten geknüpft sind. Wir sind entschlossen in unserem Aufruf, diese zu beseitigen.

Wir sind der festen Überzeugung, dass unsere Leben kraft unserer Geburt und kraft unserer Leistung zählen, die wir Menschen, Systemen und Strukturen erwiesen haben, selbst wenn diese uns weder lieben noch respektieren oder wertschätzen. Und während wir diese Idee in unseren jeweiligen Meetings mit unseren jeweiligen Teams kultivieren, wollen wir, Alicia, Opal und ich, sie nicht kontrollieren. Wir wollen, dass sie sich wie ein Buschfeuer ausbreitet.

Aber wenn unser Ziel darin besteht, die Gesellschaft zu ändern, die Leute sogar dazu zu bringen, dass sie die Worte Black Lives Matter glauben und aussprechen, dann ist dieses erste Jahr eines, das stoßweise verläuft. Wir können die grauenhaften Ereignisse ansprechen, die geradezu regelmäßig bekannt werden. Einen Namen nach dem anderen machen wir zum Hashtag.

Renisha McBride, ein 19-jähriges Mädchen, das am 2. November 2013 einen Autounfall hatte. Benommen und unter Schmerzen klopfte sie an die Tür von Theodore Wafer in Dearborn, Michigan. Der reagierte auf ihren Hilferuf mit der Mündung einer Schrotflinte und erschoss die verletzte und unbewaffnete junge Frau ohne Zögern.

John Crawford, ein 22-jähriger Vater, griff in der Spielzeugabteilung eines Walmart in Beavercreek, Ohio, zwei Tage vor der Ermordung von Michael Brown, nach einer Spielzeugwaffe. Da erschoss ihn ein Polizist, der gar nicht im Dienst war, und wurde dafür nicht angeklagt.

Dann ereignete sich am 17. Juli 2014 der Mord an Eric Garner in New York, verblüffenderweise in aller Öffentlichkeit. Dabei rief er bis heute unvergessen: *I can't breathe, I can't breathe.*

Diese Momente, insbesondere der Mord an Mr Garner, der von Augenzeugen gefilmt wurde und bald viral ging, steigern unseren Schmerz, unsere Wut, unsere Entschlossenheit, doch wir sprechen nach wie vor von Morden als individuellen Ereignissen. Jeder ist sein eigenes Grauen und wird nicht als Teil einer Bewegung betrachtet, die behauptet, Black Lives Do Not Matter.

Ein Jahr und vier Tage nach dem Freispruch von Trayvons Mörder und der Geburtsstunde von Black Lives Matter arbeiten wir immer noch hart, um den Leuten zu verdeutlichen, dass es zwar einen Fortschritt in Richtung Gerechtigkeit gibt, aber gleichzeitig andere genauso hart arbeiten, um das Gegenteil zu bewirken. Ein Ergebnis, bei dem nur noch die wenigsten Leben zählen.

Wir wissen, wenn wir die Nation dazu bringen zu sehen, zu sagen und zu verstehen, dass Schwarze Leben zählen, dann hat jedes Leben eine Chance. Schwarze sind schließlich die einzigen Menschen in diesem Land, denen man je von Gesetz wegen die Menschlichkeit abgesprochen hat. Das soll natürlich nicht das Leid oder den andauernden Schmerz irgendeiner anderen Bevölkerungsgruppe relativieren, insbesondere nicht den Genozid an den Ureinwohnern. Aber es ist auch etwas ganz Grundlegendes, das in dieser Gesellschaft, in den Herzen und Köpfen der Menschen, die von der Vorstellung, dass Schwarze keine vollwertigen Menschen sind, profitiert haben und damit aufgewachsen sind, erst einmal ankommen muss.

Wenn zunächst nur wenige bereit waren, das zu akzeptieren, dann hat ein American Movement *Against* Black Lives das am 9. August 2014 geändert.

An jenem Tag wurde in Ferguson, Missouri, ein 18 Jahre

alter Junge namens Michael Brown von dem Polizeibeamten Darren Wilson gejagt. Wir wissen nicht, warum. Später
wurde Mike Brown vorgeworfen, an einem Handgemenge
in einem Gemischtwarenladen der Nachbarschaft beteiligt
gewesen zu sein. Doch egal, ob da etwas dran ist, von dem
Handgemenge war noch nichts bekannt, als Wilson, wie der
Mörder von Trayvon Martin, die Verfolgung aufnahm. Wilson behauptete hinterher, als er den Teenager, der wenige
Wochen später mit dem College begonnen hätte, zur Rede
stellte, habe er um sein eigenes Leben gefürchtet. Dabei war
Mike Brown unbewaffnet und der Autopsie-Bericht bestätigt nicht nur, dass ihm in die Hand und in die Brust geschossen wurde – vermutlich um ihn aufzuhalten, falls er
Wilson angegriffen hat, was unter den Zeugen umstritten
ist. Aber ihm wurde auch von oben in den Kopf geschossen.
Zwei Mal.

Viereinhalb Stunden lang lag Mike Browns Leichnam
nach der Mordtat in der heißen Sonne Missouris.

Mike Brown, der mich auf so vielerlei Arten an meinen
Bruder Monte erinnert. Wegen seiner Statur, seiner Hautfarbe, seinem Alter, als die Polizei ihn jagte, um ihn zu töten.
Diese Geschichten lesen sich für viele Menschen in diesem
Land wie schockierende Einzelfälle. Doch für die Leute, die
ich kenne, sind es Übergriffe auf offener Straße – wenn
nicht sogar regelrechte Hinrichtungen. Und zwar gegen unsere Familie, gegen Menschen, die uns geliebt und großgezogen haben. Ich weiß, es hätte auch mein Bruder sein
können, der da, getötet von einem Cop, stundenlang auf der
Straße lag.

Denn was der Autopsie-Bericht nicht verriet: Darren
Wilsons Vorgehen war Teil einer langen Kette von Miss-
handlungen. Denen waren die meist Schwarzen, unterprivi-
legierten und armen 21.000 Bewohner der Stadt Ferguson

ausgesetzt. Einer Gemeinde, wo der Anteil der Armen doppelt so hoch ist wie etwa in St. Louis. Die Exekutive hatte dort jahrzehntelang völlig freie Hand, denn wer sollte schon für einen Haufen armer Schwarzer Partei ergreifen? Wen kümmerte das?

Die Schwarzen wurden dort so schrecklich behandelt, dass in *The Atlantic* eine 6.000 Wörter umfassende Reportage erschien, die wiederum auf einem Bericht des Justizministeriums über die fortlaufenden Übergriffe in Ferguson beruhte. Der Journalist Conor Friedersdorf schrieb in diesem Artikel, dass die Polizei von Ferguson über Jahre hinweg Brutalität ausgeübt, Bürgerrechte verletzt und der Verwaltung von Ferguson dabei geholfen hat, die Schwarze Community so schamlos auszunehmen, wie man das sonst nur von Mafiabossen kennt.

Cops wurden gedrängt, ja genötigt, Bürger – Schwarze Bürger, natürlich – nicht nur wegen Lappalien anzuhalten, die nichts mit der öffentlichen Sicherheit zu tun hatten, sondern auch so viele Vorladungen auszusprechen wie irgend möglich. Es wurde ein richtiges Spiel – wer schaffte es, am meisten zu verhängen? Jede Vorladung zog eine Strafe nach sich und diese Strafen füllten die Stadtkasse. Es gab keine Möglichkeit, gegen diese Straßenräuberei vorzugehen – das hätte sonst zu Verhaftung und Gefängnisaufenthalt geführt, denn den Vorsitz des Stadtgerichts hatte der Polizeichef.

In einem Fall landete eine Schwarze Frau (und in fast allen Fällen ging es um Schwarze Menschen) wegen eines ersten Parkvergehen im Gefängnis. Gegen sie wurden zwei Vorladungen verhängt, die Hunderte Dollar an Strafen und Gebühren nach sich zogen. Sie war arm und zeitweise obdachlos, was zur Folge hatte, dass sie Gerichtstermine versäumte, woraufhin sie eingesperrt wurde und einige Zeit im

Gefängnis verbrachte. Sie versuchte, eine Ratenzahlung zu vereinbaren, doch weil es keinen entsprechenden Plan gab, wurde sie erneut eingesperrt. Schließlich entließ das Gericht sie und gab sich doch mit Teilzahlungen zufrieden. Dennoch ist sie sieben Jahre nach dem Parkvergehen nach wie vor mit über 500 Dollar bei der Stadt Ferguson verschuldet.

Friedersdorf erzählte noch von einem anderen Fall, der ebenfalls im Bericht des Justizministeriums erwähnt ist. Es geht um einen jungen Schwarzen, der nach einer Verhaftung seinen Job verlor. In dem Artikel heißt es:

Im Sommer 2012 saß ein 32 Jahre alter Afroamerikaner zum Verschnaufen nach einem Basketballspiel in einem öffentlichen Park Fergusons in seinem Auto. Dann hielt ein Polizist hinter ihm … und verlangte die Sozialversicherungsnummer und einen Ausweis von dem Mann. Ohne irgendeinen Grund beschuldigte der Polizist ihn, ein Pädophiler zu sein, und zwar wegen der Kinder, die sich in dem Park aufhielten. Er befahl dem Mann, aus dem Wagen zu steigen, um sich abtasten zu lassen, obwohl es keinen Grund zu der Annahme gab, er sei bewaffnet. Der Officer verlangte auch, den Wagen des Mannes zu durchsuchen.

Der Mann weigerte sich und verwies auf seine verfassungsmäßigen Rechte. Als Reaktion verhaftete der Beamte ihn, wie es hieß, mit vorgehaltener Waffe, und bezichtigte ihn, in acht Fällen gegen die Gemeindeordnung von Ferguson verstoßen zu haben. Ein Punkt war, falsche Angaben gemacht zu haben, weil er zunächst die Kurzform seines Namens (z. B. Mike statt Michael) genannt hatte. Außerdem, dass die Adresse, die zwar nicht zu beanstanden war, nicht mit der auf seinem Führerschein übereinstimmte. Ein weiterer Verstoß war der fehlende Sicherheitsgurt, obwohl der Mann in einem geparkten Fahrzeug gesessen hatte.

Ab dem Moment, als die Segregation formell beendet wurde, fanden amerikanische Politiker Myriaden anderer Wege – alle gesetzlich verankert und vermeintlich legal –, um sicherzustellen, dass der Terror, der schon immer die primäre Erfahrung Schwarzer Menschen in den USA gewesen war, weiterging. Das funktionierte lange, weil die Menschen schwiegen, die am meisten darunter litten, also wir. Wir standen nicht in großer Zahl auf, als man uns als Verbrecher, Crack-Huren und *Welfare Queens* diffamierte.

Wir benutzten diese Ausdrücke sogar selbst! Unsere Politiker und Prediger benutzten sie! Während die Sklaverei und rassistische Gesetze ein öffentliches Spektakel aus unserer Qual machten – bei dem Menschen vor aller Augen geschlagen, ausgepeitscht, gelyncht und zerstückelt wurden –, brachte man uns Ende des 20. und zu Beginn des 21. Jahrhunderts mit den falschen Versprechungen zum Schweigen, dass, wenn wir verdammt noch mal die Klappe halten und tun würden, was man uns sagte, wir vielleicht Oprah oder Puffy oder LeBron oder, ganz gewagt, Barack Obama sein könnten. Dabei sah die Realität so aus, dass die überwältigende Mehrheit von uns, bewusst oder unbewusst, einen Großteil unserer Zeit damit zubrachte, gegen die weiße Vorherrschaft anzukämpfen.

Denn in Ferguson, genau wie in anderen Städten überall in Amerika, konnte die Polizei Schwarze Menschen nicht nur durch Vorladungen für geringfügige Vergehen unter Druck setzen, sondern sie hatte auch noch eine riesige Menge sperriger Gesetze zur Verfügung, um die sogenannte staatliche Beschlagnahmung durchzusetzen. Eine drei Milliarden Dollar schwere Industrie, die man als Teil der Strategie des Drogenkriegs erfand.

Die staatliche Beschlagnahmung erlaubte der Exekutive, Eigentum zu konfiszieren, indem sie einfach behauptete, jemand sei in den Drogenhandel involviert. Es brauchte keinen Beweis oder keine Anklage, um Bargeld, Autos und Häuser zu enteignen, was die Polizei im ganzen Land auch routinemäßig tat, wobei die Beweislast bei den Menschen lag, die man auf diese Weise beraubt hatte. Das Opfer musste beweisen, dass es nie etwas getan hatte, was ja fast unmöglich ist. Aber selbst wenn es den Betroffenen gelang, zu kämpfen und ihren Fall zu gewinnen, waren und sind die gesetzlichen Hürden, um ihr Eigentum zurückzuerhalten, extrem hoch. Sodass die Polizei, die 80 Prozent der Beute behalten durfte, damit schön einkaufen ging. Und was wurde meistens gekauft? Militärausrüstung. Man könnte es also auch so ausdrücken, dass die Polizei in Ferguson erst die Bewohner bestohlen und dann das Geld benutzt hat, um davon Tränengas und Maschinenpistolen zu kaufen, die am 9. August gegen genau diese Bewohner gerichtet wurden.

Und die ersten Bilder, die man zu sehen bekommt, sind wie ein Schock für uns: vor allem eins davon.

Es zeigt ein junges Schwarzes Mädchen, das direkt vor einem Panzer steht. Einem *Panzer*!

In seinen Händen hält es ein Schild.

Darauf steht schlicht: Black Lives Matter.

Wir sind eine Generation, die zum Handeln aufgerufen ist.

14. #SayHerName

Wir haben einander erwählt
Und die Flanken der Schlachten des anderen
Der Krieg ist derselbe
Wenn wir eines Tages verlieren
Wird das Blut der Frauen stocken
Auf einem toten Planeten
Wenn wir siegen
Ist das Ende offen

AUDRE LORDE

Wir wissen, dass wir nach Ferguson müssen. Aus Solidarität. Alicia, Opal und ich sprechen untereinander sowie mit dem Professor und Kommunikationsgenie Darnell Moore darüber, wie wir uns nützlich machen können. Darnell wird helfen, das BlackLivesMatter-Netzwerk auszubauen, aber erst später. Ferguson brennt schon jetzt.

Ich nehme Kontakt zu den Organisatoren auf, die wir in St. Louis kennen, und sie reagieren mit gemischten Gefühlen auf unser Kommen. Sie befinden sich im wahrsten Sinne des Wortes in einer Kampfzone. Manche sagen, kommt sofort, andere differenzieren: Kommt nur, wenn ihr Anwälte seid, erfahren im Organisieren von Jugendlichen und euch mit politischen Strukturen auskennt, wenn ihr medizinische oder vergleichbare Hilfe leisten könnt oder Journalisten seid. Die Aktivisten vor Ort, Mütter und Väter, Familienangehörige und Freunde von Mike Brown, seine Community eben, sie alle werden von den Mainstream-Medien als Plünderer und Kriminelle verunglimpft. Ich informiere telefonisch und per SMS Organisatoren im ganzen Land über den neuesten Stand, dann folgen wir Darnells Vorschlag: Lasst uns einen Freedom Ride nach Ferguson auf die Beine stellen. Wir planen ihn für das Wochenende in zwei Wochen, zu Labor Day.

Wir starten einen Aufruf auf Facebook und regional Verantwortliche koordinieren die Busse und Vans, die von North und South Carolina, von Texas, New York und von noch weiter her nach Ferguson fahren sollen. Monica Dennis in Brooklyn. Logan Cotton in Texas. Es gibt so viele Menschen, die ohne Bezahlung und ohne Schlaf dafür sorgen, dass unsere Leute in Ferguson die Unterstützung bekommen, die sie brauchen. In einem landesweiten Aufruf erklären wir die Idee und wie sie logistisch umgesetzt werden soll. Hunderte machen mit.

Hauptsächlich über CrowdRise sammeln wir 50.000 Dollar, um die Busse und das Essen nach der Ankunft zu bezahlen. Wir stehen in ständigem Kontakt mit 15 bis 20 Menschen aus Ferguson und der Gegend um St. Louis. Zu diesen engsten Mitarbeitern gehört auch eine *Sister*, Cheraaz Gorman, die vom ersten Tag an vor Ort war. Sie ist unsere wichtigste Ansprechpartnerin für die Arbeit in Ferguson.

Eine Woche vor dem Labour-Day-Wochenende fliegen Darnell, seine Cousine Tamara, die ein Organisationsgenie ist, Tanya, meine Freundin noch von der Highschool, Coerce, eine Freundin von Darnell und Organisatorin, die ursprünglich aus St. Louis kommt, inzwischen aber in L. A. lebt, und ich nach St. Louis. Wir mieten ein Auto und fahren nach Ferguson, was so ist, als käme man in eine Besatzungszone. Polizeikräfte aus mehreren Städten sind hier. Die Nationalgarde ist hier. An den Straßenecken stehen Panzer. Selbst Los Angeles mit seinen ständig herumfahrenden Streifenwagen und kreisenden Hubschraubern hat mich darauf nicht vorbereitet. Mein Gott, denke ich. All das Geld, das hier aufgewendet wird, um eine Community zu unterdrücken. Man würde so viel weniger benötigen, um sie zum Blühen zu bringen. Wo sind die Politiker, die das tun? Ich hole, wie wir alle, tief Luft, als wir in den Wagen steigen, um örtliche Organisatoren zur Vorbereitung auf die Demonstration zu treffen.

Im Auto dann eine Atempause: Wir schalten einen lokalen Radiosender ein und zwischen Hip-Hop-Songs wird über Mike Brown gesprochen. Liebevoll über ihn gesprochen. Wir sind verblüfft. Wenn die bei uns beliebten Lokalradiosender von uns sprachen, dann immer nur mit Verachtung. Könnte es sein, dass wir doch zählen?

Wir staunen und diskutieren über die großen Unterschiede zwischen Ferguson und Sanford, Florida. Trayvon Martin wurde in einer Gated Community erschossen, wo die Leute nicht die gleichen vertrauten Beziehungen zueinander haben. Ein Ort, der die Menschen separieren, abgrenzen will. Was nicht heißen soll, dass die Leute sich wegen Trayvon nicht aufgeregt haben, aber eben erst nachdem Außenstehende die Sache aufbrachten, den Schmerz seiner Eltern und Freunde, die man eigentlich sich selbst überlassen wollte.

Aber hier in Ferguson war Mike Brown Teil einer nicht durch Zäune abgeschotteten Community. Man kannte und mochte ihn. Wir sehen Leute in kleinen oder größeren Gruppen, manchmal auch einzeln. Sie tragen Mike-Brown-T-Shirts. Sie veranstalten kleine Teach-ins als Protest. Jemand hält ein Schild hoch, auf dem steht: Verklagt Darren Wilson. An den Wänden sieht man Graffiti, kurz und prägnant: We Love Mike Brown.

Wir fahren langsam an den Leuten vorbei und nicken ihnen zu, um unseren Respekt zu bekunden.

Cheraaz erwartet uns an der hiesigen Schwarzen Hochschule der Harris Stowe University, wo sie ein Treffen mit dem Präsidenten der Universität vereinbar hat. Der sagt uns zu, dass wir das Gelände am Labor-Day-Wochenende als zentralen Treffpunkt für die Demonstranten nutzen dürfen. Begeistert und dankbar brechen wir auf, um nach Hotels zu suchen, wo wir die Leute unterbringen können. Danach sind wir mit Organisatoren vor Ort verabredet, darunter Mitglieder der Dream Defenders und des Black Youth Project 100 (BYP100). Dort treffe ich das erste Mal Umi Agnew und Charlene Carruthers, die BYP100 gegründet haben, um junge Organisatorinnen zwischen 18 und 35 zusammenzubringen und Kräfte aus der queeren, feministischen Community zu bündeln. Es kommt mir vor, als würde ich verloren geglaubte Angehörige wiedersehen. Nach zwei Tagen haben wir den Eindruck, gut vorbereitet zu sein, und fliegen zurück nach Hause, um dort zu organisieren, was für die Kundgebung noch nötig ist.

Zwei Tage vor Ride of Freedom taucht dann der Präsident der Harris Stowe University plötzlich ab. Ich rufe immer wieder an, kann ihn aber nicht erreichen. Schließlich meldet sich eine Kollegin von ihm bei mir. Ich weiß nicht, wovon Sie sprechen oder was bei dem Treffen damals gewesen ist. Aber unser Campus bleibt am Labor-Day-Wochenende geschlossen. Hierher können Sie nicht kommen, sagt sie. Das klingt nicht mal unfreundlich, aber endgültig.

Ich rufe Cheraaz an und verspreche ihr, dass ich mir etwas einfallen lasse. Und während ich noch so dasitze und langsam Panik kriege, klingelt mein Telefon.

Hallo, meldet sich eine Stimme, die ich nicht kenne. Ist da Patrisse Cullors?

Ja, sage ich.

Mein Name ist Reverend Starsky D. Wilson. Ich bin der Pastor der St. John's United Church of Christ in North St. Louis. Ich habe gehört, dass Sie nach einem zentralen Ort suchen, wo die Demonstranten sich sammeln sollen. Sie können meine Kirche nutzen.

Ich überlege erst, dann sage ich: Viele von uns sind queer, trans oder nicht genderkonform.

Reverend Starsky überlegt nicht. Ihr seid alle in meiner Kirche willkommen, sagt er.

Wir reagieren schnell: SMS, Facebook und Twitter. Wir geben eine Pressemitteilung heraus und richten einen letzten Aufruf an knapp 600 Organisatoren in ganz Amerika. Thenjiwe und Maurice, die mit Merv später Blackbird Communications gründen werden, haben vor Ort unermüdlich mit der wichtigsten lokalen Gruppe gearbeitet, der Organization for Black Struggle. Wir informieren alle über den Pastor in North St. Louis, der uns eine Anlaufstelle bietet. Ich erzähle von seinem Mut, seinem großen Herz und seiner Zuneigung.

Busse und Vans brechen am Dienstag vor Labour Day auf. Für die Leute aus New York werden es 14 Stunden Fahrt, für die aus Kalifornien 38. Ein Team kommt aus Toronto. Es gibt einen Van, den Schwarze Trans-Frauen aus Ohio organisiert haben. Aaryn Lang, Wripley Bennett und Cherno

Biko. Diese Frauen riskieren auf der Fahrt durchs Heartland ihr Leben. Aber sie verlassen ihren klar abgegrenzten sicheren Bereich, um die Menschen von Ferguson zu unterstützen, ihnen Respekt zu zollen und zu helfen. Später werden sie uns sagen, wir hätten wenig getan, um für ihre Sichtbarkeit zu sorgen, um zu unterstreichen, dass unsere Sache von einer außergewöhnlich großen Zahl von Trans-Frauen und -Männern vorangetrieben wird. Die am stärksten kriminalisierte Gruppe auf diesem Planeten sind Schwarze Trans-Frauen, die man nicht als solche anerkennt. Wir beschließen als Bewegung, dafür zu sorgen, dass das nicht noch mal passiert. Wenn wir nach Ferguson von uns selbst sprechen, beginnen wir immer damit, dass wir, ohne uns dafür zu entschuldigen, Schwarz sind – wie BYP100 es so treffend formuliert hat. Wir bezeichnen uns auch als nichtpatriarchalisch und von queeren und Trans-Menschen angeführt. Wir arbeiten mit Lourdes Ashley Hunter zusammen, die die nationale Leiterin des Trans Women of Color Collective ist, und mit Elle Hearnes, die inzwischen dem Marsha P. Johnson Institute vorsteht. Black Lives Matter ist gehalten, dem Vorbild Schwarzer Trans-Frauen zu folgen, was uns manchmal gelingt, manchmal nicht. Nach Ferguson bekräftigen wir, dass wir einen weiterzuentwickelnden politischen Rahmen brauchen, weil sich Schwarze Menschen weiterentwickeln und sich unsere Arbeit – genau wie jeder Einzelne von uns – ebenfalls weiterentwickeln muss.

Wir, unsere dynamische Gruppe aus 600 Menschen – Organisatoren, Anwälte, politische Experten, Jugendorganisatoren und Heiler –, treffen Freitagabend bei Reverend Starsky ein. Zum ersten Mal begegne ich Opal Tometi, die ich bisher nur vom Telefon kenne. Wir umarmen uns. Aber irgendwie ist die Stimmung gedämpft. Weil allen klar ist, dass wir uns in einem Kriegsgebiet befinden und viel Arbeit vor uns liegt. ◂

Darnell und ich steigen auf die Bühne und begrüßen alle. Wir gehen noch mal die Regeln durch, wie wir miteinander umgehen und uns gegenseitig beschützen wollen. Und dann brechen wir im Untergeschoss von Pastor Starskys Kirche das Brot, bevor wir uns zu unseren Hotels und Airbnb-Unterkünften aufmachen, von wo aus wir am nächsten Morgen nach Ferguson wollen. Die Proteste dort finden rund um die Uhr statt. Gegen zehn Uhr vormittags stoßen unsere Leute – darunter auch Schwarze Journalistinnen wie Brittney Cooper, Akiba Solomon und Jamilah Lemieux – zu ihnen und stellen sich Schulter an Schulter gegen Panzer und Maschinenpistolen. Von den Palästinensern haben wir gelernt, dass man sich die Augen nach Tränengasangriffen nicht mit Wasser, sondern mit Milch auswaschen soll.

Am Samstagabend kommt es überall zu spontanen Protesten und einige unserer Leute schließen sich an. Sie marschieren mit einheimischen Organisatoren zur Polizeiwache und beginnen ihre eigene Besetzung – allerdings im Unterschied zur Besatzung durch die Staatsgewalt unbewaffnet. Es ist ein Ruf nach Gerechtigkeit: Darren Wilson ist für den Mord an Mike Brown immer noch nicht festgenommen und schon gar nicht angeklagt. Es werden noch Monate vergehen, bis wir erfahren, dass es dazu tatsächlich gar nicht kommen wird.

Wir beschließen, für diejenigen, die nicht zur Polizeiwache ziehen, einen Ort zu schaffen, wo die Community Kraft schöpfen kann. Cheraaz macht ihn bekannt. So versammeln wir uns erneut bei der Kirche und ab dem frühen Abend kommen Angehörige der Community dazu. Die Menschen aus Ferguson sind zu diesem Zeitpunkt bereits seit vier Wochen auf den Straßen und immer wieder militärischen Angriffen ausgesetzt. In den Medien hat man die Leute dämonisiert. Sie – und wir alle – brauchen Raum zum Reden, um gehört zu werden und zum Atmen. Es sind vor allem Frauen, die an diesem Abend zusammenkommen. Unter ihnen sind Johnetta Elzie, Ashley Yates, Brittney Ferrell und Alexis Templeton. Larry Fellows ist auch dort. Sie alle gehören zu den wichtigsten Organisatoren der Proteste.

Angesichts der vielen Toten und der Ungerechtigkeiten, die zu diesem 9. August geführt haben, herrscht in der Kirche dieses kollektive Gefühl der Überwältigung. In jenem Raum dieser Kirche sprechen wir von CeCe McDonald, einer Schwarzen Bi-Trans-Frau, die ins Gefängnis kam, nachdem sie einen Mann abgewehrt hatte, dessen Freundin ihr vor einer Bar ein Glas ins Gesicht geschleudert hatte. CeCe rannte vor dem Mann weg, der sie jedoch verfolgte. Sie verteidigte sich mit einer Schere, die sie in ihrer Tasche bei sich trug. Er starb und sie kam, wegen Totschlags verurteilt, ins Gefängnis. Genau wie Marissa Alexander, die man ins Gefängnis steckte, weil sie mit ihrer Waffe einen Warnschuss in die Decke abgegeben hatte, um ihren sie misshandelnden Ehemann abzuschrecken, gegen den sie bereits eine Kontaktsperre erwirkt hatte. Niemand wurde verletzt, aber im selben Bundesstaat, wo man den Mörder von Trayvon Martin laufen ließ, wurde Marissa eingesperrt. Das gesetzliche Recht auf Selbstschutz notfalls mit Waffengewalt – *Stand your ground* – galt für sie anscheinend nicht. Wir sprechen von Trayvon und manche erzählen von ihren kleinen Brüdern. Manche von ihren Partnern oder erinnern an Oscar Grant. Einige erwähnen auch ihre Väter und gedenken Eric Garners. Und Monte, Monte ist in diesem Raum bei mir. Er ist in dieser Stadt bei mir.

Nach und nach beginnen die Frauen auch von ihren eigenen Erfahrungen zu berichten, die widerspiegeln, was wir alle kennen: Armut, Beziehungen, in denen es zu Missbrauch kommt, Communitys im Belagerungszustand. Das erinnert mich wieder daran, warum ich immer darauf bestehen werde, dass wir in unserer Arbeit Raum dafür lassen, Traumata anzusprechen und Strategien für den Widerstand zu entwickeln. Irgendwann fangen *Sisters* an, davon zu sprechen, wie ungesehen sie sich gefühlt haben, als sich die Medien auf die Männer konzentrierten, obwohl doch sie, die *Sisters*, vor Ort waren. Und zwar in überwältigender Zahl – genau wie schon während der Bürgerrechtsbewegung. Frauen, also alle Frauen, auch Trans-Frauen, machen ungefähr 80 Prozent der Leute aus, die dem Terror in Ferguson die Stirn bieten und sagen, wir sind die Hüterinnen dieser Community. Es sind die Frauen, die sich, oft mit ihren Kindern, nach draußen wagen, um ein Ende der Polizeigewalt zu fordern. Sie sind es, die sagen, wir haben ein Recht darauf, unsere Kinder ohne Furcht großzuziehen. Doch in den Medien wird der Mut der Frauen nicht gezeigt. Eine *Sister* sagt, Wenn die Polizei anrückt, laufen wir nicht weg. Wir bleiben. Und dafür verdienen wir Anerkennung.

Ihre Worte werden bei uns und in uns bleiben, während es in Ferguson losgeht und während die nationale Aufmerksamkeit sich wirklich auf das zu richten beginnt, was Alicia, Opal und ich initiiert haben. Erstmals positiv wird über Black Lives Matter in Melissa Harris-Perrys Sendung berichtet. Es ist nicht beabsichtigt, dessen bin ich mir sicher. Sie lädt uns auch nicht ein, erst ein Jahr später kommt es dazu. Doch in diesem frühen Moment und trotz der überwältigenden Kenntnisse der Leute vor Ort, die darüber reden, was Alicia, Opal und ich getan haben – und obwohl wie so oft in der Geschichte Frauen die Arbeit leisten, während Männer dafür gerühmt werden –, dauert es lange, bis wir den meisten Reportern der Mainstream-Medien überhaupt in den Sinn kommen. In einem Patriarchat zu leben, bedeutet nun mal, dass die falsche Neigung besteht, Männer und ihre Ansichten in den Mittelpunkt zu rücken, nicht Frauen und deren Arbeit.

Diese Tatsache scheint sich heute und in unserem Zeitalter noch zu verschlimmern, wenn die Präsenz auf Twitter, die Anzahl der Abonnenten, die jemand hat, die tagtägliche, nicht laut verkündete Arbeit derjenigen in den Hintergrund drängt, die aufgrund ebendieser Arbeit vielleicht nicht die Zeit haben, ständig zu tweeten oder an ihrer persönlichen Marke zu feilen, damit diese zur leicht verkäuflichen Ware wird. So wie die Frauen, die organisiert und Strategien entworfen haben, marschiert sind, gekocht, getippt und andere Arbeiten geleistet haben, um die Bürgerrechtsbewegung zu ermöglichen. Frauen, deren Namen unausgesprochen und unbekannt bleiben. Die gleiche Dynamik konnte man auch diesmal beobachten, als die Nation zu verstehen begann, dass wir eine Bewegung waren.

Opal, Alicia und ich wollten nie Mittelpunkt von irgendwas sein und brauchten das auch nicht. Bewusst haben wir unsere Rollen bei dieser Arbeit dezentralisiert. Aber genauso wenig wollten oder verdienten wir es, übergangen zu werden. Ich könnte jetzt sagen, dass es schmerzhaft war zuzusehen, wie die Geschichte von Black Lives Matter ohne uns erzählt wurde, aber in Wahrheit hat es uns wütend gemacht.

Ich spreche darüber, dass man uns übergangen hat, mit Schwarzen Journalistinnen, unter anderem mit Akiba Solomon von der Zeitschrift *Colorlines*. Sie erzählt es wiederum unserer gemeinsamen Freundin – meiner Koautorin – asha bandele. asha arbeitet damals schon seit fast 15 Jahren mit und für *Essence*.

Erzähl mir die ganze Geschichte, sagt asha eines Tages Ende 2014 zu mir.

Sie schreibt meine Gedanken und Erinnerungen, meine Geschichte nieder und verfasst daraus einen kurzen Essay, den ich dann freigebe.

Zwei Monate später erscheint das Magazin *Essence* erstmals in seiner Geschichte mit einem Titelbild ohne Foto. Da stehen nur die Worte BLACK LIVES MATTER. Im Heft finden sich meine Worte. Es ist das erste Mal, dass Alicia, Opal und ich in einer im ganzen Land erscheinenden Publikation unsere Geschichte erzählen. Es sollte niemanden überraschen, dass wir das in einer Zeitschrift tun, die sich zum Ziel gesetzt hat, Schwarzen Frauen Mut zu machen.

Ich erzähle den Leuten immer wieder, was passiert ist, wer uns Raum gegeben hat, wer der Ansicht war, unsere Arbeit zähle. Ich sage den Leuten auch immer wieder, dass wir einen besonderen Personenkreis brauchen, um unsere Arbeit tun zu können. Außer Partnern und besten Freundinnen brauchen wir Menschen, die uns einfach lieben und unterstützen, ohne irgendeine Gegenleistung – nur aus dem Wunsch heraus, dass wir weitermachen. Alicia und Opal haben jede ihren eigenen Kreis aus Liebe und Unterstützung. Als ich zu dieser Reise aufbrach, wurde ich und werde bis zum heutigen Tag von drei erfahrenen Organisatorinnen und Autorinnen gestützt: asha, dream hampton und Rosa Clemente. Sie beraten mich, stellen Kontakte her und oft hören sie einfach nur zu, wenn ich jemand brauche, um etwas zu besprechen. Ich erwähne die drei hier, weil ich nicht übergangen wurde, solange sie achtgaben, und sie genauso wenig übergangen werden, solange ich achtgebe.

Am Sonntagmorgen feiert Reverend Starsky die Messe und viele von uns mischen sich unter die Mitglieder seiner Gemeinde. Es ist ein besonderer Gottesdienst, denn er ist Black Lives Matter und der Bewegung gewidmet. Der Chor eröffnet ihn mit dem Lied: »We Need You to Survive«. Dann hält Reverend Starsky eine Predigt, die anscheinend zu gleichen Teilen im Himmel wie hier auf Erden geschrieben worden ist. Er ruft uns alle zum Handeln auf, sagt, wir sollen zusammen und füreinander für unsere Community einstehen. Und am Ende der Predigt, wenn üblicherweise die Kirchenbesucher aufgefordert werden, nach vorne zu kommen und sich zu Jesus in ihrem Leben zu bekennen, erteilt Reverend Starsky uns einen Auftrag. Er bittet jeden aus seiner Gemeinde, nach vorne zu kommen und sich zu unserer Bewegung zu bekennen.

Anschließend schwärmen wir aus. Manche kehren zu den Demonstrationen zurück, andere in das Viertel, wo der Staatsanwalt Bob McCullough wohnt. Dort verteilen wir Flugblätter und reden mit den Leuten. *Sagt ihm, er soll den Killer-Cop Darren Wilson anklagen.*

An unserem letzten Tag in Ferguson und als Reaktion auf die Stimmung in der Community veranstalten wir eine Diskussion über patriarchale Tendenzen in unserer Bewegung. Darnell kümmert sich darum. Er sagt, er wisse, dass ihm selbst als schwulem, feministischem Schwarzem Mann mehr Aufmerksamkeit zuteilwird, als er eigentlich verdient. Wir besprechen mit Organisatoren aus der Gegend, die sich hier versammelt haben, was es bedeutet, sich zurückzunehmen und Verbündeter zu sein.

Inzwischen haben Mark Anthony, Prentiss Hemphill und Adaku Utah das Untergeschoss der Kirche in einen Ort der Heilung verwandelt. Menschen, die seit Wochen protestieren, kommen hier in einen nur von Kerzen erleuchteten Raum, wo eine Gruppe Heiler sich für Massagen, Akupunktur und Gesprächstherapie bereithält. Es gibt einen Altar für Verstorbene, Kissen, um sich darauf auszuruhen. Wir wollen uns das ganzheitliche Menschsein von nichts und niemand absprechen lassen. Und für die Ganzheitlichkeit unseres Menschseins brauchen wir neben Protesten, ausführlichen Diskussionen, politischem Druck und Theorie eben auch einen Ort der Erholung und Erneuerung. Einen Ort, um wieder Kraft zu schöpfen.

Und bevor wir abreisen, verkünden wir noch einen Sprechgesang, den ich skandiere, so laut ich kann. Er stammt von einer Frau, die dieses Land auch übergehen wollte, die sich aber nicht übergehen ließ: Assata Shakur. Mitten im Raum rezitiere ich diese Worte zum ersten Mal öffentlich, während die Leute sie nach jeder Zeile wie ein Echo wiederholen:

ES IST UNSERE PFLICHT, FÜR UNSERE FREIHEIT ZU KÄMPFEN!
ES IST UNSERE PFLICHT ZU SIEGEN!
WIR MÜSSEN EINANDER LIEBEN UND UNTERSTÜTZEN!
WIR HABEN NICHTS ZU VERLIEREN. NUR UNSERE KETTEN!

Die Arbeit nimmt exponentiell zu. Im Dezember nach dem Mord an Mike Brown treffen Alicia, Opal und ich uns in South Central, L. A., um den Aufbau eines Netzwerks zu besprechen. Die Leute wollen ihre eigenen Ortsgruppen von BLM gründen und auf lokaler Ebene aktiv werden. An unserem letzten Tag in St. Louis hatten wir uns schon in regionale Gruppen aufgeteilt, um zu sehen, was die Leute machen wollten und konnten. Aber wir gruppierten die Menschen auch nach ihren Kompetenzen: Anwälte, Journalisten und Heiler besprachen jeweils, wie sie sich koordinieren und nützlich machen konnten. Leute veranstalteten Events in ihren Heimatstädten, um über Ferguson zu sprechen und über das, was dort tatsächlich passiert ist. In der Berichterstattung ging es jetzt nicht mehr in erster Linie darum, wer wir waren, sondern um unsere Botschaft. Und zwar nicht gefiltert durch die Mainstream-Medien. In jenem ersten Jahr treffen wir uns nach entsprechenden Aufrufen mindestens zweimal monatlich – Hunderte von Leuten –, um nächste Schritte zu besprechen, von denen der wichtigste bleibt, dafür zu sorgen, dass Darren Wilson angeklagt wird.

Doch während die Arbeit immer mehr wird, die Leute offen aussprechen, dass unsere Leben zählen, und es sogar Menschen in anderen Ländern gibt, die Teil dessen werden wollen, was allgemein als die Bewegung Black Lives Matter bekannt wird, erweist es sich für mich als größere Herausforderung, meine engsten Beziehungen aufrechtzuerhalten.

Mein ganzes Leben lang und als Zeugin des Lebens meiner Mutter habe ich gelernt, dass Liebe mit Arbeit verbunden ist. Meine Mutter war nie der Kuscheltyp, nie eine Frau, die viel von ihren Gefühlen preisgab. Nachdem sie und Alton sich getrennt hatten, war ich schon einige Zeit an der Highschool, bevor ich meine Mutter mit einem anderen Mann sah. Sie hat sich auch nie mit jemand verabredet. Ich schätze, ich hielt sie für asexuell.

Und obwohl ich weitaus emotionaler bin als sie und in dieser Hinsicht eher nach der Familie meines Vaters Gabriel komme, halte ich es doch so wie sie, die praktisch rund um die Uhr arbeitete und alles tat, um ihre Familie durchzubringen. Das möchte ich vorausschicken, bevor ich berichte, dass Mark Anthony und ich, trotz unserer wahren und echten Liebe und unseres Respekts füreinander beginnen, uns mehr als Freunde und weniger als Liebende, als Mann und Frau, zu fühlen.

Sechs Monate lang bitte ich ihn, mit mir zur Paartherapie

zu gehen. Sechs Monate lang verspricht er es, tut es jedoch kein einziges Mal. Die Romantik und körperliche Intimität, die einst ein so großer Bestandteil unseres Lebens waren, verblassen und werden wie ein Song, den man mit einer anderen Zeit und einem anderen Ort verbindet. Sicherlich half es auch nicht gerade, dass wir ständig in furchtsamer Erwartung der nächsten Krise lebten. Die ganze Welt fing an, wie eine Stadt im Belagerungszustand zu erscheinen, und wenn ich jetzt daran zurückdenke, glaube ich, wir haben damals zwar gelernt, wie man zusammenarbeitet, aber nicht, wie man zusammen liebt. Es ist natürlich auch schwer, mit einem einzigen Menschen intim zu sein, wenn man gerade gefühlt mit der ganzen Welt intim ist.

Mark Anthony und ich, wir streiten nie. Streit gehört einfach nicht zum Repertoire unserer Umgangsformen. Später frage ich mich, ob es vielleicht geholfen hätte. Hatte ich das Gefühl, dass Mark Anthony zwar immer an meiner Seite stehen, aber gleichzeitig nie um *mich* kämpfen würde, darum, mich als Ehefrau und Geliebte in seinem Leben zu halten? Ich glaube, so war es. Ich argwöhnte – und hatte das vielleicht schon immer getan –, ihn mehr zu lieben und zu wollen als er mich.

Eines Abends lud ich ihn zum Abendessen in eines unserer Lieblingslokale ein, ein koreanisches Grillrestaurant in der Nähe von zu Hause.

Es funktioniert nicht mit uns, sage ich.

Ich weiß, sagt er.

Ich liebe dich, Mark Anthony, sage ich.

Ich liebe dich auch, sagt er.

Aber wir müssen unsere Beziehung verändern, sind wir uns einig.

Danach herrscht vornehmlich Schweigen. Schweigen und eine große Trauer. Ich bin so schrecklich traurig. Wir befinden uns in einem Übergang, der zwar notwendig, aber auch schmerzhaft ist. Doch wir weigern uns, die Rolle zu leugnen, die wir jeweils in der Geschichte und Entwicklung des anderen gespielt haben. Wir weigern uns, so zu tun, als wären wir nicht mehr als Familie miteinander verbunden. Wir wissen, dass es einfach eine neue Form von Familie sein muss.

Auch wenn wir kein Leben mehr als Mann und Frau, als Liebende, miteinander führen, arbeiten Mark Anthony und ich weiterhin eng zusammen, hauptsächlich für Dignity and Power Now. Ich kümmere mich hauptsächlich darum, Spenden zu sammeln, während er die Gesundheits- und Heilungsprogramme der Organisation aufbaut. In dieser Hinsicht erleben wir einen Höhenflug. Und der dauert bis heute an. .

Ich beginne, mich wieder zu verabreden. Ich will lieben. Ich brauche das. Ich möchte eine Familie, eine Mitte, ein liebevolles und stabiles Zentrum, in das ich immer wieder zurückkehre, in dem ich aufwache. Carla stellt mich Rei vor, einem Transmann, der halb paraguayischer, halb japanischer Herkunft sowie ein brillanter Städteplaner und Organisator ist. Doch ich möchte nicht monogam leben, und das ist etwas, womit er nicht zurechtkommt. Damals treffe ich auch immer wieder JT, mit dem ich schon lange befreundet bin. Er ist der zweite und einzige weitere heterosexuelle Zisgendermann, mit dem ich je zusammen war. Zudem war er in der frühesten Phase integraler Bestandteil von BLM und wir stehen uns sehr nahe. Mir liegt viel an ihm und seiner Tochter, der kleinen Künstlerin, die mit uns die zweite Razzia in St. Elmo's Village erlebt hat. JT und ich beginnen zu überlegen, was es bedeuten würde, miteinander ein Kind zu haben. Er wünscht sich noch eines und ich möchte gern

Mutter werden. Wir überlegen, wie wir beide Eltern und Partner sein könnten, ohne zu heiraten. Mir gefällt, wie ich mich bei JT fühle, befreit und verbunden zugleich.

Doch während wir laut über Kinder und Familie nachdenken, wird es wieder 13. Juli. Und zwar im Jahr 2015. Wir erfahren von einer jungen Frau, die mit dem Auto zu einem neuen Job und einem neuen Leben in Texas unterwegs war, wo sie in der Verwaltung eines Colleges anfangen sollte. Sie hatte einen Vlog, den sie Sandy Speaks nannte. Darin äußerte sie ihre Meinung zu unserem Leben in den USA. Und sie forderte uns heraus: Macht ihr heute irgendwas Produktives?

Sie ist eine von uns und ihr Name ist Sandra Bland und wir hören von ihr, weil sie am 10. Juli 2015 wegen einer banalen Verkehrswidrigkeit vom Bundespolizisten Brian Encinia angehalten wird. Er behauptet, die 28-Jährige aus Chicago sei abgebogen, ohne den Blinker gesetzt zu haben. Als sie ihm dann ihre Papiere aushändigt, damit er ihr einen Strafzettel ausstellen kann, befiehlt er ihr, die Zigarette auszumachen, *während sie in ihrem eigenen Wagen sitzt*. Sie weigert sich, woraufhin Encinia sie aus dem Fahrzeug zerrt und neben der Straße zu Boden stößt. Das Video der Kamera auf dem Armaturenbrett, auf dem dies und die anschließende brutale Verhaftung zu sehen ist, kursiert bald darauf im Netz. Encinia drohte, Sandra »anzuzünden«.

Am Ende wird er wegen Meineids angeklagt und gefeuert werden, doch das passiert zu spät, um Sandra Bland noch zu retten. Am 13. Juli 2015 findet man sie erhängt in ihrer Zelle. Ihr Tod wird als Selbstmord zu den Akten gelegt, was niemand, der bei Verstand ist, glaubt. Hatte sie jemals Leid, Frust, Trauer zum Ausdruck gebracht? Ja. Trifft das auf die meisten Schwarzen Menschen zu, die in einem Land leben, das uns unverhohlen hasst? Ja. Aber lässt irgendetwas in ihrer Biografie vermuten, dass sie sich im Gefängnis umbringen würde? Nicht. Das. Geringste. Sie war unterwegs zu einem neuen Job. Sie engagierte sich aktiv für andere Schwarze Menschen. Sie war in kämpferischer Verfassung. Sie hatte mit ihrer Schwester gesprochen und man war schon dabei, das Geld für ihre Kaution aufzutreiben.

Sandra Bland hat nicht, hat nicht, hat nicht Selbstmord begangen.

Sandra Bland glaubte, dass ihr Schwarzes Leben zählte und dass unser aller Schwarze Leben zählten.

Sie trat für uns ein und war eine von uns.

Wir weigern uns zu schweigen.

Sofort begann das African American Policy Forum unter der Leitung der großartigen Bürgerrechts-Anwältin Kimberlé Crenshaw mit dem Hashtag #SayHerName an die vielen Schwarzen Frauen zu erinnern, die Opfer staatlicher Gewalt wurden. Nur einen Tag nachdem man Sandra Bland erhängt fand, wurde in Alabama die 18-jährige Kindra Chapman ebenfalls erhängt in ihrer Zelle entdeckt. Sie war erst seit neunzig Minuten dort und wurde festgehalten, weil sie ein Mobiltelefon gestohlen haben soll.

Aber es gab noch weitere, ach, so viele Fälle:

Tanisha Anderson, eine 37-jährige, die mit einer psychischen Erkrankung zu kämpfen hatte, starb vor dem Haus ihrer Familie in Cleveland, nachdem ein Polizist ihren Kopf gegen das Pflaster geschlagen hatte.

Miriam Carey, eine 34-jährige Dentalhygienikerin, bog 2013 in der Nähe des Weißen Hauses falsch ab und wurde von Exekutivbeamten der Bundesbehörde erschossen. Und das während ihr Baby mit im Auto saß.

Shelly Hilliard, einer 19-jährigen Schwarzen Transfrau aus Detroit, wird für das Rauchen von Marihuana damit gedroht, in eine Haftanstalt nur für Männer gesperrt zu werden, wenn sie ihre Dealer nicht verrät. Das tut sie, aber die Cops geben den Drogenverkäufern weiter, wer sie verpfiffen hat. Daraufhin wird Shelly ermordet und zerstückelt, bevor man ihre sterblichen Überreste auch noch anzündet.

Rekia Boyd, eine 22-jährige Frau, die in Chicago lebt, trifft sich mit Freunden in einem Park, wo sie von einem Polizisten außer Dienst erschossen wird. Der Beamte behauptet, jemand hätte sich bei ihm über den Lärm beschwert.

Shelly Frey, eine 27 Jahre alte zweifache Mutter, wurde von einer Sicherheitskraft bei Walmart erschossen, die ihr Ladendiebstahl vorgeworfen hatte.

Aiyana Stanley-Jones, ein siebenjähriges Mädchen, kam ums Leben, als Polizeibeamte aus Detroit mit gezückten Waffen in die Wohnung ihrer Familie eindrangen. Man schoss ihr in den Kopf.

Kathryn Johnston, 92 Jahre alt, wurde in Atlanta von Cops bei einer Drogenrazzia erschossen. Sie kamen rein, eröffneten sofort das Feuer und stellten erst dann fest, dass sie sich in der Adresse geirrt hatten.

Diese wenigen Namen sind nur Teil einer langen, schrecklichen Liste. Aber wie bei den furchtbaren Lynchmorden in diesem Land werden, wenn die Geschichte erzählt wird, Frauen oft weggelassen, obwohl auch wir gelyncht wurden. Einige der Frauen waren zum Zeitpunkt ihrer Ermordung sogar schwanger. Manchen hat man die ungeborenen Babys aus dem Leib geschnitten.

Bei Sandra Bland mag es daran gelegen haben, dass sie wie eine *Sister* bei einem unserer Treffen oder auf einem unserer Protestmärsche wirkte.

Und vielleicht daran, dass unsere Bewegung von Frauen

angeführt wird. Von Frauen, die queer oder *straight*, zisgender oder trans sind.

Und vielleicht daran, dass Sandra Bland so hart gearbeitet, so viel Druck gemacht hat, damit jeder sie sagen hörte, unsere Leben zählen.

Und vielleicht daran, dass so viele von uns Angehörige haben, die in Gefängnissen gelitten haben. Nur dass dieses Leid nicht Thema der breiteren öffentlichen Diskussion über das Fesseln, Foltern und Töten wurde, die fester Bestandteil des amerikanischen Systems von Inhaftierung sind.

Und vielleicht daran, dass wir keinen einzigen weiteren Verlust ertragen und ich noch Tage, nachdem bekannt wurde, was mit Sandy passiert ist, gegen meine Trauer ankämpfen musste. Sie war eine aus unserer Familie – wir wussten, ich weiß, dass wir IHREN NAMEN NENNEN müssen.

Wir mussten unsere Stimme erheben, so wie sie ihre Stimme für uns erhoben hat. Die Welt sollte erfahren, was Sandra Bland, unserer *Sister*, unserer Familie passiert ist.

Einige von uns beginnen zu reden. Ich spreche mit Freunden der Dream Defenders, mit unserer Ortsgruppe von BLM in Los Angeles. Zu dem Zeitpunkt gibt es bereits zwanzig Gruppen. Und ich spreche mit Freunden, die zu Mi Gente gehören. Das ist eine unglaubliche Gruppe von Leuten, die in Phoenix arbeiten, dem Epizentrum der Bigotterie und des Hasses auf Einwanderer. Wir beschließen, uns bei der Konferenz Netroots zu treffen, die in Phoenix stattfindet. Und wir sind uns ziemlich sicher, dass dort niemand über die 28-jährige Frau sprechen wird, die man erhängt in einer Gefängniszelle in Waller, Texas, gefunden hat. Also beschließen wir, genau das zu tun.

Damals gehen wir die Dinge nicht so an, wie ich es heute tun würde. Ich erzähle weder dem größeren BLM-Netzwerk noch auch nur Alicia und Opal, was passiert. Ich muss mich erst noch daran gewöhnen, was es bedeutet, auf nationaler Ebene im Scheinwerferlicht zu stehen. Wir sind uns nicht sicher, wie wir die Botschaft verbreiten wollen, aber keine Woche nachdem wir von Sandra Blands Tod erfahren haben, treffen wir uns an einem Sonntagabend im einzigen Restaurant von Phoenix, wo es Soulfood gibt. Es hat einen Schwarzen Besitzer und heißt Lolo's Chicken and Waffles.

Man weiß dort, wer wir sind, und überlässt uns ein Hinterzimmer. In den Stunden während wir planen und Strategien entwickeln, singen wir zwischendurch Gospels und trauern. Wir lachen und weinen. Am Ende des Abends sagt Angela Peoples von Get*EQUAL*, der LGBTQ-Organisation für Menschenrechte: Hört mal. Die veranstalten eine öffentliche Kandidaten-Diskussion. Bernie Sanders und Martin O'Malley werden dort sein. Die müssen wir unterbrechen.

Und ich sage, Wir müssen das blockieren. Und damit war es entschieden.

Am nächsten Tag schreibe ich eine Nachricht an Jose Antonio Vargas. Er ist der mutige Journalist, der zum Team der *Washington Post* gehörte, das für seinen bahnbrechenden Bericht über die Massenerschießung an der Virginia Tech mit einem Pulitzer-Preis ausgezeichnet wurde. Außerdem hat er sich selbst als illegaler Einwanderer geoutet – als Kind schickte man ihn von den Philippinen zu seinen Großeltern in die USA. Jose wird die erwähnte Diskussion der Kandidaten moderieren, und weil ich ihn kenne, muss ich ihn darüber informieren, dass wir kommen.

Okay, sagt er.

Und nach dieser Ankündigung marschieren hundert von uns aus der Black-Lives-Matter-Bewegung und der Bewegung für Einwanderungsrechte in zwei Reihen in den Saal, wo die Kandidaten gerade sprechen. Die Organisatorin

Amber Philips, eine Frau mit einer der großartigsten Stimmen, die man je gehört hat, legt los. Sie beginnt zu singen:

Which side are you on my people, which side are you on? (We're on the freedom side!)

Tia Oso, eine nigerianische *Sister* aus Arizona, die mit Opals Organisation Black Alliance for Just Immigration zusammengearbeitet hat, betritt als Erste die Bühne. Wir wollen zunächst die unmenschliche Anti-Einwanderungshaltung Arizonas thematisieren. Tia spricht von Schwarzen Immigranten in Arizona, und das Publikum beginnt zu buhen. Das Publikum aus Demokraten beginnt zu buhen. Ich bin außer mir vor Zorn. Wie können die es wagen, sie auszubuhen, weil sie die Wahrheit ausspricht?! Mein Verstand rast, weil ich überlege, was als Nächstes zu tun ist. Ich stehe barfuß hier, weil ich Teil der nächsten Phase unserer Aktion bin. Eigentlich sollte ich nicht auf die Bühne, aber ich kann nicht zulassen, dass sie so mit Tia umgehen. Also renne ich auf die Bühne, stelle mich neben sie und brülle das Publikum an: Wie könnt ihr es wagen, uns auszubuhen? Unsere Leute sterben! Wir werden umgebracht! Wir. Sind. In. Not!

Da hören die Leute auf zu buhen und beginnen, zuzuhören. Unsere Aktion geht weiter.

Einer nach dem anderen suchen wir uns freie Stühle, auf die wir steigen – deshalb bin ich barfuß, deshalb sind wir barfuß hereingekommen. Und einer nach dem anderen fangen wir an zu rufen:

Wenn ich in Polizeigewahrsam sterbe, sollt ihr wissen, dass sie mich ermordet haben.

Wenn ich in Polizeigewahrsam sterbe, kommt zum Gefängnis, schlagt Krach, protestiert, erzählt es meiner Mutter.

Wenn ich in Polizeigewahrsam sterbe, lasst es die ganze Welt wissen: Ich wollte leben.

Das Video dieser Störaktion sorgt international für Schlagzeilen. Ich denke, es ist das erste Mal, dass ich wirklich begreife, welchen Einfluss wir haben. Ich verlasse Phoenix mit dem Gedanken daran und mache mich an die Vorbereitung für ein Treffen von Movement for Black Lives. Dort wird sich ein breites Spektrum Schwarzer Menschen und Organisationen treffen, die entschlossen sind, die staatliche Gewalt zu beenden.

Die Veranstaltung findet schon in der kommenden Woche statt, und zum ersten Mal werden wir uns alle an einem Ort zusammenfinden. Wir haben uns für Cleveland, Ohio, entschieden, weil es so eine Art Pilgerstätte geworden ist, der Ort, wo der kleine Tamir Rice ermordet wurde. Ich will die nächste Woche damit verbringen, darüber nachzudenken. Über unsere eigene Macht und unsere Verantwortung. Aber bevor ich mich in diese Überlegungen vertiefen kann, passiert wieder etwas, und das ist noch dringender. Ich stelle fest, dass meine Regel sich ein wenig verspätet, und denke, was soll's.

15. Schwarze Zukunft

> Liebe hat mich nicht blind gemacht,
> sondern mir die Augen geöffnet.
>
> TONI MORRISON

Ich bin zu Hause, nach dem Treffen in Ohio zurück in L. A. – und mir ist kotzübel.

Ich erkläre JT, dass ich einen Schwangerschaftstest machen werde. Er bleibt teilnahmslos. Ich verstehe das zwar nicht, gehe aber trotzdem ins Badezimmer. Innerhalb von Sekunden erscheint das Pluszeichen. Ich stürme aus dem Bad und zu JT. Ich bin schwanger!, sage ich.

Er sitzt mit dem Rücken zu mir vor seinem Laptop. Er dreht sich nicht um, gibt nicht mal zu erkennen, ob er mich gehört hat.

Hast du gehört?, sage ich. Ich bin schwanger!

Ich habe dich gehört, sagt er. Endlich dreht er sich um und ich sehe Furcht und eine tiefe, mir unverständliche Trauer in seinem Gesicht. Erstaunt, irritiert, beunruhigt wende ich mich ab.

Ich weiß nicht, wie ich reagieren, worum ich ihn bitten, was ich sagen soll. Wir hatten über unseren Wunsch nach gemeinsamer Elternschaft gesprochen, auch wenn wir wussten, dass wir nicht monogam leben würden. Aber wir hatten besprochen, dass wir in diesem Wahnsinn versuchen wollten, eine Familie zu gründen. Warum benimmt er sich so? Nach Jahren der Freundschaft – wir hatten die zweite Razzia in St. Elmo's Village gemeinsam überstanden! – und angesichts unserer erst seit Kurzem bestehenden romantischen Beziehung. Ich verlasse unser gemeinsames Zuhause und rufe Future an, einen der Köpfe von BLM Toronto.

Future und ich haben einander 2014 nach Ferguson und über Google Hangouts kennengelernt. Es ging uns in erster Linie um die Arbeit, um Gerechtigkeit für unsere Leute. 2014 wollte Toronto eine eigene BLM-Gruppe gründen. Wegen der Ermordung Schwarzer Menschen durch die kanadische Polizei in der Vergangenheit. Die meisten Opfer hatten selbst keine Schusswaffen, viele waren psychisch krank und mindestens einer war zu dem Zeitpunkt, als man ihn erschoss, unbewaffnet und selbstmordgefährdet.

Future ist *genderqueer* und bei mir war sofort Sympathie da. Als wir das erste Mal bei Google Hangouts miteinander sprachen, wurde unsere gemeinsame Leidenschaft erkennbar, unsere Entschlossenheit, eine andere Welt für unsere Leute zu erschaffen. Zwischen dieser ersten Unterhaltung und den vielen, die bis zu unserem persönlichen Kennenlernen im Juni 2015 (eineinhalb Monate bevor ich von meiner Schwangerschaft erfuhr) noch folgen würden, entwickelte sich unsere Beziehung zu solider Fürsorge und Respekt füreinander. Dann sahen wir uns.

Ich war damals zur Allied Media Conference und aktiven Teilnahme am Pride Festival nach Kanada gereist. Als ich Future dort erblickte, haute es mich fast um. Bei Google Hangouts war die Schönheit nicht voll zur Geltung gekommen. Jetzt haute sie mich jedenfalls um, genau wie die Atmosphäre zwischen uns, die ich als elektrisierend empfand. Dabei hatte ich zu Hause JT, mit dem ich überlegte, ein Baby zu bekommen.

Ich diskutierte mein Verhältnis zu JT mit Future, erzählte von der Idee mit dem Baby. Niemand hätte respektvoller reagieren können. Gleichzeitig entwickelten wir unsere Beziehung weiter. Auf privater wie auf professioneller Ebene. Ich bat um Unterstützung für meinen Geburtstag, denn an jenem Tag, am 20. Juni, war ich immer noch in Toronto. Zusammen organisierten wir eine ruhige, private Feier anlässlich meiner 31. Umrundung der Sonne. Wir unterhielten uns über unsere Familien. Ich erzählte Future von Gabriel. Ich erzählte von Monte. Ich erzählte, wie sehr ich mir ein Kind wünschte.

Future erzählte mir von der eigenen Kindheit. Mit einer Zwillingsschwester und einem Bruder. Die drei wurden von Amts wegen getrennt, da ihre Mutter an einer psychischen Erkrankung litt.

Future erklärte, es sei nicht leicht gewesen. Und dann noch: Wenn du wirklich ein Baby bekommen möchtest, werde ich dich dabei unterstützen.

Wir sind queer und ein Baby ist für uns nicht so selbstverständlich wie für heterosexuelle Paare. Bald sollte ich erfahren, wie sehr Future Wort halten würde, als JT mich und das Baby im Stich ließ. Future zeigt Präsenz und vielleicht ist mein Anruf an jenem Tag so eine Art unbewusster Test. Meint überhaupt irgendwer das, was er oder sie sagt? Future besteht jedenfalls. Sogar mit Auszeichnung.

Als JT mich hängen lässt, kommt es mir ganz natürlich und richtig vor, Future anzurufen. Ich fühle mich sicher dabei.

Wir kennen einander erst so kurze Zeit und ich weiß

nicht, was genau ist das, das Menschen aneinander bindet. Aber was auch immer es sein mag – wir haben es.

Ich bin schwanger, sage ich an jenem Morgen, nachdem JT mir den Rücken zugedreht hat, zu Future. Das von JTs Verhalten erzähle ich jedoch noch nicht. Ich schäme mich für ihn. Schäme mich für das, was es vielleicht über mich aussagt.

Future sagt einfach leise, aber deutlich, Ich freue mich *so* für dich. Was brauchst du? Wie kann ich dich unterstützen?

Ich atme auf. Tränen steigen mir in die Augen. Wir werden das schaffen, denke ich und versuche, es telepathisch dem winzigen Menschlein zu übermitteln, das in mir gerade Gestalt annimmt.

Ein paar Tage später habe ich meinen ersten Arzttermin. JT sagt, er wird mich begleiten. Aber als es Zeit zum Aufbruch ist, kommt er einfach nicht aus dem Bad. Ich werde nicht betteln. Das ist verrückt und nicht das, was wir vereinbart haben. Ich rufe Carla an. In Nullkommanichts holt sie mich ab und bringt mich zum Arzt. Alles ist in Ordnung: der Herzschlag, die Entwicklung. Ich schaffe das. Ich bekomme ein Baby. Ich bekomme *dieses* Baby. Dieses Baby, in das ich schon verliebt bin. Nicht lange danach unterhalte ich mich mit Future – wir sprechen da schon täglich miteinander, aber dieses Gespräch ist besonders wichtig.

Wirst du bei der Geburt dabei sein?, frage ich.

Natürlich, kommt die Antwort.

Ich gestehe, dass es mir Angst macht, allein und schwanger und Teil einer Bewegung zu sein, die für das Leben Schwarzer Kinder kämpft.

Future spricht von Familie, darüber, was es bedeutet, wenn sie einem genommen wird, zum Beispiel so wie damals, während der Zeit in der Pflegefamilie.

Wir sind uns darin einig, dass wir uns den Beginn von Elternschaft so nicht vorstellen.

Wir sind uns auch einig, dass wir uns lieben und dieses magische Wesen lieben, das da unglaublicherweise in mir heranwächst. Wir – *wir* – lieben dieses Baby so innig. Jetzt schon.

Monate später, nachdem es auf der Welt ist, werden JT und ich uns zu einer wunderbar stärkenden Mediation verpflichten. Dabei erfahre ich von der Trauer, die ihn erfüllte, die er nicht besprechen oder begreifen konnte. Seine Großmutter, die ihm so nahegestanden hatte, war todkrank, und sein liebster Onkel und zugleich Zwillingsbruder seines Vaters war gestorben. Es passierte so viel, wird er mir erklären. Es gab da diese Trauer in der Öffentlichkeit, aber ich fand einfach keinen Raum für meine eigene, persönliche Traurigkeit, für meinen individuellen Verlust.

Nach der Entbindung und um des Babys willen versprechen wir, uns um Frieden zu bemühen, aber während der Schwangerschaft streiten wir und wohnen praktisch von Beginn an nicht mehr zusammen. Couch-Surfing bestimmt das erste Trimester meiner Schwangerschaft. Vor allem, eigentlich immer, gibt Carla mir Halt. So oft wie möglich bin ich in Toronto, wo Future sich ganz und gar um mich kümmert. Darauf achtet, dass ich esse, mir während der dauernden Übelkeit und Erschöpfung beisteht. Unsere Liebe wächst.

Zum ersten Mal fühle ich mich in einer Beziehung so ganz und gar umsorgt. Emotional, körperlich und spirituell. In all meinen Beziehungen gab es einzelne Aspekte davon, doch nie das ganze Sortiment, die ganze Sache. Bis zu Future. Wir finden schließlich eine Wohnung mit zwei Schlafzimmern in West Hollywood, die uns gefällt. Von den Fenstern aus hat man eine schöne Aussicht. Wir beschließen, dass dies unser Zuhause werden soll, doch vorher muss Future erst von Toronto hierher umziehen.

Als ich im fünften Monat bin, sind wir zu diesem Schritt bereit, machen vorher allerdings noch Urlaub in Toronto. Während meines Aufenthalts erzählt Future von einer Freundin, die einen Preis verliehen bekomme. Future kauft mir etwas Hübsches zum Anziehen für den Event, ein hautenges schwarzes Kleid, in dem ich mich trotz meiner Schwangerschaft attraktiv und sexy fühle. Wir steigen also in Futures Auto und fahren zum Haus der Freundin, um sie abzuholen. Seltsam, denke ich mir noch. Warum kommt sie eigentlich nicht mit ihrem eigenen Wagen?

Als wir dann das Haus betreten, rufen alle, Überraschung!!!

Future hat ihre besten 15 oder 20 Freundinnen und Freunde eingeladen, und ich denke, Wow. Das ist eine Community wie meine. Unsere Beziehung ist monatelang so auf uns beide fixiert gewesen, aber jetzt sind wir hier zwischen all diesen Freunden. Zuerst denke ich, es wäre eine Abschiedsparty für Future, die ja zu mir nach Los Angeles ziehen wird. Auf einmal bedankt sich Future bei allen fürs Kommen, für ihre Unterstützung, Unterstützung für uns, geht dann vor mir auf ein Knie und sagt, Patrisse, du bist die Liebe meines Lebens. Ich wusste es schon vom ersten Tag an. Willst du mich heiraten?

Lachend und unter Tränen sage ich Ja. Ja. Da steckt sie mir einen Ring an den Finger. Einen schlichten Reif aus Roségold.

Und so sind wir plötzlich verlobt.

Während wir uns immer noch in Toronto aufhalten, wache ich, ein paar Tage später, eines Morgens mit schlimmen Schmerzen auf. Ich kann mich kaum rühren und nicht aufstehen. Ein Stechen strahlt vom Beckenbereich aus und raubt mir jede Kraft. Future rast mit mir in eine Klinik, wo ich die bislang beste medizinische Versorgung meines Lebens kriege. Wenn man in den USA in eine Notaufnahme kommt, wird man erst mal zur Kasse geschickt. In Kanada schickt man mich als Erstes zu einer Hebamme, die mich untersucht, eine Ultraschalluntersuchung vornimmt und mir versichert, dem Baby gehe es gut. Die Kosten dafür werden mir mit Verweis auf irgendeine Regelung für Immigranten erlassen. Ich kann es kaum fassen. Wir erfahren noch, dass ich unter einer Beckenbodenschwäche leide und die Schmerzen sich durch einen stützenden Gurt lindern lassen. Future und ich beschließen daraufhin, früher als geplant in unsere Wohnung in L. A. zurückzukehren.

Am Flughafen müssen wir uns wegen unserer unterschiedlichen Staatsangehörigkeiten in zwei verschiedene Schlangen einreihen. Ich werde in einem Rollstuhl durch die Sicherheitskontrolle gefahren und warte dahinter auf Future. Nichts passiert. Irgendwann gerate ich in Panik, nach mehreren Versuchen kann ich Future endlich telefonisch erreichen.

Die lassen mich nicht ins Land, sagt Future. Ich wurde rausgeholt und verhört. Darum konnte ich dich nicht anrufen.

Es ist schwer zu beschreiben, wie sich manche Niederlagen anfühlen. Wie umfassend, wie grausam, wie schwer zu überwinden. Da sitze ich im Rollstuhl, kann nicht laufen, bin inzwischen im sechsten Monat schwanger, und der Mensch, den ich liebe und auf den ich mich am meisten verlasse, mit dem ich verlobt bin, darf nicht zu mir. Future ist mein Halt während der Schwangerschaft. Einer Schwangerschaft, in der es bisher so wenig Halt gab. Finanziell und in Bezug auf ein Zuhause.

Am liebsten möchte ich aufgeben, doch auch das ist keine

Option. Also wende ich mich an die Person vom Flughafen, die meinen Rollstuhl schiebt. Bringen Sie mich zurück, bitte ich. Bitte. Und so geschieht es.

Wir fliegen nicht nach Hause. Noch nicht. Wir nehmen ein Taxi und fahren zurück zum Haus einer Freundin von Future, denn dort haben wir gewohnt, während wir alles für den endgültigen Umzug in die Staaten arrangierten. Einige Tage später fliege ich zurück in mein Land der Grenzen und Mauern. Ein Land ohne Future.

Carla holt mich vom Flughafen ab und bringt mich in die Wohnung, die Future und ich gemietet haben und die mir jetzt so entsetzlich leer vorkommt. Sie kauft auch den Bauchgurt, der meinen Beckenboden entlasten soll. Sofort verschwinden etwa 80 Prozent meiner Schmerzen. Sowieso kommt es mir vor, als hätte ich nur dreimal geblinzelt und schon würde mich mein Team umgeben, das mir in den Wochen, die ich noch ohne Future verbringen muss, Sicherheit schenkt. Meine Freundinnen Aura und Mesa kommen, Carla und Tanya natürlich, außerdem meine Freundin Noni, dream und meine Mutter. Sie bekochen und versorgen mich und geben mir Halt, während auf Einwanderung spezialisierte Juristen helfen, den Berg an Papieren zusammenzutragen, der nötig ist, damit Future zu mir nach Hause kann.

Drei Wochen später sitzt Future im Flugzeug. Nach stundenlangen Schikanen an der Grenze, die so lange gedauert haben, bis das Flugzeug weg war und Future ein neues Ticket kaufen musste, sind wir endlich zusammen.

Im Februar 2016, in Anwesenheit unserer Ahnen und zwanzig Verwandter und Freunde, werden Future und ich in einem Airbnb, das wir in Malibu, Kalifornien, gemietet haben, im neunten Monat meiner Schwangerschaft getraut.

Natürlich hatten wir geplant, irgendwann zu heiraten, aber der Horror am Flughafen beschleunigte unsere Entscheidung. dream hampton vollzieht unsere Trauung. Futures Bruder und die Zwillingsschwester sind auch dabei. Carla und Merv, Tanya und Noni sind ebenso Trauzeugen wie Futures engste Freunde aus Toronto: Allix und Anu sowie Matt, der beste Freund. Unter den Versammelten ist auch Mark Anthony, der für immer meine Familie und mein geschätzter Freund bleiben wird. Er schließt mich in die Arme.

Ich freue mich so für dich, sagt er, während im Hintergrund die Wellen des Pazifiks ans Ufer krachen.

Dreieinhalb Wochen später, um Mitternacht am 21. März, einen Tag vor dem errechneten Termin, setzen die Wehen ein. Ich rufe meine Hebamme und die Familie an und bleibe noch 15 oder 16 Stunden mit Wehen zu Hause. Dann öffnet sich der Muttermund nicht weiter.

Ich weiß, dass mein Baby sich in Steißlage befindet, und habe eine Ärztin in Rufbereitschaft, die sogar Steißgeburten zu Hause betreut. Doch dann hören auch die Wehen auf. Mach dir keine Sorgen, versichern mir Ärztin und Hebamme. Leg dich einfach schlafen und lass uns abwarten, was passieren wird.

Als ich am nächsten Morgen aufwache, haben die Wehen immer noch nicht wieder eingesetzt. Meine Mutter und Future sind bei mir und auch wenn ich mein Baby so gern zu Hause zur Welt bringen würde, weiß ich doch, dass uns keine Wahl bleibt. Wir fahren ins Krankenhaus, wo ich am 22. März um 13 Uhr meinen Shine gebäre. Future bleibt während des Kaiserschnitts bei mir. So hat wenigstens eine kostbare Sache funktioniert, um die wir gekämpft haben. Nach der Entbindung habe ich fürchterliche Schmerzen – die Ärzte verweigern mir ausreichend Schmerzmittel.

Trotzdem kann ich nicht aufhören, unseren Shine, unsere eigene Schwarze Zukunft, glücklich zu betrachten.

Wir verbringen noch vier Nächte und fünf Tage im Krankenhaus, bis man uns endlich nach Hause entlässt. Mom kommt und bleibt zwei Nächte. Wir staunen: Dieses Baby ist so sanft, so süß und schreit kaum. Ich möchte es für immer in meinen Armen halten, es vor der Welt beschützen, mit ihm an einen Ort fliehen, wo es nur Liebe gibt. Ich bin jetzt Mutter und wie jede Mutter so verletzlich und gleichzeitig so stark wie nie zuvor. Wir, Future und ich, treffen zwei Wochen nach Shines Geburt als Familie eine Entscheidung. In Toronto hat BLM eine Polizeiwache besetzt. Man fordert, dass die Cops angeklagt werden, die den unbewaffneten Andrew Loku getötet haben, einen Einwanderer aus dem Sudan und fünffachen Familienvater. Future hat geholfen, unser Team in Toronto zu gründen und zu leiten. Es fühlt sich für mich so an, als müsste ich dort sein, sagt sie zu mir.

Das empfinde ich genauso, sage ich, während ich Shine im Arm halte.

Danach verlässt Future uns für drei Wochen und stürzt sich in die Schlacht, während ich mit unserem Baby zu Hause bleibe. In Bereitschaft für den nächsten Kampf.

16. Wenn sie dich Terrorist nennen

Wenn du die Hunde hörst, lauf weiter.
Wenn du die Fackeln im Wald siehst, lauf weiter.
Wenn du hinter dir Schreie hörst, lauf weiter.
Bleib niemals stehen. Lauf weiter.
Wenn du die Freiheit kosten willst, lauf weiter.

HARRIET TUBMAN

Am 8. November 2016 sind wir auf einer Wahlparty im Zentrum von L. A. Organisiert wird das Ganze von Lynne Lyman und asha, die mich für die Kampagne zur Legalisierung von Marihuana in unserem Bundesstaat an Bord geholt haben. Die beiden sind entschlossen, Stimmen und Meinungen aus den Communitys einzubeziehen, die den Drogenkrieg am härtesten zu spüren bekamen. Es geht nicht nur um das Ziel, erklärt Lynne mir, sondern auch um den Weg, und dies muss ein Sieg der Community werden.

Wegen Marihuana kommen so viele junge Leute erstmals in Kontakt mit der Polizei. Und aus diesem Kontakt ergibt sich oft eine Abwärtsspirale, die die Jugend in die Klauen der Gefängnisindustrie treibt. In Kalifornien ist Marihuana der vierthäufigste Grund für die Abschiebung von Migranten, und jede Nacht werden im Bezirk Los Angeles etwa 500 Menschen nur wegen des Besitzes von Marihuana eingesperrt. Das ist geradezu lächerlich, und das Gesetz zur Legalisierung, für das auch ich mich engagiert habe, bedeutet, dass kein Jugendlicher jemals wieder wegen Marihuana ins Gefängnis kommt. Es bedeutet auch, dass Leute, die wegen Marihuana verurteilt wurden, nicht mehr automatisch vom Arbeitsmarkt ausgeschlossen sind. Noch dazu ließen sich bei legalem Verkauf die jährlich anfallenden ungefähr 50 Millionen Dollar Steuereinnahmen in die Communitys investieren, die unter dem Drogenkrieg gelitten haben. Nach Monaten, in denen wir Druck gemacht, um Stimmen geworben und hart gearbeitet haben, um zu informieren und die Leute für uns zu gewinnen, nach Monaten mit fallenden Umfragewerten, die dann in den letzten zwei Wochen doch wieder anstiegen, ist am Wahltag um 20 Uhr endlich klar, dass wir gewinnen. Damit haben wir eine Waffe aus dem Arsenal genommen, die vornehmlich dazu diente, junge Schwarze und Braune Menschen einzusperren und zu kriminalisieren.

Aber es sieht leider so aus, als würde Donald Trump die Präsidentschaftswahl gewinnen. Im Verlauf des Abends wird das immer klarer. Ein Mann, der offen für Bigotterie, weiße Vorherrschaft und Frauenfeindlichkeit wirbt, steht kurz davor, eines der mächtigsten Ämter der Welt zu übernehmen. Ich rutsche in einer Ecke des Raums an der Wand entlang zu Boden. asha bringt uns Getränke und nimmt selbst einen großen Schluck Wasser. Sie und Lynne müssen uns gut zureden und den ganzen Laden zusammenhalten; sie sollen noch unseren Sieg verkünden und exakt um Mitternacht mit Ingrid Archie die erste Person feiern, die verlangen wird, dass ihre Verurteilung wegen Marihuanabesitz aus dem polizeilichen Führungszeugnis entfernt wird.

Denn auch das ermöglicht das neue Gesetz. Wir haben versucht, an alles zu denken und mit diesem einen Gesetzentwurf, der Proposition 64, so viel Unrecht wie nur möglich wiedergutzumachen. Das ist uns gelungen, nur fühlt es sich an, als ginge gerade alles andere den Bach runter. Wie sollen wir Trumps Präsidentschaft überleben? Wie sollen wir auch nur im Ansatz die Menschen beschützen, die unseren Schutz brauchen? Und was ist mit meinem eigenen Kind? Mit meinem kleinen Shine? Bedrückt verlassen Future und ich die Veranstaltung und fahren nach Hause, um weiter über das Morgen nachzudenken, dem wir und unsere Community uns stellen müssen. Inzwischen kümmert Opal sich um die Familien ohne Aufenthaltsrecht, für die sie tagtäglich kämpft, und Alicia bleibt unerschütterlich, ungebeugt und kampfbereit. Sie ist voll im Planungsfieber.

Ich brauche länger, bis ich so weit bin. An jedem Tag in diesen Wochen nach der Wahl gibt es Augenblicke, in denen ich die Tränen nicht zurückhalten kann und Furcht wie Galle in mir hochsteigt. Dabei weine ich nicht um mich selbst. Ich weine um unsere Familien, die nach wie vor in Armut leben. Ich fürchte um Monte und all die anderen Menschen, deren Krankenversicherung ab sofort auf dem Spiel steht. Ich weine, weil ich mich zum ersten Mal in meinem Leben als Organisatorin politischer Kampagnen tatsächlich hilflos fühle. Am 9. November gab es einfach nichts, was ich ausrichten konnte, um diesen Mann davon abzuhalten, Präsident zu werden.

Doch dann kommt die Wut. Weil wir so hart gearbeitet haben. 96 Prozent der Schwarzen Frauen haben gegen ihn gestimmt. Doch dieses Land hat nicht nur nicht Clinton gewählt, sondern eine Person, die sich öffentlich für sexuelle Übergriffe ausgesprochen hat, einen Mann, dem die Mutter seiner Tochter Ivanka Vergewaltigung vorgeworfen hat. Ich bin wütend auf die Demokratische Partei, weil dort anscheinend keiner wusste, dass es einen besseren Kandidaten hätte geben können und sollen. Und eine bessere Kampagne – eine, die den bisher zurückgelegten Weg gewürdigt und die Menschen auf echte und neue Weise einbezogen hätte. Ich bin wütend, weil mir nicht klar gewesen war – oder ich es nicht voll und ganz verinnerlicht hatte –, wie sehr Durchschnittsamerikaner mit Rassismus und Frauenfeindlichkeit verhaftet sind. Ich bin wütend über meine eigene Naivität. Über unsere Naivität. Es gab echte und substanzielle Unterschiede zwischen diesen beiden Kandidaten, aber wir haben sie nicht ernst genug genommen. Verdammt, ich hätte nicht geglaubt, dass Trump sich auch nur gegen den Kandidaten aus dem Bush-Clan durchsetzen würde, und dann war das ausgerechnet einer der Ersten, die er aus dem Rennen schlug.

Aber im Nachklang der Wahl ist es wichtig, dass ich, dass wir alle in den Spiegel schauen. Trumps Kampagne und seine Wahl haben unser aller Leben stärker in Gefahr gebracht. 2016 stieg die Zahl von Hassverbrechen in den 25 größten Städten der USA um 6 Prozent. Wir, die Schwarze Bevölkerung, waren am häufigsten Ziel dieser Verbrechen, laut FBI-Statistik in unverhältnismäßigen knapp 30 Prozent der Fälle.

Clinton hatte jede Menge Fehler, doch unter ihrer Regierung hätten wir wohl kaum erlebt, dass verheiratete Paare von Grenzpatrouillen aufgegriffen und auseinandergerissen werden. Die staatliche Gesundheitsversorgung inklusive Planned Parenthood – für viele Frauen der einzige Zugang zu pränataler und gynäkologischer Versorgung – wäre nicht gefährdet. Man hätte das Pariser Abkommen zum Klimaschutz nicht verworfen. Und ebenso würde es bei Masseninhaftierung, Privatisierung von Gefängnissen und im Drogenkrieg nicht in die falsche Richtung gehen. Wir stünden nicht vor der Wiedergeburt des *alten* Rassismus.

Damit will ich nicht sagen, dass eine Clinton-Präsidentschaft Frieden und Gerechtigkeit für alle bedeutet hätte. So wäre es nicht gewesen. Sie hätte auch eine Agenda durchgedrückt, um das amerikanische Imperium auf schreckliche Weise über andere zu erheben. Aber der Verlust selbst der Vereinbarungen und Gesetze, die auf den lahmsten Kompromissen fußten, bedeutet, dass wir unter null wieder von vorne beginnen. Es bedeutet, dass wir uns nicht darauf konzentrieren können, etwas weitaus Besseres als Obamacare zu erzielen – etwa ein Gesundheitssystem, das der Staat für alle seine Bürger finanziert –, sondern dass wir noch um die einfachsten Rechte kämpfen müssen.

Zu Hause sieht Future mich und ganz Amerika schief an und kann nicht begreifen, wie wir das geschehen lassen konnten. Wir diskutieren mehrfach über das System der Wahlmänner, das aus der Zeit der Sklaverei stammt, als nur eine privilegierte Minderheit den Mann für das höchste Amt im Land wählen durfte. Wir erwägen ganz ernsthaft, nach Toronto zu ziehen. Dort wurde ein Jahr zuvor mit Justin Trudeau nicht nur Trumps absolutes Gegenteil gewählt, sondern auch jemand, der weitaus besser ist, als die Kandidatin der US-amerikanischen Demokraten gewesen wäre.

Abgesehen von den Schrecken, die unseren Communitys drohen, sind wir als politische Organisatoren vollkommen real und unmittelbar bedroht. Gleich nach seiner Amtseinführung beseitigt Trump nicht nur alle Reste von Zugeständnissen in Bezug auf Menschenrechte, die Obama eingeräumt hat. Er macht auch ganz deutlich, dass er mit null Toleranz gegen diejenigen vorgehen will, die verlangen, dass Polizei und Exekutive zur Rechenschaft gezogen werden. Er kündigt eine »Law and Order«-Administration an und will die »gefährliche gegen die Polizei gerichtete Atmosphäre in Amerika« beenden.

Während wir das hier schreiben, sind schon drei der Organisatoren aus Ferguson – DeAndre Joshua, Darren Seals und Edward Crawford – erschossen in ihren Autos aufgefunden worden. Die Wagen der beiden jungen Männer DeAndre und Darren hatte man angezündet, um forensische Beweise zu vernichten. Edwards Tod wollte man als Selbstmord darstellen – obwohl er gerade erst einen neuen Job begonnen und eine neue Wohnung bezogen hatte. Für jemand, der seinem Leben ein Ende setzen will, ziemlich ungewöhnlich.

Alicia, Opal und ich waren von einem Rechtsradikalen verklagt worden, der behauptete, wir würden zu Unruhen aufhetzen. Da die Klage noch unter Obama eingereicht wurde, machten wir uns zunächst keine Sorgen. Unter dem 45. Präsidenten und einem Jeff Sessions sind wir uns jedoch nicht mehr so sicher, wie das ausgehen wird.

Es ist in diesem Land eine furchterregende Zeit für eine politische Organisatorin, für eine frischgebackene Mutter und die Ehefrau in einer queeren Beziehung mit jemandem, der eingewandert ist. Das sage ich auch Future. Dann sage ich noch, ich kann die Arbeit hier nicht aufgeben.

Future sieht das genauso.

Wir, Alicia, Opal und ich, haben geholfen, ein lebendiges, landesweites Netzwerk aus mutigen Organisatoren aufzubauen, und können dieses Schiff nicht im Stich lassen. Ich kann nicht von Bord gehen. Wir arbeiten alle in unserer eigenen Region, und ganz oben auf meiner eigenen Agenda für L. A. County steht, den Bau eines 3,5-Milliarden-Dollar-Knasts zu verhindern. Obwohl ich noch nie so sehr um meine Familie, mein kleines Baby gefürchtet habe, bleibe ich am Ende gerade unseretwegen.

Wir sind eine verlorene Generation. Schlimmer noch: Wir sind eine Generation, die man abgeschrieben hat. Mit dem Drogenkrieg und dem Krieg gegen die Gangs abgeschrieben hat. Wir wurden durch Massenverhaftungen und Kriminalisierung abgeschrieben. Durch kaputte öffentliche Schulen und durch Gentrifizierung, die uns aus genau den Vierteln vertreibt, die wir geholfen haben aufzubauen. Tatsächlich kümmern uns strahlende, aufpolierte Kandidaten gerade einen Dreck. Was uns kümmert, ist Gerechtigkeit. Uns kümmern mutige Akteure und Aktionen. Uns kümmern Menschenrechte und Anstand. Deshalb gibt es für mich keinen anderen Ort als diesen, wo ich weiterhin helfen kann, genau das zu erreichen.

Ich weiß, es waren Organisatoren, die uns von Sklaverei und Rassismus befreit haben. Und es sind Organisatoren, die uns von deren Fortsetzungen im 21. Jahrhundert, unter anderem von Rassismus und tödlichen Polizeipraktiken, befreien. Und ich weiß, wenn wir tun, wozu wir berufen sind – Veranstaltungen kuratieren und Diskussionen anregen, die zu Aktionen und letztendlich zu Entscheidungen darüber führen, wie wir leben sollten und leben werden –, dann werden wir siegen.

Seit Black Lives Matter 2013 gegründet wurde, haben wir Unglaubliches geleistet. Wir haben eine dezentrale Bewegung aufgebaut, die Führungspersönlichkeiten auf lokaler Ebene ermutigt und unterstützt, Dinge beim Namen zu nennen und zu bewirken, dass es am Ende gerechter zugeht. Das ist wahnsinnig schwierig in einer Welt, wo selbst politischer Aktivismus zur Promi-Nummer verkommen ist. Doch wir haben in den USA, in Kanada und in Großbritannien über 40 lokale Gruppen gegründet, die autonom, aber zugleich alle miteinander vernetzt sind und sich koordinieren. Wir haben die Stimmen derjenigen in den Mittelpunkt gestellt und verstärkt, die nicht nur am verletzlichsten sind, sondern auch am ehesten überhört werden. Und das, obwohl sie zu jeder Stunde und an jedem Ort in vorderster Linie kämpfen: Schwarze Frauen – *alle* Schwarzen Frauen.

Wir haben Raum für uns geschaffen, in dem wir uns nicht mehr dafür rechtfertigen müssen, wer wir sind und was wir brauchen, um voll und ganz, nicht nur teilweise frei zu sein. Wir haben diesen Raum so gestaltet, dass wir uns unverfälscht und wahrhaftig darin behaupten können. Unsere Präsenz auf den Straßen wirkte wie das nötige Megafon, um Obama dazu zu bringen, seine Möglichkeiten zur Begnadigung voll auszuschöpfen. Als er aus dem Amt schied, hinterließ er so wenig Gefangene in Bundesgefängnissen wie schon seit einer ganzen Generation nicht mehr. Und das war etwas, das er sich ursprünglich nicht vorgenommen hatte. Wir verlangen, dass der anhaltende Druck, die Polizei zur Rechenschaft zu ziehen, endlich ernst genommen wird. Vor uns haben das schon viele verlangt, und wir stehen auf ihren Schultern, während wir so laut schreien, dass man es nicht mehr überhören kann. Wir bringen ganz normale Leute dazu, sich als Teil einer Bewegung zu fühlen, die auf Veränderung dringt. Menschen, wie Sandra Bland einer war. Wir öffnen Türen und bitten diejenigen, sich uns anzuschließen, auf die bisher noch niemand geachtet hat. Und wir haben Heilung in unsere Bewegung integriert, Vorstellungen und Praktiken, die zeigen, dass wir auch für uns selbst sorgen müssen, wenn wir Fürsorge für Communitys fordern.

Trotzdem bleibt noch so viel zu tun, während wir Druck machen, um gegen diese Präsidentschaft zu kämpfen und ihre Aggressionen aufzuhalten, die aus der Zeit der rassistischen Segregation stammen. Wir arbeiten alle zusammen, um nachhaltige, reaktionsschnelle Netzwerke gegen Gewalt und Razzien der Homeland Security zu knüpfen. Gleichzeitig fühlen wir uns zutiefst verpflichtet, Schwarze politische Macht zu stärken und wichtige Leute wie Chokwe Antar Lumumba in Jackson, Mississippi, und Stacey Abrams in Georgia zu unterstützen. Wir engagieren uns in der engen Zusammenarbeit mit Jessica Byrd von Three Point Strategies, der Beratungsfirma mit Sitz in Washington, DC, die am Schnittpunkt von wählerbestimmter Politik und sozialer Gerechtigkeit arbeitet. Wir können Schwarze Frauen in Ämter wählen, die sich Agenden verpflichten, bei denen die Humanität im Mittelpunkt steht. Menschen, die verstehen und achten, dass wahrer Führungsanspruch verdient sein muss und nicht verliehen wird oder sich stehlen lässt. Und dass er nichts mit Arroganz zu tun hat.

In unserem gesamten Netzwerk engagieren wir uns mit aller Kraft für eine Reform des Kautionswesens. Mir persönlich liegt besonders am Herzen, dass wir uns eine neue Kultur des Widerstands überlegen und diese dann auch umsetzen. Eine Kultur, in der wir uns um das Menschsein der Leute kümmern, für die und *mit denen* wir kämpfen.

Weil uns bewusst ist, dass wir mit einigen der am schlimmsten traumatisierten Menschen in den USA arbeiten – oder viele von uns das sogar selbst sind –, hat das BLM-Netzwerk Vorstände für Gesundheit und Wohlbefinden, die darauf achten, Toxizität in unseren eigenen Organisationen zu verhindern. Es liegt in unserer Verantwortung, mehr zu tun, als den Leuten mit Burn-out nur zu sagen, ruht euch aus und kehrt dann in die gleiche giftige Atmosphäre zurück, die euch zuvor krank gemacht hat. Wir, die Schwarzen, sterben jünger und häufiger an vermeidbaren Erkrankungen. Wenn man bedenkt, dass der Rest der Gesellschaft es anscheinend auf unser Immunsystem abgesehen hat, müssen wir einfach mehr dafür tun. Was für Essen gibt es auf unseren Konferenzen? Achten wir während eines Arbeitstags darauf, dass die Leute auch mal aufstehen und sich bewegen? Bezahlen unsere Organisationen das Minimum, während wir das Maximum von Leuten verlangen, die zu engagiert sind, um Nein zu sagen oder mehr Geld zu fordern, nämlich das, was sie brauchen und was ihnen zusteht? Stärken wir unsere Organisationen auch von innen heraus, damit wir nach Auseinandersetzungen nicht in kleinlichen Tratsch oder Gehässigkeiten verfallen oder uns sogar gegenseitig belügen? Sind unsere Organisationen offen und durchlässig genug für Menschen mit unterschiedlichen Fähigkeiten, die zum Teil zehn oder zwanzig Jahre lang gezwungen waren, eingesperrt zu leben? Bemühen wir uns in jedem Gespräch, uns wirklich die Welt vorzustellen, in der wir leben wollen, anstatt uns schon von vornehrein auf Kompromisse einzulassen? Verlangen wir die Abschaffung von Gefängnissen in dem Wissen, dass wir dann zugleich eine echte, umfassende Gesundheitsfürsorge, auch für psychisch Kranke fordern müssen? Ist uns bewusst, dass staatliche Fürsorge im Bereich Ernährung und Wohnen – ja, verdammt, auch sauberes Wasser gehört dazu – genauso einklagbare Rechte sein müssen wie *Restorative Justice*, also Konfliktbewältigung durch Wiedergutmachungsverfahren?

Jahrelang habe ich meine eigene Gesundheit und meine sonstigen Bedürfnisse vernachlässigt. Genauso wie ich mit Nähe in meinen Liebesbeziehungen zu kämpfen hatte, tat ich mich mit mir selbst schwer. Nach der Wahl von Trump nehme ich mir vor, auch damit Schluss zu machen. Ich beginne, wieder Sport zu treiben, viermal pro Woche. Ich koche öfter. Ich reise nicht mehr so viel und verbringe täglich Zeit im Gebet. Außerdem sorge ich für Spaß in meinem

Leben, um dieser hasserfüllten Welt Freude entgegenzusetzen. Ich gehe mit Freundinnen shoppen und Rollerskates fahren. Ich plane Tage im Park. Das ist der Gabriel, die Brignac in mir.

Und an erster Stelle widme ich mich meiner Familie. Ich sorge dafür, dass Future und ich jede Woche Zeit finden, uns einfach nur zu lieben und in unserer Liebe zu wachsen. In unserer Mitte ist dieses wundervolle Kind, das ich mir schon vor so langer Zeit erträumt habe und dem ich jetzt beim Heranwachsen zusehe. Dem ich helfen kann zu wachsen. Und das mich täglich lehrt, was alles möglich ist. Nämlich mehr, als ich mir je vorstellen konnte. Denn sosehr ich Shine bereits geliebt habe, bevor ich ihn auch nur sah, nie hätte ich mir die Tiefe und das unendliche Ausmaß dieser Liebe ausmalen können.

Und wenn jemals irgendwer mein Kind Terrorist nennt, wenn jemand irgendein Kind in meinem Leben Terrorist nennt, dann werde ich mein Kind oder jedes andere Kind in den Arm nehmen, an mich drücken und ihm erklären: Terrorismus ist, wenn du verfolgt und überwacht wirst, einfach nur weil du lebst. Terrorismus ist, wenn man in Einzelhaft gesperrt wird, nichts zu essen bekommt und geschlagen wird. Terrorismus ist, wenn du deine Kinder nicht ernähren kannst, obwohl du drei Jobs hast. Und Terrorismus ist, wenn es keine anständige Schule und keinen Ort zum Spielen gibt. Ich werde ihnen auch erklären, dass Freiheit, dass Demokratie eigentlich bedeutet, Gerechtigkeit, Würde und Frieden für alle zu erkämpfen.

Und ich werde meinem geliebten Shine oder Malik oder Nisa oder Nina oder jedem Kind, das wir großziehen und lieben, sagen, ihr seid wunderbare Geschöpfe des Lichts. Ihr habt die Macht, nicht nur euch selbst, sondern alles auf der Welt zu verändern. Ihr, jede und jeder Einzelne von euch, seid mit Talenten gesegnet, von denen ihr selbst noch nicht einmal wisst. Und ihr, jede und jeder von euch, seid das Abbild von Liebe und der Chance auf eine Welt, in der unsere Leben wahrlich zählen.

Dank

Anscheinend ist das Schreiben der Danksagung unvermeidlich der schwierigste Teil jedes Manuskripts. Es gibt einfach so viele Menschen, die dazu beigetragen haben, dass wir hier an dieser Stelle angekommen sind. Dass die Geschichte so umfassend und authentisch wie möglich erzählt ist. Drohend schwebt die Furcht über uns, jemand zu vergessen oder die Hilfe von jemand nicht genug zu würdigen. Trotzdem müssen wir es versuchen und beginnen mit unseren Agentinnen Tanya McKinnon und Victoria Sanders sowie dem unglaublichen Dream Team bei VSA. Ihre Zuneigung und konstruktive Fürsorge begleiteten uns schon, als es noch längst kein Exposé, kein Buch und keinen Titel gab. Sobald all das in Sicht war, gab es kein besseres Zuhause dafür als das, das Monique Patterson uns bei St. Martin's Press bereitete. Dort findet man nämlich an jedem beliebigen Tag die am härtesten arbeitenden und talentiertesten Leute der Buchbranche.

dream hampton, Denene Millner, Imani Wilson, Isaac Skelton und Letta Neely haben alle gelesen oder bei frühen Versionen des Exposés geholfen, aus dem dann dieses Buch wurde. Wir sind sehr dankbar für ihr Feedback. Das war ebenso wertvoll wie das scharfe Auge von Robin Templeton beim Korrekturlesen, dem wir das sauberste Manuskript aller Zeiten verdanken. Insbesondere danken wir auch Nisa Yasmine, der einzig wahren Tochter, die das ganze Manuskript mit einer Reife gelesen hat, die ihre 17 Jahre weit übertrifft. Sie ist ein Geschenk für uns und die Welt.

Dankbar sind wir auch den Angehörigen unserer politischen Familie, die uns unterstützen und beistehen, selbst wenn es manchmal nicht leicht ist. Dazu gehören unsere Kolleginnen bei MomsRising und insbesondere Monifa Bandele; National CARES Mentoring Movement und die stets großzügige, liebevolle Susan L. Taylor; unsere Familie von Formerly Incarcerated and Convicted People's Movement; unsere Familie von Drug Police Alliance, mit besonderem Gruß an Kassandra Frederique, Tony Newman, Lynne Lyman, Judh Grandchamps, Laini Madhubuti, Chloe Cockburn und Deborah Small sowie an Michelle Alexander, die mit uns geglaubt hat und deren Stipendium uns täglich beseelt.

Wir danken der Zeitschrift *Essence*, insbesondere Patrik Henry Bass und Vanessa De Luca, die mit ihrer Arbeit dafür gesorgt haben, dass die Geburt der Bewegung Black Lives Matter erstmals publik wurde.

Wir sind dankbar für die Existenz und Arbeit von: Dignity and Power Now, Malcolm X Grassroots Movement, Strategy Center, dem Team bei Blackbird, BYP100, Dream Defenders, Darnell Moore, Kirsten West Savali, Brittney Cooper, Malkia Cyril, Rosa Clemente, Marc Lamont Hill, Rashad Robinson, der Familie von St. Elmo's Village, Reverend Starsky Wilson, den Mitwirkenden bei Power from the Mouths of the Occupied, Law for Black Lives und Movement for Black Lives.

Es gibt auch noch Einzelpersonen, die wir wegen ihrer verschiedensten unglaublichen Talente und ihrer wundervollen Großherzigkeit erwähnen müssen: Carla Gonzalez, Mark Anthony Johnson, Quay Quay, Tanya Bernard, Cheeraz Gormon, Brittney Ferrell, Alexis Templeton, Ashley Yates, Damon Davis, Elle Hearns, Aaryn Lang, Lourdes Ashley Hunter, Donna Hill, Vitaly, Ariane White, Sean Sparks, Richard Edmond, Melina Abdullah, Nora Alexis, Everton Brown, Lavon Leak Wilkes, Monica Dennis, Mercedes Chambliss, Piper Kerman, Lateefah Simon, Francisca Porchas, Esperanza Martinez, Kelly Archbold und Noni Limar.

Wir tun diese Arbeit heute, weil sie an einem anderen Tag von Assata Shakur, Angela Davis, Miss Major, der Black Panther Party, den Angehörigen von Black Arts Movement, SNCC, RNA, von Malcolm X, Martin Luther King, Ella Barker und so vielen anderen geleistet wurde. Wir schulden euch und der Welt Dankbarkeit.

Und als Erstes, Letztes und immerdar gebührt unsere unendliche Liebe und Dankbarkeit Alicia Garza, Opal Tometi sowie den Führungskräften und Mitgliedern der über 40 lokalen Gruppen von BLM überall auf der Welt sowie dem Team von Black Lives Matter Global Network, Shanelle Matthews, Nikita Mitchell, Kandace Montgomery, Miski Noor, Prentis Hemphill, Whitney Washington, Rodney Diverlus und Rhiana Anthonyo.

Wir glauben daran, eines Tages frei zu sein.

Inhalt

MIX
Papier aus verantwor-
tungsvollen Quellen
FSC® C083411
FSC
www.fsc.org

Verlag Kiepenheuer & Witsch, FSC® N001512

1. Auflage 2020

Titel der Originalausgabe: *When They Call You a Terrorist*
© 2018 by Patrisse Khan-Cullors
Published by arrangement with St. Martin's Press.
All rights reserved.
Aus dem amerikanischen Englisch von Henriette Zeltner
Copyright © für die deutsche Ausgabe: 2018, 2020,
Verlag Kiepenheuer & Witsch, Köln
Alle Rechte vorbehalten
Covergestaltung: Sabine Kwauka
Gesetzt aus der Minion und Alternate Gothic No. 1
Druck und Bindung: CPI books GmbH, Leck
ISBN 978-3-462-00129-7